叢書・ウニベルシタス 313

外国人

我らの内なるもの

ジュリア・クリステヴァ
池田和子 訳

法政大学出版局

Julia Kristeva
ÉTRANGERS
à nous-mêmes

外国人――目次

外国人のためのトッカータとフーガ　3

古代ギリシア人と異国人《バルバロイ》、哀願者、居留外人《メトイコイ》　55

猫っかぶりの読者よ、御同輩、我が兄弟よ……

ボードレール〔詩集『悪の華』一八五七年「読者へ」〕

しかし自己固有のものは、異質なものと同様によく学んで知る必要がある。

ヘルダーリン〔ベーレンドルフ宛書簡一八〇一年十二月四日付〕

自国にありながら異国にありて。

アラゴン〔詩集『エルザの眼』一九四二年「ランスロ」〕

外国人のためのトッカータとフーガ

外国人《エトランジエ》。(一) 怒りが息をつまらせている、私の胸の奥で。清澄さを濁らせる闇の天使、正体不明のくろい染み。憎悪、他者、それがかたちを得たもの、外国人、外人。外人とは崩壊家族が生んだ愁い顔の犠牲者のことでもなければ、共同体に侵入してありとあらゆる面倒をひき起すとされる者のことでもない。慧星の如く現れては通り過ぎてゆく者でもない。集団を丸くおさめておくためにとっとと追い出すべき反対者のことでもない。驚くなかれ、外人は我々自身の中に住んでいる。我々のアイデンティティの隠れた顔、我々の住まいをばらばらに壊してしまう空間、合意も共感もずたずたにしてしまう時間、それが外人だ。外人を我々の内なる存在と知るならば、外人を外人だといって嫌うこともなくなるだろう。外人というものを考えてゆくと、《我々》の観念自体があやしくなってくる。《我々》など成り立たなくなるかもしれない。人とは違う自分を意識した時が外人街道の始まり、人はみな外人、諸々の絆や共同社会に背く存在なのだと覚った時が旅の終り。

未開社会では、《外人》即《外敵》だった。外人は消滅しうるだろうか、近代社会ならば? 本書は、西欧の歴史のいくつかの時期を選び、これまで外人がどのように考えられてきたか、どのように受け入れられたり排斥されたりしてきたかをふりかえってみようとするものである。外人なき社会、一つの宗教、あるいは一つの理念を軸とする社会が夢みられたこともあった。政治面でも経済面でも世界規模の統合が進んでいる今日、我々は改めて問いかけられている、主体性を失わずに心から他人と共存できるだろうか、他者を生きうるだろうか、互いに排斥することもなく、かといって皆が一様に平らにならされることもなく、と。答えはまだなく、おそらく今後もないかもしれないのだが。現在外人身分は変動しつつあり、我々は他者性というものの新しいかたちを受容できるかどうか考えないわけにはいかない。どんな《国籍法》も用をなさないだろう、この問いが考えつくされない限りは。ゆっくりと、一人ひとりの内面で、一人ひとりのために。

原始状態の人間集団にとって、外部の人間は打倒すべき敵だった。しかし宗教や道徳によってたつ社会では、外界の人間というだけのことで、本人次第で《賢人》や《義人》、あるいは《土地の人間》の仲間入りが可能となる。ストア哲学、ユダヤ教、キリスト教、さらには啓蒙主義的ユマニスムなどが外人受け入れにとったかたちはさまざまだった。それぞれに限界、欠陥はあったが、その受容の精神は外人嫌いに対する確かな砦としてまだ役立つであろう。今日の外人問題にはまことに厳しいものがある。宗教的、道徳的基盤がゆらいできたことと関係があるのは言うまでもない。しかし、それ以上に問題なのは、国籍や信条の違いのみならず、主体としての、他に代え難い個としての違いをかたくなに守ろうとする現代の人間に対し、現代社会の方は一人ひとりの差異を平らにならしてしまおうとしていて、これが現代の個人には耐え難いということなのだ。近代市民革命の産物であるナショナリズムは、ロマンチックな愛国主義の色を帯びたものとして始まり（十九世紀）、ついで全体主義に傾いていった（二十世紀）。ナショナリズムは世界主義への動き（宗教的、合理的な）に逆行し、外人の隔離、追放を求めていったが、一方では現代人の妥協を許さない個人主義を生んだともいえる。そしてこのような個人主義を背景に、個人―公民が自らを栄えある統一体とみなすことをやめ、自分をばらばらなもの、底知れぬ存在と気付いた時、つまり自らの《異質性・異邦性《エトランジュテ》》(二)を発見した時、問題は新しいかたちをとるだろう。外人をいかにして組織の中にとりこみ、ないものとしてしまうか、ではなく、人みな外人としていかに共存していくか。

　外人を異質な存在として決めつけ、動かせないものとすべきではない。ただこれに手をのばし、軽く触れてみよう、こんな形、ときめてしまわないで。動いてやまないその姿をスケッチしてみよう、今日我々の目の前にたち現れる種々さまざまな顔のいくつかを見ながら、これまで歴史の中に撒きちらされた移ろいゆく表情のいくつかを捉えて。そして異質なものという積荷を軽くしてやろう、ひっきりなしに荷を下ろしに戻って――だんだんと足ばやに。異質なものへの憎しみ、その重荷から逃れ、そこから抜けだすのだ、異質なものを平らにならしこれを忘れ去ることによってではなく、それが紡ぎだすさまざまな差異を調和のうちに捉えなおすことによって。トッカータとフーガ。バッハの曲が私の耳もとで歌ってきかせるのだ、私が異質なものに与えたいと思う現代的な意味のゆくべき方向を。外人、それは聞き覚えのある歌、胸を締めつけるような、それはふんわりと舞い上り、撒きちらされ、絶えず新しくなる音の流れに書きこまれてゆく、あてもなく、限りも終りもなしに。触れたと思えば、もう遠ざかってゆくもの。

幸福が燃える

幸せな外人というものは存在するだろうか？

その外貌が幸せを焼いてしまう。

ともかく変っているから人目を惹く。皆とは違うのだ、目も、唇も、頬骨も、肌も。当然めだつ、あそこに誰かがいるぞ、という感じ。どんな顔でもよく観察すれば人間に二人と同じ者はないことくらいわかるはずだが、相手が外人ならわかりすぎるくらいわかるというもの。ところが日常生活では人並みということがあってはじめて共同体が成り立つ。外人の変った風貌は我々を捉え、ひきよせもすれば撥ねつけもする。外人を見て人は思う、《こっちだってあんなものかもしれない、だから好きさ》、と。それとも《こっちの方がいいんだ、だからあいつはぶっ殺してやる》となるか。差し出すのは心かげんこつか。いずれにせよ、隠していても暴きだされてしまう、我々の外界に対する姿勢、そして互いにあい対する姿勢が。これだけ家族的でよくまとまっている共同体なんだから、と言ってみてもごまかせるものではない。

外人の何とも変った顔。おまけに越えてきた境界の跡がついている。平静な時も不安な時も消えずに刷りこまれているのだ。心配そうだったり、うれしそうだったり、しかしいつでも《余計者》の印が表れている。どんな表情の時も内なる境界はそこにあってくすぶりつづけ、我々の古傷をうずかせるのだ。

不安や喜びがあかあかと燃えている、目の前にあるこの変った顔の上で。彼はそれを忘れたわけではない、ふれてまわるつもりもないが。彼の顔に残っているもの、それは絶えまなくさそいかけてくる、手の届かない旅、いらいらさせられるような旅へと。旅への鍵を彼は持たず、彼にあるのはただ旅の記憶、言葉にはならずとも表情にありありと書かれている。だから外人は上の空、ぼんやりそわそわしているように見える、というのではない。しかし内側にぴったりはりついているものが――その良し悪し、快、不快はともかく――、彼の顔をゆらめかせそこに刷りこんでしまったのだ、一条の切り傷――本人にしかわからぬ幸福――のぼんやりした痕を。

それで外人を見ていると、ゆらめきの向こうに、外人特有の、何かふてぶてしいような幸福感を感じてしまう。結局は幸せなのだ、何かがきっぱりと乗り越えられて。訣別の幸福、果てなきものと約束された空間を行く幸せ。身体に浸み入る幸福感、しかし屈折しおずおずした幸福感だ、彼はまだ昔の土地から脅かされているような気持、まだ捕えられているような、良い思い出、悪い思い出――いずれにせよ並々ならぬ思い出に。

外人でありかつ幸福であることは可能だろうか？　外人は一つの新しい幸福の概念を生む。出生の地と逃走のあい間にあること。境界線はすぐにも切れそうだ。かりそめの生体恒常状態《ホメオスタシス》〔生体があらゆる生理現象のバランスを保とうとすること〕。このような幸福は確かに存在し、確固たるものともなるが、おのれが通過途上の身分にすぎないことも心得ている。輝こうとすれば燃えつきてゆくしかない炎のように。外人の不思議な幸福とは、このような逃げゆく永遠性、あるいは永遠の過渡性を持ちつづけることにある。

喪失と挑戦

往々にして本人も気づかずにいる隠れた傷が人を彷徨へ追いたてる。愛されざる者、しかし本人はその傷を認めたがらない。なにくそという気持が泣き言を吐かせないのだ。外人の口から屈辱的な哀願の言葉を引きだすことのできる者はめったにいない。一部ギリシア人（アイスキュロスの『救いを求める女たち』の場合〔後出「古代ギリシア人と異国人……」〕）、ユダヤ人たち（嘆きの壁に向かう信徒）、それに精神分析医くらいなものだろうか。《何もあなたが私に悪い事をしたわけじゃないでしょう》とにべもなくつっぱねられてしまう、《出てゆくことにしたのはこの私なんだから》と。どこまでも遠く、人が行けないところまで。彼の記憶の奥底で、甘酸っぱい傷が疼いている。こちらでは母親を愛しているのに、母親の方ではちっともわかってくれない。うかつなのか、感情を表さないたちなのか、他に気がかりがあるからなのか。母親の世界から疎外された者。母親を呼びもせず、彼女に何か頼もうともしない。プライドというものもあるから、ひらきなおって、自分に欠けているもの、不在、何かしらの象徴に自分を結びつけようとする。父親の子になればよいということか。父親が存在することは確かである、ただしその存在は彼をひきとめるものではない。片方からは拒否され、片方には手が届かない。何とか持ちこたえようとすれば道を捜して進むしかない。逃走の準備は完了だ、身はすでに他所にある。そこは間違いなく存在するのだ、たどりつけないとはわかっていても。邪魔するものは何もない。どんなに痛い目にあおうと、手ひどい侮辱、排斥が待っていようとかまうものか。彼が求めてゆくのは目に見えない約束の地、実在しないが、夢の中では彼の領土、その名は彼方という。

外人とはそれ故、母をなくした者。カミュにはそれがよくわかっていた、彼の〈異邦人〉〔カミュ『異邦人』一九四二、後出「ムルソーの場合」〕は母が死んではじめて自分の正体を明らかにする。冷淡な孤児。彼の無感動は罪につながるものだった。だが彼が不在の狂信者であることに気づいた者は少ない。彼は孤独に執着する、群衆の只中にあっても。亡霊に忠誠を誓っているのだ、うっとりするような秘密、理想の父親、果たしえぬ野望に。ムルソーは自己に殉じて死ぬ、ともかくも陶酔のうちに。しなびた陶酔感、しかし彼にとっては情熱の代用品くらいにはなっただろう。ムルソーの父親は死刑の執行を見物に行って嘔吐した男だったが、ムルソーもまた、死刑こそは人間にとって唯一、本当に興味の持てることだと知る。

苦悩、高揚、仮面

外人は否応なしに苦い思いをし――何しろ彼は食べさせてやらねばならぬ余計者、言っていることはわからないし、やることはなっていないという次第――いたく傷つけられる、ただしほんの一瞬だけ。ひどい目にあうおかげで、彼はわずかなりとも磨かれ、小石みたいに滑らかに固くなる。そして果てしない道をどこまでも転がってゆくだろう、他所をめざして。いよいよとなって行き先を（職業、知、情の求めるところに従って）定める者もあるが、そんなことをすればはやばやと外人たる立場を裏切ることになろう。予定をたてるとは立ち止ること、住所を持つことだから。とんでもない。流謫の原理をつきつめてゆけば、すべての目的地はなしくずしに消滅するはずだ。流れ者ならどこかに向かってつっ走るだけ、そしてどこかとは、常に押しやられて遠のき、決して満足を与えない所、どうしても行きつけない所なのだから。彼は正気をなくしたつむじ風、苦痛も快楽のうち、当然の報いというもの。たまたま彼のお世話係となった者たちはこのことを無意識のうちに心得ていて、お相手に選んだ外人を痛めつけてやる、軽蔑や恩着せがましさ、さらには慈悲の重みという一層陰険な手を使って。

行動的、疲れ知らずの《移民労働者》、だがその甲羅の下ではずたずたに傷ついている外人。身も心も血を流しているのだ、屈辱的な地位のせいで。最良のカップルの場合ですら、彼／彼女は何でもやる下働きの身分、病気にでもなれば只の厄介者にすぎず、敵、裏切り者、犠牲者の役がまわってくる。外人の忍従はマゾ的快楽で説明しきれるものではない。忍従は外人の仮面を強化するのだ。冷たい第二の人格、麻酔のかかった皮をかぶれば、もう隠れ家にいるも同然、そこでならお仕えするご主人様のヒステリックな弱みをぞんぶんに軽蔑してやることもできる。主人と奴隷の論理というべきか？

外人は、自分がかきたてる憎悪、少なくとも苛立ち（《ここで何してるんです君は、ここは君の来る所じゃありませんよ！》）に出会っても驚いたりはしない。自分を受け入れてくれた人々については進んでほめもする。大抵はその人たちが自分より生活面でも政治的社会的にも上と思っているから。だが彼らを批判しないわけではない、少々量見が狭い、見えていない、と言って。尊大なご主人方には距離というものがない、こちらにはそれがある、自分自身、そして他人と判断するのに、というわけだ。外人はこの隔たりによって自分を強化する。自分というものを自分からも他人からもひき剝がしてやる。そして誇らかな気持になる。自分が正しいからというのではない。他の人々は単一価値の轍にはまりこんでいるのに自分は物事を、自分自身をも相対的に捉えている、と。連中は物持ちだ、だが伝記なるものを持っているのはこの自分だけであると彼は考えているようだ。伝記とは試練によって作られた人生のこと——別に大惨事や大事件はなくともかまわない（むろんどちらも起りうるが）、ただ、やることと為すことすべてが事件ともなる人生、選択、驚異、断絶、適応、策略の連続で、惰性や休息とは無縁な人生。外人の目から見れば、そのようなものとしてでなければ行為に生命があるとはいえないのだ。でなければ大事も小事もその存在すらあやふやになってしまう。道を外れてなかば死体になってころがっているようなもの。

隔たり

無関心は外人の甲羅だ。いかにも無感動、冷淡で、攻撃や排斥も奥にいる彼の所までは届かないように見える。本当は感じているのだが。くらげ並みの傷つきやすさで。人が彼との間に置く隔たり、その分だけ彼も自分の中にひっこむ。魂と称されるものの奥、痛みを感じない所まで。おとなしく、否、無茶をして。そこで、彼は感傷のみか感情まで剝ぎとる。そして誇らかに一つの真実を手にするのだ、単に確信というべきかもしれないが——自分には明らかにできるというわけだ、人間関係における最もとげとげしいものを。相手への関心も薄れ、礼儀も作法もうっちゃって敵か味方かを決する時がきたときに現れるもの、身体と身体、心と心の激突を。人が皆用心深く《仲間うち》にとどまっている時に、一人彼のみは自分が選んだ自律の高みに立ち、皆を逆に象徴不能症〔図・記号・言語などの象徴を理解、表現する能力の喪失〕にしてしまう。

礼節を拒否し、あからさまなる暴力をふるう者に。野蛮人同士の対決。

いかなる土地、いかなる時代、いかなる愛にも属さないこと。出生の地はなくした、根を下ろすのは不可能、記憶は沈んでゆき、現在は宙に浮いたまま。外人に与えられた空間は走行中の列車、飛行中の飛行機、停止を許さぬ移送そのもの。目印など一つもない。彼の時間は？　復活の時、死と前世を思いださせるもの、しかし彼に栄光の彼岸はない。あるのはただ執行猶予の感じ、まぬがれた、という気持だけ。

確信

しかし存在しているという確信はまだあるのだ。自分の中で確かに自立しうるという確信。甘くぼんやりした確かさ──潮の下で殻を閉ざした牡蠣、暖まった石の無言の喜び。勇気と屈辱という二つの岸の間を、他人に小突かれながらあっちへぶつかりこっちにぶつかり、それでも彼は存続する、自分の中に錨を下ろして。ここは隠れ家、中立という知恵と、絶対安全な孤独ゆえに鈍くなった快楽とにぬくぬくと守られている彼。

したたかな自己愛だろうか？　実存の葛藤の波の下に沈んだ空白状態だろうか？　一つ（……二つ）の国境を越えてくるうちに、彼は困難を抵抗の礎、生きるための砦に変えてしまった。それに、家にとどまっていたら、外れ者、病人、規則破り扱いされたことだろう。だが家なき者となった今は、華々しく役者のパラドックスを実行してゆく。仮面、《偽の自分》の数は増えるばかり、完全な本物にも完全な偽物にもなりきることはない。愛にも憎しみにも上っつらばかりのアンテナをふり向けてやるだけ、心は玄武岩さながらに固くして。これではまるで狂気の沙汰、わけもわからず意識もなしに暴れまわっている。柔らかくなる術を知っている硬派のやから。

自分の中で確立していればこそ、自己を持たないでいられるということ。空ろな確信、価値なき確信だ、常に他者でありうるのなら、他人や状況次第でどうともなるのだから。私（Je）は人（on）が望むことをしよう、だがそれは《私（moi）》〔自己〕ではない——《私（moi）》は他所にいる、《私（moi）》は誰にも属さない、《私（moi）》に属さない、……《私（moi）》は存在するのか？

こなごな

しかし、このような無重力状態にある固さは、絶対的なものではあるが、長くは続かない。裏切り者は自らを裏切るのだ。マグレブ地方出身の道路掃除人夫は一度手に入れた箒を離さず、アジア出身の皇女は他国の言葉で回想録を綴る。いずれにせよ、外人が何かしたり何かにうちこんだりすれば、たちどころに彼は根を下ろしたことになる。一時的にかもしれないが、しっかりと。彼は超然としているが、そうでもしなければ母殺しの苦しみを戦いぬけなかったからだ。彼の固さ、それはいつまたこなごなになってもおかしくないものが変身した姿かもしれない。放っておけば彼の思想も言葉も混沌におちいってしまっただろう。だからこそ彼はあれほどまでに超然としていたがり、頑なに自分を守るのだ——そっとしておいてやろうではないか。

彼の内にひそんでいる幻が炎となって表にふきだすのは彼が何かに執心する時だけである。一つの大義、一つの職業、一人の人間に。この時彼はそこに一つの国以上のものを見出す。融合が起る、彼とその何かは二つではなく一つになって自らを焼きつくす、すっかりなくなってしまうまで。

まるで何かの使徒になったようなもの、だが当然ながら階級や才能の違いでどんな使徒になるかは人それぞれである。しかしさまざまではあっても、何かを選択した外人は、無関心を維持するのに熱心であるのみならず、熱烈な毒を食わば皿まで的精神を持つようになる。これでは彼らの追放の原因がわかってしまうではないか。そもそも家には一人もいなかったからなのだ、あの激情、あの愛と憎しみの火を鎮めてくれる者が。それらを何とか撥ねかえし、彼らは世界をまたにかけてさまようことになったのだ。中立者として、かつて身をこがした火と氷に対しては内的距離をとっているという慰めが彼らにはある。

憂鬱とはいうものの

頑なな無関心、それは望郷の心が見せる表むきの顔なのだろう。涙の向こうに失われた古里を見つめ続けて命をつなぐ者もあるのだ。彼はなくしてしまった場所をいつまでも恋しがり、棄ててきた日々が本当はあきらめきれないでいる。失われた楽園は過去という蜃気楼の中にゆらめいていて、再び見出すことはかなわぬだろう。そんなことは自分でもよくわかっているのだ。それが悲しいから彼は他人に対する怒りを（国を出たからにはやはり何かとわけはあるので）自分に転嫁させるのだ。《何故あの人たちを捨てたりできたんだろう？　――結局は自分を捨ててしまったのだ》とか。意気消沈の毒にやられていないように見える者でさえも、目覚めと眠りの狭間にある灰色のひと時にはベッドの中で悶々とするのだ。それは望郷のひと時、彼はとっぷりと浸っている、今はもう自分から離れてしまった香りや音の中に。それはもう遠いもの、彼を傷つける恐れは小さい、現在ここにある匂い、物音とは違って。彼は夢見る者、不在と床を共にして。落ちこんではいてもうまくやっている。幸せな奴なのか？

皮肉屋たちと信仰者たち

ここあそこ、今と昔の間で引き裂かれるというが、これがなかなか単純ではないのである。自分は十字架にかけられている、と思う者もあるが、それは忘れているからだ、向こうに彼を縛りつけておくものは既になく、ここに彼をとめおくものもまだないということを。外人とは常に他所にいて、どこにも属さない者なのだから。ただ気をつけたいのは、失われた土地とのかかわり方に二通りあるということ。根なし草の人々は、国籍、職業、階層、性別……に関係なく二つのグループのどちらかに分類される。その一。失われたものと、決してありえないものとの間で引き裂かれ自滅してゆく者たち。彼らは中立を信奉し、無を掲げて戦う。きつかったり泣き虫だったり、しかしいつでも目はさめている。必ずしも悲観論者ではない。彼らの中から最上の皮肉屋が生まれることも多い。その二、超越者たち。昔も今もあるものか、あるのは彼方のみ、というわけ。彼らは次々と約束の地に情熱をかけてゆく、辛抱強く、決して報われないとわかっていても。仕事に、愛に、子供に、栄光に。信仰者たちといえようか、最終的には懐疑論者になる者もでてくる。

出会い

流浪に出会いはつきもの。出会いとは二つの他者性が交差すること。この場合外人は受け入れられるが、とめおかれることはない。主人は客人を迎え入れるが彼を拘束はしない。双方で有難がっていてなかなかによい関係だが、それもかりそめの交際なればこそ、長びけば衝突が起って出会いはめちゃめちゃだ。信仰型外人はどうしようもない物好きで、出会いを求めてうずうずしている。それで身を養っているようなもの、こっちからあっちへと、彼は決して満腹しない。永遠の遊び人。次々に違う相手を求めてゆく、先へ先へと。呼んでくれる人もあるが、自分を招待させるのもなかなかうまい、それで彼の人生は大好きなお祭り騒ぎの連続だ。だが祭りには明日がない。だから彼は早々とその輝きをくもらせてやる、祭りから得るものはないとわかっているのだ。《呼んではくれるよ、でもどうってこともないさ……次には……あれは気安めに散財したっていうことさ……》。外人を迎える側の、そして迎えられる外人の側の気安め。交際には皮肉屋の方がまだむいている。彼は交際を求めもせず、そこに何かを期待することもない。それでもするりと入ってくる。どうせみんな流れていってしまうのなら、《居る》方がまだましだと思っているのだ。交際を望むわけではないがむこうからやってくる。その度に彼はあたふたし、目が回ってしまう、誰に会ったのか、自分が誰だったかもわからなくなる始末だ。

おつきあいはまずは食事でもして、ということが多い。パンに塩にワイン。食事とは共に栄養をとること。ひもじい赤ちゃんなのよ、とこちらが言えば、まあまあお腹ぺこぺことは、どうぞどうぞ、とむこうは答える。たちまち一同すっかりあい和してしまう。ご機嫌良く食べたり飲んだり、その間もおきまりの如く、ああだったとかこうしてみたいとか話が絶えず、朗誦する者、歌う者もでてくる。宴は食物をとるためのもの、本来幾分か動物的なものなのに、夢だの思想だのと何やら高尚な感じになってゆく。にこにこ顔の列席者たちは、しばし、精神によっても仲良く結ばれるという次第。肉と霊の秘蹟ともいうべきもてなしの宴は、外人にとってはユートピアである。いっときのコスモポリタニズム、一同をつなぐ同胞愛は皆の違いをならし、これを忘れさせる。宴は時間の外にある。酔いしれて人はこれが永遠に続くかのように思うが、それが脆く、かりそめの時でしかないことを忘れてしまったわけではない。

自由、孤独、それだけ

家族から解放された外人は《完全に自由》だと感じる。だが彼の自由の絶対値は孤独という。無職、自在、それはまた、何とも耐え難い所在なさ、いつまでも職待ちの身ということでもある。他との関係がない自由な孤独は、筋肉や骨や血を破壊する、無重力状態にある宇宙飛行士の場合のように。自由で、あらゆるものから解放されているが、何もなく、何者でもない外人。しかし彼は絶対というものに身を捧げるつもりだ、絶対の方で彼を選んでくれたらの話だが。《孤独》とは意味を持たない唯一つの言葉かもしれない。孤独には他者、比較の対象が欠けているため、違いの観念も入りようがないが、違いがあってはじめて識別、意味づけも成立するのだから。外人ほど孤独のドラマに通じている者はあるまい。彼が孤独を選んだのは楽しむためだった。それとも苦しみつつこれに耐えてきたのだったろうか。その彼が今や無関心のうちに萎え衰えてゆく。無関心に共犯者があるはずもなく、この状態は時に何とも耐え難くなる。外人のパラドックス。彼は一人でいたい。ただし共犯者はほしい。だが一緒につきあってやろうという者などいやしない、彼の単一者性なる酷熱の地まで行ってやる者などは。あるとすれば何かの団体の者くらいだろうか。しかし彼らのあまりの画一性、協調性にはこちらの方で厭気がさすだろう。逆にひとかどの人々は結託したがらず、こちらはひき下ってまた悶々としているほかない。共犯関係は外人の見る幻。駄目とわかっているからますますこれに身をこがす。それは彼のたった一つの絆——実在しないもの、取り損なったもの。それは慈善そのほか、古くさい、人道主義の笑顔をつけてやってくるかもしれない。受け入れてやるまでだ、そうとも、無感動、無信心、無関心でもって。外人は共犯者関係を熱望する。拒絶され、それが手を触れえぬものだと改めて確かめるために。

憎しみ

《憎しみを生きる》。外人はよくこんな言い方で自分の存在を定義する。しかしこの言葉の持つ二重の意味には気づいていないようだ。絶えず他人の憎しみを感じていること、この憎しみのほかには居場所がないこと。ちょっとでも何か言ったり、したり、考えたりしそうな気配をみせるとそっぽを向いてしまう夫、そんな仕打を笑顔で受け入れてしまう妻のように。悪いことをしていずれ親から叱られるのはわかっていながら、怖くて隠れている子どものように。ごまかし、まやかしが、偽似−他者による偽似−関係を作っている世界で、他人の憎しみは外人にとって一つの拠り所となる。それはぶつかれば痛いが確実に存在し、いわばおなじみのもの。彼はそこをめがけてぶつかってゆく、他人及び自分自身に対して自己の存在を確認させるために。憎しみによって彼は現実、確固たるもの、しっかりしたもの、要するに存在するものになる。他人の憎しみはまた別の憎しみを外にさそいだす。外人が自分の中に持っている憎しみを。密かな、口にするのもはばかられる憎しみ、恥じて消えいりそうになっていた憎しみ、それはすべての人に向けられた憎しみ、誰をも対象としないもの、自分自身に対するものだ。これが内部爆発したなら深刻な鬱病をひき起すだろう。しかし自分と他人との境界でなら怖いものではなくなる。彼はそれを見張っている、女の後をつけるように。約束を違わずやってくると一安心、だがいつも恋をしそこねてがっくり、でもまあ満足しているのだ、いつまでも——本当にいつまでもだろうか、そう思いこんでいるだけなのか？——厭われつづけることに。

　他人、そして外人と暮していると、他者になるとは可能か不可能か考えざるをえなくなる。単に——ユマニスト的に——他人を受け入れられるか否かではなく、他人になりかわること。それは自分を他人と考え、他人として扱うことだ。ランボーに《私は他者である》という句があるが〔一八七一年五月十五日付ポール・ドムニー宛書簡〕、詩にとりついた精神病的亡霊の告白とばかりは言いきれない言葉だ。この言葉は追放を予見していた、外人となり外国に暮す可能性、必然性を。近代を生きぬく術、引き裂かれた人間たちがとるべきコスモポリタニズムを告げる言葉。自己との離反は苦痛ではあるが、これによって得られる距離は密かな快楽を生み、さらにこの距離によって我々は想像力を働かせたりものを考えたりできるようになる、つまり自己形成にはずみがつくということ。ばらばらになったアイデンティティ、いくつものアイデンティティからなる万華鏡。我々は自分自身の大河小説たりうるだろうか、気狂い、嘘つきと言われずに？　外人からの憎しみ、外人への憎しみに命を落さずに。

外人にむけられた嫌悪の表情。それは語っている、迷惑な奴、いらいらさせられる、こっちがそう思っていることをはっきり、遠慮なく見せつけてやろうか、と。この国では誰も守ってやるものか、かたきをとってやろうなんて人はいないさ。誰もあてにしてはいけない、それに仲間で何とかやってゆこうなんて、ここいらじゃ通用しないよ。文明人だからといって外人に手加減してくれるというものでもない。《あら、お厭ならお国にじっとしていらっしゃればよかったのに！》。外人を貶めればそれだけご主人さまの方は何かしらぬがお偉くなるらしい。ワンダの夫はドン・ファンぶっていて、道楽三昧、ワンダがほめるわけもないのに恋人たちを見せびらかしたり、厚かましいとも何とも、それも多分、妻のワンダがポーランド、つまり無きも同然の国からやってきた者だからかまわないというのだろう。ワンダには身寄りも友人もない。あれば、とやかく言う者はあっても、その人たちが避難所となって彼女の自尊心を慰めてやれただろうし、しつこいいじめに対して彼女を守ってやったことだろう。クヮンはジャクリーヌと離婚するにあたって、向こうの家族に無理やり子どもをとられてしまったが、そんなこともなかったはずだ、彼の話し方がもごもごしてわかりにくかったり動詞に詰まったりしなかったら。あの、皆に言わせれば馬鹿丁寧さ、クヮンにしてみれば彼なりの礼儀正しさがなかったなら。釣り大会の時、同僚と一杯やるのが苦手でなかったなら……しかし外人であることに苦しんでいるのはワンダやクヮンばかりではないかもしれない。マリーやポールも同じ問題をしょいこむ可能性がある。ほんの少しでも外れていたら、ほんの少し特別だったら。ゲームに入らなかったら、中に居ても外の人みたいだったら。自国内でも外人たりうるのだから、外国で外人扱いされても当然だということになってしまうのだろうか？

数カ国語をこなす者の沈黙

母国語を話さないこと。夜、子どもにかえって甘酸っぱい眠りにおちる時、きれぎれによみがえる言葉とその響き。だが以前使っていた言葉は自分の中に隠しておかねばならない。秘密の地下室のように、それとも障害を持った子ども——可愛くてたまらないが、役立たずだ——のようにだろうか。母国語はこの身体にくっついたまま萎え衰えてゆく。そのかわり何か他の道具がうまく使えるようになってくる、代数とかヴァイオリンで自己表現するように。新しい道具の達人になることも可能だ、そして道具が新しくなれば身体まで変ってくる、人工的な、昇華された存在に——至高の、と言う人もあるかもしれない。人は新しい言語によって自分が生まれかわったような気がする、新しい肌、新しい性を得て。だがそんな幻想は録音された自分の声を聞いたりするとあっけなく消えてしまう。おかしな抑揚、どこの国のでもなく、今度の言葉よりは前の言葉の片言に近いようなもの。そのちょっとおかしなところが素適なんです、と皆は言ってくれる。色気があって、と誘惑者たちはおだてあげる。誰も誤りを指摘してくれない。気を悪くさせてはまずいというわけだ。それに数えだしたらきりがないし、そのうちどうでもよくなってしまう。とはいえ、やっぱりいらいらさせられているんだというサインは送ってよこすのである。眉をつりあげたり、やたらに《何ですって？》と聞き返したり。そしてこちらに覚らせるのだ、《決してできるようにはなりませんよ》、《無駄でしょう》、《それだけは確かです》の意味だと。こっちだってわかっているのだ、自分はせいぜいのところ信仰を持つ者にすぎないと。どんな修業もする覚悟、いくつになっても、そして何かの理想に到達したいと思っている――いつかは完全にこなせるようになるはずの他人の言語をとおして――。もう告白も済ませてある、約束を果たしてくれなかった祖国には失望したと。

ともかく、二つの言語の間で人は沈黙をおのが領分とするようになる。どうしても月並みで不十分な話し方しかできないとなれば、黙っているということにもなる。国際的に有名なある学者は、数ヵ国語を操ることでも知られていたが、御本人は、ロシア語を十五ヵ国語で話しているだけ、と皮肉を言っていた。私の印象では彼は無口な人だった。沈黙が居座っていて、それでも時には口もきかなくてはということで時々歌ったり詩をつぶやいたりしていたのではないかと思う。

ヘルダーリンがギリシア語にうちこんでいた頃（後には再びドイツ語に戻るが）書いた詩に、外国語にからめとられた者の悲劇的麻痺状態をうたったものがある。《われらは一つのしるし、意味なきもの／苦しみも感ぜず、ほとんど／言葉もなくしてしまった、異国のなかで》（「ムネモシュネ」第二稿）。

さまざまなかたちの無言症から逃れられないのが外人だが、話すのは駄目でも何かやってみることはできる。家事、テニス、フットボール、ヨット、縫いもの、乗馬、ジョギング、子どもを作ること……等々。なかなか楽ではない、出費もかさむ、それでますます黙りこくることになる。話を聞いてくれる人なんかいるだろうか？　我慢しながら、がせいぜいのところ。それにこちらだって本当に話してきかせたいのか？

それでは何故母国語と縁を切ってしまったのだろう？　不自然な言語、人工器官で話しかけようなんて、新しい話し相手を何だと思っていたのか？　理想化していたのか、軽くみていたのか？　いやはや！　そもそも沈黙は外から押しつけられたものとばかりはいえない、それは内在しているのだ。発言拒否、口を開こうとしない苦悩にぴったりと身を寄せた傷だらけの眠り、ずたずたになった誇らかな慎みという私有地、うむを言わせぬ光。それがこの沈黙だ。言うことは何もない、見渡す限り何もなく誰もいない。完全無欠、侵入不可能な沈黙。冷やかなダイヤモンド、秘宝、大切に保管されていてとても手が届かないもの。何も言わない、言うべきこともない、言葉になるものはない、というのだから。最初の頃は新しい話し相手との冷戦だった、いくら使いたくても使わせてもらえない新しい言語を使っての。だがそのうちに新しい言語がこちらを覆ってしまった、ゆっくりと潮のように。これは怒りの沈黙ではない、それならば思いは言葉になって吐きだされもするだろう。これは心を空ろにし、頭を落胆で満たす沈黙だ。悲しみに沈む女たちの眼差にも似た沈黙、身体を丸めてどこか存在しない永遠の中にいる女たちの。

《……身体との、そのかみの不和のかずかず》（マラルメ）〔「聖ヨハネ賛歌」〕

同意しないこと。いつでも、何事にも、誰とでも。外人にあるのはただ好奇心、そして驚きだ、探険家や人類学者のように。だがじき厭になって異論を抱いてとじこもってしまう、それを言う権利がないから、違うと思う気持もいつしか色あせ薄められてゆく。自分の考えもわからなくなってくるが、それでも《そうじゃない》という気持だけは残るのだ。土地の人間の言葉、笑い、怒り、判断、好みはまともではない、ともかく正しくない、間違っていると。あの人たちは――ここは自分の土地だと鼻高々で――自分たちとは違う言い方、考え方、やり方があるなどとは思ってもみないようだが、と。それならそう言ってやればよいではないか、《議論》すれば？　でも何の権利があって？　権利はかちとればよいというのか、皆の自信に立ち向かって？

駄目だ。むこうは根っ子をこれっぽっちも失くしたことがない連中ゆえ、彼らのものの見方を相対化するようなことをいくら言ってやったところでとても理解してくれないだろう。こちらは根なし草の身、自分の土地に自分の足でふんばっているつもりの者たちに話してやっても無駄ではないか？　人は足もとが危くなるまでは異論に耳を傾けようとしないものだからである。異論がわかるには不安定さみたいなものが必要だ、割れ日の上でふらついてみなければならない。しかし外人が――無言作戦をとって――自分の異論を言わなければ、彼は彼で外れ者という自分だけの世界に根を下ろすことになる。他人の理解を拒む世界。かくして異論に聞く耳持たぬ土地っ子と、異論の囚人たる流れ者が面つきあわせて対決するという次第。平和共存の図、一見は。割れ目は隠されているだけ、ひび割れた世界、世界の終り。

移民、すなわち労働者

外人は労働する者である。文明圏、先進国の住民は労働をいやしいものと考えていて、ほんの気まぐれでやっているだけと言わんばかりのお高い顔をしたがる（……そうできればの話）。外人はまだ労働を価値あるものと考えているからすぐ見分けがつく。生活の必要にせまられてであることはもちろんだ、ほかに生きのびる道がないのだから。彼らとて労働をことさら有難がっているわけではない、ただ基本的な権利、人間的尊厳の基本としてこれを要求するのだ。最低限を確保したのちは、仕事を足場にして自己確立することに至上の幸福を味わう者もでてくる。これこそが選ばれた地、成功を手にしうるとすればここ以外はないと。仕事こそは個人の資産、かけがえのないもの、譲渡不能なもの、国境を越えて誰の土地へでも持ちこめるものというわけだ。《移住労働者》がこれだけあれこれ言われている時代に、外人とは労働者であると言ってみてもお粗末なパラドックスとしか思われないかもしれない。しかし、これはある村のことだが、他所から来て、やる気十分、土地の連中よりよく働き、腕一本で《差をつけてやろう》とがんばった百姓たちが、侵入者だということで、また、あんまりがむしゃらだと憎まれ（けんかがエスカレートして）……ポルトガル野郎、スペイン人めなどと呼ばれた例もある！　彼らはうちあけてくれた、実際皆は（皆とは自称生粋フランス人たち）俺たちみたいにやっきになって働きはしないよ、無一物、つまるところ他所から来たのでもなければ、こんなにまでやりはしないさ、と。だが彼らがこの村で何か悪いことでもやったというのだろうか？　違う。いつでも何かしら働いていただけなのだ、他の土地から来たこの《外人》たちは。

二代目になるとさすがにこんな猛烈ぶりはおさまってくる。外人の子どもたちは、あくせくしている親たちへの反発もあり、当地流を真似ればどうしても極端に走るというわけで、親とはがらりと変って甘い生活に入ってゆくことも多い。投げやり、そして非行。確かにそうなるだけの《事情》はたっぷりあるのだ。

しかし移民当人は、暇つぶしに来ているのではない。壁の下地塗りでもブルドーザーの運転でも、何なら人をひっかけるもよし、能力と状況次第で何でもやる。そして頭角を現そうとする、とんでもないところ、誰もやりたがらない仕事、誰も思いつかなかった仕事において。外人は男でも女でも万能選手、それに前衛種目のパイオニア、突飛な仕事、先端職種のにわか専門家、仕入れる先から出してゆく。その間も人並みに老後や家族のために蓄財を志すとなれば（その目的達成のために人並み以上に）大変な労力と手段が必要だ。無一物、何さまでもない自分、さればこそすべてを犠牲にしても、という彼。まずは身を粉にして働こう、と。流れ者にとっては、労働力、これだけは関税ぬきで持ちだせる財産、万国に通用する避難資本なのだ。それ故悲惨きわまりないことになる、もし入手できなかったら……労働許可証を！

奴隷と主人

主従間の弁証法的関係とは？　力関係は測定方法によって変る。外人勢力は数だけでは測れない――数の上でなら、奴隷はいつだって絶対多数を占めていたのではなかったか？　――今日我々には自分たちも外人みたいなものだという認識があるが、これは外人勢につくことである。かつてなく開かれた今日の世界では、誰でも旅行者や国際企業の社員として一時的に外人になる可能性がある。かつてはしっかりしていた《主》と《従》の境界が、意識の底ではともかく、少なくとも観念、理念の上ではなくなったということもある。自国に住む者たちも自分を多かれ少なかれ《本来》の場所にいない《外人》のように感じている。《外人》という言葉を象徴的にとれば、性、国籍、政治、職業におけるアイデンティティが混乱してしまう。そこで他者への同化――とびとびにだが強烈な――が試みられる。そうすることに罪悪感があることはあってもむしろ内心得意な気分なのだ、不利な立場に置かれてはいるものの、今や追い風にのっている《異国出身の民》たち、自分もまあそんなところで、と。吹き荒れる風、だが未知の自分、未知の未来へと吹き送ってくれる風。かくして新しい《主人》と新しい《奴隷》の間に密約が結ばれる。といっても必ずしも政治、法律に具体的な変化が起るわけではない（じょじょに政治や法律に影響が及んでいるのは確かだが）、だが国民としては迷いを抱えることになった。自分は本当に自国にいるのか？　自分は自分なのか？　あの人たちこそ《未来》の主人ではあるまいか？

人によっては思い悩むうちに反省もし、謙虚になる場合も稀にはあり、ごく少数だが寛容に至る者もでてくる。一方、逆上して攻撃的、保護主義的になる人々もある。こっちはこっちでがっちりとスクラムを組んで侵入者を追い出さなくてよいのか、少なくとも《奴》のいるべき所に閉じ込めておくべきではないのか？　と。《主人》は自分たちの征服者を追い出そうとして、奴隷に身を転ずることになる。侵入者とみなされた外人によって、国民の中に隠されていた欲望が白日のもとにひきずりだされる。他者殺害の欲望。最初、気味は悪いが大したことはないと思っていた他所者、くず同然だったのに今や力ある迫害者の地位にのし上った者、これに対して《我々》は一丸となって復讐する、というわけだ。

無価値な言葉、バロック的といおうか

他人から相手にされない存在。何か言っても聞いてもらえない。話の順番がまわってくることはなく、思いきって割り込んでみても仲間同士のよどみないおしゃべりによってたちまちかき消されてしまう。こちらの言葉には実績がないし、集団の将来に影響力を及ぼすはずもない。聞いてやろうなどと思う者があるわけがないのだ。発言が意味を持つほどの基盤――《社会的地盤》――がこちらにはない。話し方が良い感じと思われるかもしれない、意表をつくとか、変っているとか、チャーミングだとか、まあ何とでも。しかしそんなものは利益――これだけは無理――を持ちだされると一たまりもない。相手は利益のためにこちらを利用できないかと考える。こちらの影響力をあてにするのだが、影響力とは社会機構内部のもの、ところがこちらには社会との結びつきなどどこにもないのである。変っているけれどかえって魅力的な話し方ですねと言ってはもらえるがそれで終り。相手の人物や評判には何のプラスにもならない。だから皆は上の空、面白半分にしか話を聞いてくれず、こちらのことなど忘れて真面目な話に移ってしまう。外人の発言行為は、純粋レトリックとしての力、及び彼がそこにこめた内なる欲望

でもっているといえよう。彼の言葉には外なる実在という支えがない。本人がまさに現実の外界から疎外されているのだから。このような状況下で言葉は沈黙するか、でなければ絶対的な形式主義、極端な精密化へ進むしかない――レトリックが君臨し外人はバロック的人間ということになる。グラシャン〔十七世紀スペインの作家〕やジョイス〔後出、セバスチアン・ナイトの多形的記憶〕は外人だった(三)。

孤児

親がない――それは自由の出発点だろうか？　確かに外人は一人になれてうれしくてたまらない、国を出たのももとはといえば両親という集合体への挑戦からではなかったか。親がいなければ――恩義も責任もおさらばだ――、という不逞な妄想を抱いたことのない者には外人の思いがわからないだろう。彼のうれしさ（《私の主人は私だけ》）も、彼の内で行われる狂ったような人殺しも（《父も母もいらぬ、神も主人も……》）。

だがいよいよ孤児になってみるとどうか。心が痛みだす、ご多分にもれず他人のせいで。他人は通告してくる、お前などものの数に入らぬ、お前の親がそうなんだから、そもそも姿を現さない親などいないと同じではないかと。こちらは突然孤児になったと実感する、それも自分の責任だと。一条の不思議な光がさして内に隠れていたぼんやりした姿を照らしだす。うれしくなるような、またとがむべきその姿こそ両親の膝下にあった自分、それは光の中でかたちを変えてゆき、昔の人々と結びつこうとする、今はもう失われた人々と。なぜお前はあの人たちとずっと共にいるべく定められていなかったのだろう、親兄弟のみが知るあの過去としっかり結ばれていなかったのだろう、他所の者とは分かちあえない大切な甘い苦しみと？　何故皆にわからないのだろう、お前の傍にはいつでも親たちがついていてここの人たちとのごたごたに立ち会っているのが？　無理だ！　皆にはわからない、わかろうという気もないのだ。そしてこちらは気付く、同胞を捨ててこんなに遠くまでやっては来たものの、本当はまだあの人たちを捨てきれないでいる自分だったと――《わかりますよ、でもやっぱり……》などと言われて。他人のせいでこちらの隠れていた背徳が暴きだされる。身内について尋ねようとしない皆が人殺しに見えてくるとは――身内だなんて！　昔々の、どこかの、どこの馬の骨だか、他の言葉の下に埋めてきた人たちのことですとさ。話題にしてくるにしても気のない顔で人をくったようないい加減さだから、こちらもついにはそんな身内が本当にいたのかどうかわからなくなってしまう。地下の冥界にでもいたんだったかしら。あの人たちを見たことがない連中のぼんやりした眼差しを見るつらさ。上の空でただぱくぱくされてはこちらも自己喪失におちいる。彼らの言葉にあの人たちを口寄せする力はない。

だが本当の人殺しは誰なのだ？　私の身内を知らない者か、それともこの私か？　私の今の生活は壊れやすい霊廟のようなもの、そこには身内の影が死体の如く安置されている、私の流謫の礎の上に。私の身内に他人が無関心であればこそ、身内は私に近い存在となる。皆が私の身内などまともに扱ってくれないから、身内からなる共同体が形成されるのだ――何キロも離れたところ、半永久的に続く日ごとの忘却の彼方に。他人から受ける不当な扱い、その原因は自分にあるが、これに対抗すべく《身内》意識がめばえてくる。ああ勿論！　身内を理想化するつもりはない。他人が無関心だからといって身内の長所を大きく見せようだなんて。彼らの卑小さ、自分のつまらなさは知りすぎている……だが何かやさしい気持になるのだ、それが墓の彼方にある者を墓に、まだ生きている私を私の祖先に結びつける。聴えてくる鐘の音、熱いミルクの香りが私の胸をつまらせる……外人となった私の感覚の中にこうして蘇ってくる身内たち、今ここにいる冷やかな保護者面の者たちには見えるはずもない。

しかしあの人たちに言うことはない、私の身内には。何も。何一つ、どんなことでも。やっぱり。仮に私が——思いきって、チャンスがあれば、あるいは困り果てて——あの人たちに聞いてもらおうとしたとする、いろいろとひどい目にあって、一人ぽっちだと。だが彼らにはまるでわからないだろう、私が何処にいて、誰なのか、他人の間で何に困っているのかが。彼らにしてみれば私はもう外人なのだから。彼らは私の子どもたち、でももう後は追ってこない。時には尊敬の面持で、時にはとわごわとついてきたものだったが。彼らもすでに傷ついていて、彼らの方でも自分たちきりとあきらめている、理解できっこないのだから。私はこの事態を甘受しなければならない。彼らと話した後にはいやされぬ飢餓感が身体に残る、そして私は認めざるをえない、いわゆる《我々》など幻想にすぎないことを。不安な時にはすがりついて暖まりたくもなろう、だがそれは空しいもの、真の力はそこにない。共同体とはすべて幻想の力によってこそ成立するのかもしれない。共同体とは実体がなく、ただ人を惑わすものだ。外人はいつまでもこのことを忘れない。

お友だちは？

外人に友人があるとすれば、それは自分で自分を外人のように感じている人たち以外にはないだろう、善行をつむことを義務と思っている善人たちはともかく。他にあげるとすれば親分肌、偏執狂、変態の輩だろうか。それぞれに好みの外人があって、ない時にはでっちあげさえするかもしれない。

親分肌の場合。彼らは外人を本当によくわかってくれるし同情も惜しまない。能力も正しく評価してくれる。ただし、御本人の方が《余計に》――苦労も、知識も、力も、こちらを援助する力もふくめて、余計に持っていることを見せつけたがる……

偏執狂の場合。彼らは自分ほど疎外されている人間はいないと思い込んでいて、それを証明するためにひきたて役として外人を選ぶ。外人も疎外されてはいるが並みだというわけだ。そしてこのよりぬきの腹心に自分の方がずっとひどい目にあっていると打ちあけてやる――だが彼はまもなく《発見する》、この本物の外人の中に自分の地位を奪う者、自分の不幸の原因の一つを。世間は自分をわかってくれない、それというのも《今や外人どもがお株を奪ってしまったからだ》と言いだす……

変態者の場合。彼らの秘密の快楽はあからさまには口に出せない。彼らは殻の中に隠れていて外人を選んで引き入れる。住む所ができてうれしいだろう、性的精神的奴隷状態という宿代を払ってもお得だよ、と言ってやる、猥りがわしく、あっけらかんと……

こんな有様では、外人は仲間同士で結束するほかないのだろうか？　万国の外人諸君、団結せよ、とでも？　そんな簡単なことではあるまい。人それぞれが抱いている支配／排斥の幻を考慮する必要があるからだ。自分は外人だから自分には外人など存在しない、というわけのものでもない。祖国では消えていた信仰が新しい土地に来て突然目を覚ますこともある。そうなるとばらばらになった破片から一つのアイデンティティを組み立て直すわけだから、一度は失くしていたものだけに今度は一層排他的な姿をとるのだ。フランスでは、イタリア人はスペイン人を外人扱いし、スペイン人はポルトガル人を悪者にし、ポルトガル人はアラブ人やユダヤ人を、アラブ人は黒人を、等々、逆もまた成り立つ……互いをつなぐ懸橋は残っていても（フランス人に対しては全員こちら側といえるのではないか？）必ず壊れてしまう、一つ一つの集団がそれぞれ狂信的なものでがっちりと固まっていった時に。この異国の地に、捨ててきた祖先の宗教が本来の純粋な姿でうち立てられ、一同は《むこう》に残っている肉身たちではなく自分たちこそこれをよく守りぬく者だと信じて疑わない。他者の中にあって他者の飛び地となった他者性は、こちこちの排他主義に結晶してゆく。外人は排除される前に排除しにかかる、排除しにやってくる者がいなくてもかまいやしない。原理主義者たちは具体的な絆をすべて失っているので一層根源を求めてゆく。純粋象徴としての《我々》を考えだし、土地がないから儀式の中に根を下ろそうとする、根はどんどんとのびて根源につきあたる、その名は犠牲。

《ムルソーの場合》、《我々は皆ムルソーだ》

カミュの描いたムルソー（『異邦人』一九四二）はまことに変った人間だ。感覚が完全に麻痺していて喜怒哀楽がなく、夢中になることが一切ない。擦り傷ひとつついていない男。彼の場合は神経症と神経病の《境界》例、ないしは《偽 - 自己》の例といってしまうこともできよう。要するに精神病患者のようなもの、外人の典型からは遠い存在だと。

ムルソーとは一つの《症例》であって、どうみてもアラブ人社会に暮す《フランス人の典型》とはいえない。彼の場合、母親の死が共同体からの離脱のきっかけになったことは明らかだろう。人の死に際してよくあることである。しかしムルソーは慢性的に喪をしょいこんでいたらしい。一体いつから彼は公言していたのだろうか、最も密であるべき関係、ずばり母親との関係に冷淡であることを？　母親に話すことなど何もなかった彼。ずっと以前から？　最初から？　彼には服喪も悲しいものではなかった。それは明るく厳しいオランの街の光のようだった、砂漠をこがす炎熱の太陽、逃げ隠れしても無駄なもの。彼にあるのは無限度の火傷の如き情念、氷点ゼロ度の心理、まっ白け、空っぽの。あの性愛。強烈でがつがつしたマリーとの抱擁。水の中で二人が交わす口づけの味にはいくら冷静沈着な読者でもどぎまぎしてしまう。これを恋愛といってよいものだろうか？　むしろ感情が感覚に吸いとられてしまった状態というべきでは？　いずれにせよ奇妙な状態である、感覚のみがあって何も思うことがないとは。時間が怖いのか時間がないのか、感じるのはただ虹色に輝く肌、鋭い目つき、形の良い鼻孔……。言葉にするといっても、でてくる言葉は短く、ごつく、そっけない。経験は心を通らずに言葉にされる。そしてついにあのめまいがやってくる。ムルソーには、アラブ人たちに何の悪意も怒りもなかった、彼らに狙われていたレイモンに特に肩入れするつもりもなかった――魂なき異邦人――、ただ、彼は意識がもうろうとし、暑さにやられ、汗びっしょり、何が何だかわからなくなった、そしてピストルが火を噴く。

ムルソーはいつも意識喪失の状態、いわば超意識の中で生きていたようなものだった。終局に至って彼を殺人者にしたあのめまいと錯乱、それはいつでもそばにいたのだ、こっそりと彼についてきていたのである。だから彼はそれが姿を現した時も驚きはしなかった——彼にショックを与えるものなどありはしない。他人がショックと感じるものがわからない彼。ショックとは意識に与えられるもの、彼にあるのは意識のかわりに無関心。何故か？ 答えはでないだろう。

きっと失望のせいだ、とカミュはほのめかす。この青年はとうに人類、そしてすべてに対する信頼を失ってしまったのだと。父親のこともある。ムルソーの父の唯一の関心事は死刑見物だった、死刑が厭で見れば必ず吐くくせに。結局、人殺しの人類など無関心以外何が価するというのか？ ムルソーの魂は色のない光、これを評して平凡と言ったのでは明るすぎ重すぎる。彼には主義主張がない、内面がない、ただ上っつらをかすめて、感覚を採録してゆく。ムルソーはベッテルハイム言うところの《うつろな砦》なのだろうか。(四) 彼はなったかもしれない……作家に。この異邦人の物語を語っているのは本当は誰なのだろう？ カミュか？ ムルソーか？ 二人が混り合っているのか……

ひとり聴罪司祭のみが話者を逆上させることができた、人は信仰を持つものと信じて疑わなかったあの司祭のみが。価値観念ゼロの人間である《異邦人》も一つだけは価値を持っていたということだろうか、ただし、否定的な価値、すなわち宗教（religion）に対する怒りというものを。Religere とは、つなぐ、の意。諸々の関係、及び関係を操るものへの怒り。この点で彼は典型的外人だ。絆を持たず、絆の最たるものというべき聖なる存在を冒瀆する人間。

ヨーロッパ人ムルソーは内側から外人になってゆく。彼はアラブ人たちからと同じ位――それ以上とは言わぬまでも――同国人から隔たっている。あの時、めまいにやられて先も見えず彼は撃った、誰に向かって？　影に向かって。フランス人だろうとマグレブ人だろうとかまうものか――目の前でここかしことゆれ動く影、それは自分自身の中にあって自分を締めあげてくる苦悩、たまりにたまった無言の苦悩なのだから。ムルソーの友人レイモンにおける愛人とのすったもんだ、同じ女をめぐっての兄弟間の争い、それらが巡り巡ってムルソーの他人への無関心の歯止めを外し、彼に殺人行為を犯させる。自分の中で抑圧されている他者、それが他の人々に対して自分を外人にし、すべてに無関心な自分を作るのだ。ムルソーの中立、それは《不気味》〔後出「フロイト《he-imlich/unheimlich》」〕の反対語、否定語である。他者を前にした時の不気味感によってとろ火で焼き殺されるのは自分だ。一方、異邦人ムルソーの麻痺的無関心は爆発して他人を殺す。殺人は、浜辺に登場する前から存在していたのである、音もたてず、姿も見せず、無の存在となって彼の感覚と思考の中に住みついて。そのために感覚も思考も鋭くなりこれまでは萎えしぼんでいたのが突然冷し固められてきっぱりとしたかたちをとる。物体の如きものに、武器の如きものに。彼はこれを手にとる、うわの空で、しかし効果的に。幻、躊躇、悔恨、不安には入りこむ隙を与えない。殆んど物体と化した言葉-物、クリーンすぎて痛いくらいだ。

《今日、母さんが死んだ、多分昨日だ、わからない。老人ホームから電報が届いた、〃ハハウエセイキヨ」マイソウアス」ケイグ〃、これではわからない。多分昨日か。〔……〕じきに口が塩でひりひりしてきた。するとマリーが来て水中で私にぴったりはりついた。彼女は自分の口を私の口に押しつけた。彼女の舌が私の唇をひんやりさせた。我々はしばし波間ではしゃぎまわった。〔……〕すると彼女は私に愛しているかと聞いた。私は前と同じく、どうだっていい、おそらく愛していない、と答えた。「じゃあ何故私と結婚するの？」と彼女は言った。私はどうだっていい、君がしたければしてもいい、と答えた。〔……〕ひどい熱さで、天からふりそそぐぎらぎらした光の中でじっとしているのも苦痛だった。ここにいるか、行くか、同じことだ。まもなくして私は浜の方へ向きをかえ、歩き始めた。〔……〕アラブ人は短刀を抜き、こっちへ向けてぎらつかせた。光が刃の上で反射し長い剣となって正面から突いてくる。〔……〕焼けるような刀が眉を焦がし目をきりきりとえぐる。この時すべてがゆらめいた。海が濃い灼熱の息吹をどっと吹きつけた。〔……〕引き金がひかれた[五]》。

金属的な正確さを持った言葉。だが伝染力は持たない、人を動かさない。対話者間に成立するはずの共有関係を解体溶解してしまう言葉。おかげで我々は――物や事態に対し――《離れたところから》はっきりと認識する、共同体とは消されるべきものだったと。ムルソーの語りには内面の隔絶が表れている。彼はこう言っているようだ。《私は人間とも物とも決して一体になることがない。近くには誰もいない、言葉は特定の物を表すよりは私が物全体に対して抱いている不信の念を表す。口はきくが誰かに話しかけているわけではない、自分に向かって話しているのだ、いろいろと物について、人間も物として。私は内と外に同時にいる、外にいる方が多いだけ。私には本当の意味での内面はない。私は二重の存在、分裂した者。この危うい関係がそのまま私の言葉をなし、行為一切を宙づりにする。私は何もしない、時に何かするはめになっても、何もやらなかったと同じこと、やるのは自分の外、自分は自分の外にあるのだから。というわけで何をしようが何を言おうが私にはどうでもよい、死ぬこともだ》。

異邦人の言葉は行為を記述し、言葉自身が行為ともなるが、それは彼の言葉が象徴とはいいかねるものだからである。何の意味も担わない言葉、言葉を使い言葉を語ってもただただなさず語らぬことになる……中性言語。

《サラマノの犬は彼の妻と同等だった。ロボットめいた小柄な婦人は、マソンが結婚したパリ女や私に結婚してもらいたがっていたマリー同様けしからぬ者だった。レイモンが、人物としてはもっと上のセレスト同様私の仲間だからといってかまうことはあるまい？　マリーが今日別のムルソーに昏を許したって？》。

決定せず選択せず価値判断せずという心的緊張、言葉はそれを解き放つこともならずまわりをただうろついていたようなもの、だが緊張はついに動いて爆発する、殺人行為となって。無きものとして自分の中に幽閉しておいた他者の処刑、無きものを言語化するのはもうおしまいとばかりに。殺人もまた言葉同様、あるいは言葉以上にどうにでもよくなる、無意味に。

ムルソーは司祭にむけた怒りによってついに自分のアイデンティティにめざめ、これを受け入れる。一種の心理療法となった怒り。《私ははじめて外界のやさしい無関心を受け入れた。自分そっくりな世界ではないか、お仲間なんだ、そう思うと、自分は幸せだった、そして今も、と感じた》。はからずも心理療法医を演じた司祭、ムルソーの怒りを挑発し、怒りの力で彼を自由にしてやったのだから。さもなくばムルソーはいつまでも対話の外、コミュニケーションの外、行動の外、情熱の外にとどまっていたことだろう。有罪を宣告されてもムルソーにはぴんとこない。死ぬのか？ そうとも、と読者は言う、だが本気でそうとは思っていない、ムルソーはあまりにも平然としており、彼の居る所までは死も手が届かないような気がして。しかし再び憎むことを知ったムルソーは再び願いも持つようになる。彼は想像してみる、処刑の日、見物人たちの憎しみの怒号に身をさらす自分を。そして人々の憎しみを思って幸せな気持になる、やっとのことで。一言耳ざわりな皮肉を言ってしまう彼ではあるが。《そうなれば今よりは一人ぼっちの気がしないだろう》などと。

ムルソーの外人としてのあり方は奇妙なもので、政治家や法律家むけというよりは心理学者や美学者むけかもしれない。しかし普通の外人もムルソー的なものに無縁とはいえないのである。根なし草特有の内部分裂、ムルソーの場合はそれが極端だっただけ。無痛性の痛み、他者に対するおさえつけられた狂暴さ、おとなしくしていたかと思えば報復にでる不可知論、みな外人ならば縁がある。さらにこの奇妙な異邦人は警告している、もし外人が皆自分のようなものであるなら、外人には新しい世界を築くことは無理だ、彼らが傷つき和解を拒む存在を内に住まわせている限り、と。彼らは《全体》をなさない。彼らの姿は分子のブラウン運動、粒子の加速器――暗喩はいくらでも並べられよう。いずれにせよ、それは内部分裂した集合、一個の噴霧器。互いに主役を演ずる者たちの間に霧の如くただよう不信感、それは白くけむって一同を包み、一人一人が罪人のこの寄せ集めをまとめあげるたった一つの絆となっている。

暗い過去

《どちらから？　お国のことを聞かせて下さいな、きっと面白いはずですもの！》軽率な連中は必ずこう問いかけてくる。愛敬たっぷりに、だがその裏には鈍重さがべったり、本当にいらいらさせられるのだ。外人とは――何なら活躍中の哲学者の誰かさんとでも――まさにその《お国》なるものに世間の方々ほど重きを置かないのだから。お国――家族、血統、土地――、そこから彼は逃げてきたのであって、それはいまだに彼の悩みの種であり、稼ぎのもとだったり足枷だったり、国を思ってふるいたつこともあれば胸が痛むこともあり、これが全部一緒くたになってふりかかってくる場合も珍しくないが、結局、彼は国に叛いた者、勇気と愁いにみちた裏切り者なのだ。良きにつけ悪しきにつけ国はまとわりついてくる、しかし他所こそは彼が希望を託した土地、彼の戦いの場、今生きる所。故郷より他所を、ルーツよりも存在なき地をこそ、これが無鉄砲どもの掲げる合言葉。その先は大胆な飛翔の試みの数々、そしてそれにまさるとも劣らぬ数の不毛の抑圧。その別れ道はどこで見分けるか？　国を出ても目はもと来た方へ向けられたままだったら、彼は亡き母を恋しがっているみなし児にすぎない。しかし彼が、人みな求める支え、拠り所というものを他所という場所に移しえて、他所を敵として生きるのでもなく、他所に同化してしまうこともなく、他所を動くものの単なる軸として、楽符のト音記号、ヘ音記号のようなものとして生きるならば？　彼は外人だ。どこの、ではなく、どこでも、の人となる。世界の市民、コスモポリタン。だから彼をそのルーツへ追い返してはいけない。どうしても「どちらから？」と尋ねたくなったら、その問いは自分自身の母親にむけるがよい……

爆発——性、病気

結局、抑圧が爆発した時、人は国境を越えて他所の国にやってくる。家族、母国語、祖国を捨て他所に来て暮すこと自体思いきったことだが、これには性の面における無茶も伴う。禁忌はとけた、もう何をやっても、とばかりに。国を出て後、身をもちくずすか、逆にひどく身持が堅くなるかは問題でない。いずれにせよ流れ者となった以上、昔の身体はばらばらになってしまうのだ。今日、性は自由化され何をやってもとやかく言われずに済む。エイズの危険も何のその、ことに外人たちにあっては性的タブーなどいとも簡単にふっとんでしまう、言葉や家族の軛もろともに。十八世紀のコスモポリタンは道楽者でもあったが——今日の外人もなかなかの者である。十八世紀人ほど派手に放蕩したり好き勝手に豪勢にやったりはしないが、こっそりとあるいは堂々とまずは自国の道徳をやぶり、ついで行った先でとんでもない乱行をやらかす。スペイン女たち、あるいはイスラム教徒の女たちがいったんフランスに腰をすえた後の行状を見るがよい。《フランスのお手本》もいくらかは関係があるだろう、しかし、キリスト教のたてまえ、イスラム教の絶対命令など、こうした新しい背徳の女たちの手にかかるとやすやすと掃いて捨てられてしまう。彼女たちは何でもやる、むろん成り上るため、だが何よりもまず楽しもうというのだ、とことんまで！

それがとことんまでゆかなかった場合（強い抑圧、親による禁忌の強力な内向化等々）、やり損なった場合、不発に終った快楽は屈折して人を病気にする。外人の場合ほど心の問題が身体にでることはない。言語表現、感情表現がそれだけ身体に抑え込まれているということだ。簡単に性を解放した者がその性関係を急に断たれると（相手から捨てられたり、相手と別れたり、相手が浮気したり等々）、性解放が簡単だったぶん、病いは余計重くなる。歯止めを失った欲動は以前のように禁忌や昇華作用によっておしとめるわけにはゆかず、暴れ回って細胞を破壊する。エロス（性）がタナトス（死）の敷居を越えるのだ。私の知りあいの一外人女子学生は、パリに来た時はまだ処女で羞恥心も強かったのに、六八年前後(六)の《集団セックス》にしゃにむに身を投じ、その大胆さには相手の男もたじたじとなったものである。しかし数ヵ月後に会った彼女は、男とも別れ、肺を病んで施設入りしていた。抑圧とは我々をかくも無残にもてあそぶ！　人は抑圧の裏をかいてやったと思う、それが次々と置き換えられているようにみえる間は。しかし下へ下へと置き換えられていってついに体と心の境界にいたると、快楽はせきとめられ、一方官能は歯止めを外されたまま次々とハードルを越えようとするために身体機能がまいってしまう。国境に束縛されないと自負する外人は当然性的束縛も拒否する。それが普通だ、ただし徹底的にとは限らない。自尊心が傷つけられ――侮辱や裏切り――一時的にはともかく、とことんまではゆけないことがあるからである。むしろ心身のアイデンティティが破壊されるという逆の結果になってしまう。

だがまずは言葉が解放される、びっくりするくらいに！　新たな言語を習得した外人は、母国語から自由になって予想もつかなかったような大胆な言葉づかいができるようになる、知的な分野でも、よくない方面でも。母国語を使っていた頃は人前でろくに口もきけずただもじもじしていたような者が、外国語を使いだすと大胆きわまりない話し手となる。新しい理論その他を易々と我が物にし、家庭では禁じられていた卑猥な言葉も平気で口にするようになる。しかし外国語はあくまでも後からとってつけたものだ――幾何学やソルフェージュのように――、従って外国語を用いて無意味な駄弁以上の何かを創造するためには天分あるいは芸術的才能が必要である。なかなかよくしゃべり《ひらけている》外人が（おかしなアクセントや文法の誤りはあっても本人にはわからないし）、空理空論をぶちあげるのはよくあることだ。うわごとのように――学術的だったり、卑猥だったり――空転する言葉、実体も実感もぬきとられたままで。中身は母国語の人質になっているのだから。外人には自分の言っていることがわかっていない。考えの中に無意識部分が欠落している。彼はそこいらのものを何でもかんでもとり込み、華々しく再－生産することで満足している。新しいものの生産は稀にしかなされない。それに何を言ったって平気なわけだ、彼の言葉は彼自身の欲動については沈黙を守っているのだから。自分の無意識は国境の向こうで安全だということになれば、どんなにひどい言葉を口にしたところで嫌悪におちいるどころかどきりともしないですむわけである。しかし、精神分析を受けたり、稀なことだが心身の内奥に向かって孤独の旅をつらぬくなら、何か驚くべきことが起るだろう。この時、過去も新しい現在も溶けあい、新しい運動が始まるだろう。他所から来た大学者、大芸術家こそこれをなしうる者。外人は何ものにも属さないからこそ、すべてに、すべての伝統に関係があると思うことができる。諸々の文化、伝統の無限空間を彼は重さを失った身体で遊泳し、実に易々と新たな試みをやってのける。デ・クーニング〔一九〇四年ロッテルダム生まれのアメリカの画家〕が語ったのもこのことにほかならない。《要するに私は外人、他所者です、芸術全般に興味があるのですから。自分が一つの伝統に属するなんてもう考えられません》（一九三六）。

皮肉なさすらい――セバスチアン・ナイトの多形的記憶

さすらいが思い出の領分まで浸し始めるとどうなるか。思い出は根を失い、自由になった記憶はさまざまなかたちをとる。それは単につらかったというようなものではなくなり透きとおった皮肉の色を帯びる。外人族の中で好感度、洗練度ともに抜群の種族は、特に許されてなるであろう……喜劇山（Montagne comique）に――これはナボコフが作中人物の一人、作家セバスチアン・ナイトに与えた称号である。

『セバスチアン・ナイト正伝』（一九三八）は明らかに本人の筆になる。[七] 従って『正伝』をもとに一つの《伝記》を組み立てようとする者は、誰であれ――腹違いの弟でも――これを歪めたり損なったりすることになる。そこに作家本人ではなく自分自身を投影してしまうからだが、作家を成立させているのは解説者や読者のこんな荒っぽい愛情なのである。『正伝』は作家というもののつかみどころのなさを扱っていて、探偵ものとも形而上学とも、悲劇とも喜劇ともいえそうな作品だが、ナボコフは《ヌーヴォー・ロマンの旗手たち》[八] よりずっと先を行っているのみならず、彼らよりはるかに見事なやり方で、書く行為自身の本質的多形性を明らかにした。イギリスの大作家セバスチアン・ナイトの異母弟はロシア人、彼は兄の伝記をまとめられないでいるが（まとめたくない？）、それは《探偵》と《主人公》が（たぶん？）同一過程の二面にほかならないからだ。《となれば――僕はセバスチアン・ナイト。僕はライトに照らされた舞台の上でセバスチアンになった気分だ》と本の結びで伝記作者になりそこなった弟は述べる。そもそも書くことで対位法の名人になるためには断片を用いてパズルを組み立てたり崩したりしつづけなければならない。それは、そこいらの形而上学的芸術家がどこかでへまをした結果とても出来やしないと決めてしまった一つの《世界》のパズルではなく、本質的な謎のパズルだ。《あらゆるものの下には意味が透けて見えるものだ。重大なものに思われていた思想や出来事の数々。それらは意味がなくなってしまっていたのではない（無意味なものなどもはやなかったから）、ただ、当時は少しも重要と思われなかった他の思想や出来事と同じところまで後退していただけで、依然現在まで存続しているのだった》。《最終的解決》などないのである、《結論》も。《向こう岸のツルボランはあい変らずよく見えない》、何しろ流浪の騎士ナイトの筆はさまざまな形を並列し相対化させてしまうから。彼の名人技はセルヴァンテスにも比肩しうるもの。これに皮肉を伴った達観が加わってゆく（ナイトは『鏡の中のアイリス』――虹色の鏡か？――、前述の『喜劇山』、ついで『闇の中のツルボラン』を書く）。くったくのない絶対者、執拗なくったくのなさ。

ここでナボコフの美学を検討するつもりはない。ロシア文学に借りがあるとか、《遅れて》来たという意識から一遍にあれもこれも採用したとか、彼の新しさ、その創作スタイルは全く新しいともいえなかったが、それはフロベールやジョイスが作品のスタイルや文章に払った非常な苦心をうけついでいたとか。しかし、彼のあの仮借ない相対主義の手法の一つについてだけは強調しておきたい。あのコスモポリタニズム、二つの言語（ロシア語と英語）の間を往復する旅のことだ。ナイトをめぐる旅、つかみどころのないものの中を行く旅。そのつかみどころのないものによって人はがたがたになり、かわってぴりぴりごつごつした文章が出来上った。『正伝』中にセバスチアン・ナイトの早逝を悼む老批評家のこんな言葉があった。《哀れなナイト君！　彼の人生は二つの時期からなっていたと申せましょう。最初の彼は傷だらけの英語を操るさえない男でした。次の彼はさえない英語を書く傷だらけの男でした！》。ナイトの弟がまとめた限りの伝記からすれば、この駄じゃれは全然当っていない。しかしこの言葉を聞いて我身を思う外人は多いはずである。

まぎれもない外人、セバスチアン、きれぎれになった記憶のゆえに——彼自身の記憶だろうか、それとも弟の？　どうしても連続し、まとまった姿としては記憶に復元できない過去、流謫の身をつなぐものもなくなって。《セバスチアンの姿は〔……〕僕にはきれぎれにしか浮んでこない。ぼんやりした光の中で時たま姿を見せるだけだ、家族の一員だったことなんかなかったみたいに。むしろ通りすがりの客のようだった。明りの灯った部屋を通りぬけて再び闇へと消えてゆき、当分は現れない旅人》。闇の男、ナイト。目を凝らしている家族一同をはぐらかし、他人にも自分にもときぎれの思い出しか残してゆかない。撒きちらされた《自分自身》……

外人ではあるが外人としての自分から距離を置き、外人をカッコに入れる彼。外人であることを無視せず、ただこれをやんわりした皮肉でくるんでやる。そこに《皮肉る》という動詞の持つ冷たさはあまりなく、皮肉といってもむしろ遠慮みたいなものだ。《流れ者ぶった感傷が上陸許可されるわけがない。私の散文は愛想のかけらもないごつい岩なのだから》、とは作家の弁、引用しているのは弟だ。

　自分が出生地につながれた存在であることを見せつけられて厭気がさす外人。セバスチアンは、彼とはロシア語でしか話したがらないケンブリッジ大学の老教授に向かって、自分はソフィアの出だと言ってやる。相手は言語学者、それではとばかりブルガリア語に切り換えてくる。ナイトもさる者、ブルガリア語はやめて自家製の何語だかをしゃべりだし、これこそ《母》国語、《ブルガリア語》であるとのたまう……

　英語を話せるようになるのに長いこと苦労し、お国なまりもなかなかぬけないナイトだったが（冒頭にくるrが巻き舌になり耳ざわりなこと。おかしな間違いもいろいろ、例えば〝私は風邪をつかまえた〟だとか。形容詞 sympathique（思いやりのある）をフランス語やロシア語の意味（好感の持てる）で使ったり。interesting や laboratory その他の単語のアクセントを間違えたり）、ナイトは何といっても孤独者だった。《つまり、セバスチアンは思っていたのである、自分は名簿――どんな名簿にせよ――にのるような人間ではないと。そしてこのことをいやというほど覚った彼は、しぶしぶながらも皆との違和感を耕すようになった、それが何かの才能か貴重な感情でもあったかのように。そしてようやく満足をうる、自己認識をみのらせて。いびつなみのりではあったが。他人と合わない自分がはじめて苦痛でなくなったのである……》。

　以後、作家は孤独の中でひたすら自己開発をめざしてゆく、行く手に妨げるものもなく。一人前の外人として焼きがいれられたということ。追放された者となったジョイス(九)の微笑、それを自らもふりまくナイト。彼自らの想像世界で。その世界はジョイスのよりは平凡、あれほどは乾いておらず、アイルランド人ジョイスの厳しい聖性を欠くが。放浪の騎士ナイト、非反抗的、非挑戦的な者、感傷、憂鬱とは無縁、苦しまず、かといって無感覚ではない。彼はついに《素晴しい幼児性》を備えた者になる。それはのちのちも《まだ虹のようにかかっていた、空には彼の暗い物語たちが悲しく吹き荒れていたが》。《外国語との憂鬱な格闘》は彼の場合なかったと評されるかもしれないが、それは多分間違いだ。伝記を書こうとしている弟がこの格闘を体験し、自分で告白しているのだから。セバスチアンの分身、セバスチアンを夜とすればその昼の顔をした弟は、自分を痛めつけ過去と心中するかの如く、作家最後の傑作をロシア語に翻訳することを企てる。もとの混沌そのままを復元しようというのだ。弟の心理にはいささかロマンチックなものがある。そしてちょっぴりフロイト的なものも。死の前夜、予告する如く夢枕に立った兄、その姿に《不気味》を感じた彼ではなかったか?

ところでセバスチアンは? 放浪はやまない。心臓病にかかっていて晩年はゴーゴリ的なドラマが展開されるだろうが、子供っぽい失策やうろちょろはやめられないのだ。彼は虹、その虹の影を弟は弟なりにゴーゴリっぽく映しだしてやるだろう、間違い、まごつきながら進める彼の探究において。

ゴシック的色調を帯びたこのてんやわんやの極まるところは彼の女性関係だ。心なごむイギリス女クララ、この女のもとでなら安住できる、と思ったこともあった。が次には一転して逆戻り、ロシア人妖婦とのすったもんだの犠牲となって。だがどの女のことだろう? 幾つもの足跡が入り乱れている。コートダジュールでいなくなった尻軽女か、フランスナイズされたロシア女か、彼女は浮気を隠していたが相手は女だったかもしれない……話者はわからなくなってしまう。そして読者も。S・Kの臨終に現れて彼を抱きとってくれた亡き母、彼女は本当に存在したのだろうか？　彼は人を愛したことがあったのか？　皆作り事なのか？　あの数通のロシア語の手紙、死後焼き捨ててほしいと彼は言っていたが……何かの陰謀事件か？　なぜ彼自身、弟への最後の手紙をロシア語で書いたのだろうか？　望郷の大芝居かと思えば急におかしなことを言いだす。だが笑っているのは誰だ？　外人でないことは確かである。作家だろうか。たぶん。

失くした女——失くした国、失くした言葉——みんな見つからない。単なる悲劇ではおさまらない苛酷な状況。さて本の終りでは何が待っているか。厚かましさも相当なもの、待ちかまえていたのは作家御本人。兄が危篤だというのでとんでは来たものの、兄の住所を忘れてきた弟、伝記作者は、死人をとりちがえてS・Kのお通夜をするかわりに別人の最期をみとる。セバスチアンは人にはっきりした記憶を残さなかったばかりか、もっとひどいことには、その身体までが家族の捜索から逃れてしまったわけだ。だが考えてみれば驚くにはあたらない。セバスチアンは若かりし頃、イギリス人でフランスで亡くなった生みの母の墓探しをしたことがあった。彼は、母の終の住処と思い定めた、モンテ・カルロの近く、ロックブリュヌの通称《すみれ荘》にやって来て、庭にたたずみ母をしのぶ。数カ月後、ロンドンで彼は知らされるだろう、母が亡くなったのはロックブリュヌという町、ただし……ヴァール県の、と。こんな誕生と死の悪戯を彼は『遺失物』という小説に書いている、失くしてしまった自分の死を予告するように。彼のごまかし、それはずばり、母との絆を断ち切ったこと、あらゆる土地からこれを引き抜き、文章という捉えどころのない記憶の中にしまい込もうとしたことにあった。そんなことをするから、彼という作家の思い出も、彼の身体も、同じめにあったのだ。彼は母の思い出を大切にしなかった。S・Kの思い出を大切にする者もないだろう。悪く言うというのではない、息子の場合も、読者の場合も。ただ、母親がきれぎれの思い出、きれぎれの言葉となって撒きちらされ、愛された女たちが忘れられ―見捨てられ―でっち上げられてゆくものならば、我々のアイデンティティを保障していたはずの記憶とは、刻々と姿を変えるもの、一個の多形生物だったとわかってしまうはずだ。総括がお好きな人々のために私からひとこと言わせていただけば、セバスチアン・ナイトとロリータ〔ナボコフ『ロリータ』一九五五〕の間には関連がないだろうか？　いずれもともに多形的だ、かたや記憶において、かたや性的に。

セバスチアン・ナイトはカミュの異邦人とは違ってくったくのないコスモポリタンである。母を亡くしたのはまだ幼い頃で、その埋葬に立ち会ったこともなく、母の墓を特定の場所に結びつけることもない。父の血をひいてロシア人だが名前はイギリス人の母からもらった。そして新しい言語、英語を習得する。英語は母国語ではない、子どもの時使っていなかったから。英語はしかし母の母国語だった、知らぬも同然の母の。亡き母の亡き言葉を彼は生き返らせる必要があった。次いで彼は帰還の旅を試みる、ロシア人として生きた幼年期の言葉めざして。それは二度めの母の言葉でもあった。彼はついに迷子になってしまう、幾つものアイデンティティと持ちこたえられない思い出がきらきらする万華鏡の中で。次々と重ねられた流謫の日々からはただ言葉の跡だけが残った。

楽しきコスモポリタン、浮草暮しの闇の中には粉々になった根っ子が残っていく、思い出の中で光を放ちながら。思い出を紡ぐのは両義性と分裂した価値。くるくると吹き荒れるもの、カラカラと笑う声となって。おかげで旅暮しの涙なんかあっという間にからりと乾いてしまう、旅から旅へ、からりんと行けばみんなお遊び、人さまが不幸だなんて呼ぶものも、うつろな虚空だなんて嘆くものも。これもまた外人のあり方、そして間違いなく一つの生きる術となるべきもの、happy few すなわち選ばれし者、芸術家の場合なら。他の者たちは？　私は夢想する、我々が自分を根源なき存在、ただの旅人、過去からは遊びだけを持ちこしてきた者とみなせるようになった時を……自分を測り知れないものと思うこと、これもまた幸せになる方法の一つ、変ったやり方かもしれないが。自分をみなすがよい、エイリアンとでも。何という身軽さ、このままひらりと飛び立ってゆけそうな……

一回きりの魔法だろうか？　それともいつまでも？

何故フランスなのか

フランスほど外人が外人となる国はない。フランス人はアングロ－サクソン系プロテスタントほどの寛容さを持たない。また南方ラテン系諸国民ほどの気さくな吸収力もない。対象を受け入れるか撥ねつけるかはともかく、好奇心だけは旺盛なドイツ人やスラヴ人とも違う。フランス人は外人に対してがっちりした社会組織で立ち向かうが、そこにはゆるぎなき誇らかな国家意識が織り込まれているのである。政府や各種機関が外人受け入れにいくら努力してみても――多大の努力がなされ、またそれなりの効果はあがっているが――フランス在住の外人はよその国にいる場合よりも壁にぶつかることが多い。こうなったのもフランスには確たる文化が存続しているからだろう。外部からの度重なる大規模な侵攻、人種混交。そのかげで脈々とつちかわれてきた諸価値を守りつづけてきた文化。絶対君主制、フランス教会独立主義《ガリカニスム》〔フランスのカトリック教会をローマ教皇の直接支配から独立させる運動〕と中央集権的共和体制によって強化されてきた文化。フランスの場合、外人は法的行政的に承認されたからといって家庭の中にまで入ってゆけるとは限らない。場ちがいなフランス語を使ったりすれば評判はがた落ちだ――彼らにその意識があろうとなかろうと――、フランス人はフランス人としての拠り所を、フランス語を大切にしこれをきれいに話すことに置いているので。こんな国はほかにはない。外人の衣食の習慣はとんでもないと決めつけられる。とても世間に通用するようなものではないというのだが、世間とはフランス人のことなのである。

　となれば、外人としては正反対な二つの態度のいずれかをとるしかない。他の世界を知らないこの単一社会に何としてでももぐりこむか。そこに埋没し溶け込んでしまうこと。これはなかなか気をそそる、なぜなら彼はフランス人と同じくらいに――以上にとは言わぬまでも――フランス文化の恩恵を高く評価し、そこに庇護を求めてきたのだから。あるいは逆に屈辱と侮辱の中にひとり閉じこもってしまうか。フランス人には……決してなれないというハンディを知りぬいているから。

　しかしながら、フランスほど、立派に外人となれる国もない。いつになっても異質な存在、受け入れ難い存在であるということは、いつまでも気にしてもらえるということだ。注目され、話題にされ、憎まれ、ほめられ、あるいは憎まれかつほめられる者。いてもいいなくてもいいようなその他大勢になることはない。問題の人物、欲望の対象とはなっても。肯定されるか、否定されるか、決して中間ということはない。世界各国において外人はさまざまな経済問題、政治問題をひき起している。手に負えない騒ぎが起ることもあり、その都度行政的手段で解決しているのが現状である。しかし《SOS・ラシスム》〔人種差別に反対する若者たちが組織する団体。一九八五年設立。文化省協賛の野外コンサートの開催など、活発な活動を行っている。〕があるのはフランスだけである。《国籍法》についての国民的な関心が存在し、この問題がともかく冷静に論じられているのも。

フランスに他国より強い人種差別があるわけではない。ただフランスの場合、何かといえば観念論、感情論になりがちで、文明論、個人心理の領域が問題にされるということ。《他人と共存するには？》《集団の権利と限界は？》《公民権は皆が皆持てるとは限らない。何故か？》等々。フランスでは実際的な問題がただちに倫理と結びつく。《政治万能》のフランス人は《人間万能》にもなりたがる。すなわち彼らにあるのは人間のことなら何でもという地上的普遍主義、当然国としても《外人》という概念自体の正当性を問題にせざるをえない。何しろ《人権》を考えだしたのが自慢の国、世界的国家というわけだから。外人は問題とされる、宗教精神が過去のものとなり、倫理が問い直されているこの国でこそ……破廉恥思想や株の暴落なんぞで死んでたまるか、というわけだ。神が死に、かわって外人が登場してくる、信仰を持つ人々にとって、外人は神を生き返らせるべく来た者だった。

要するに、外人として文化面でぬきんでた者となるならば——例えば大学者、大芸術家として——、フランスは国をあげてその業績をとりこみ、これを自国の最上のみのりに数え、彼を高く評価することにかけては他国の追従を許さないだろう。つい目くばせなんかもしてしまうのだが、変っている、全然フランス的じゃない、でもなかなか、とか言って。イヨネスコ、シオラン、ベケット……。(一〇) それにあのスペイン人ピカソ。パリに個人美術館があるのはロダンのほかにはピカソだけだ、非常にフランス的なマチスですらまだなのに。人みなに、それぞれの外人を……

古代ギリシア人と異国人《バルバロイ》、哀願者、居留外人《メトイコイ》

人はどうして外人になるのか？

こんな問いはめったに思い浮ぶものではない。我々は公民権所有者であることを当然と思っている、国民－国家制なんだからというわけで。仮にそんな問いがちらつきでもすればたちどころに身構えるのが我々だ。こちらには国民としての権利がある、と。そして相手をわけもなく外人にしてしまう。他所の者、本来の国にとどまれなかった者、もはや自分の国を持つとはいえない者、国民としてのアイデンティティをとりあげられた者ではないかと。今日外人の概念は法的意味を伴う。すなわち現居住国の公民権を持たぬ者。外国人。確かに外人をこのように枠づけておけば、他者の侵入によって家族や集団の統一が乱され、激しい敵対感情が生まれても、法によってこれを緩和し収拾をつけることができるだろう。しかしそもそも異分子を排除してできたのが集団であるから、集団内で敢て異質な存在としてありつづけようとすれば当然さまざまな不安が生じ、これに対して法的な枠づけは、目をつぶったまま何ら解決をもたらさないのである。異者としての存在。やむをえずそうなったにせよ、自らすすんでのことにせよ、心理的ないしは政治的な必然によってにせよ、それは人間自立の究極の姿であるかもしれない

（人間は言葉を持つ存在だ、しかしそれも我々が他人とは違うものとして自分を認識受容し、そのような自己を他の人々に伝達する限りにおいてではないだろうか？）。異者こそは、文明に内在し、文明の本質を何にもまして明らかにしてくれるものかもしれない。さて、外人はこれ見よがしに一人違う場所を占めたがる。自分のアイデンティティ、そして集団のアイデンティティに対して挑戦状をつきつけるのだ。これを受けて立つほどの者はおいそれとはいない。彼は力ずくでくる、《こっちはそっちとは違う》と。割り込んでくる、《私を自分と同じように扱え》。求愛もする、《どうかわかってほしい》——渾然一体となった卑下と傲慢、苦悩と支配欲、傷心と絶対権力。要するに激情、極限状態。外人のこのような感情についてはギリシア神話にさまざまな物語がある。アイスキュロスが古い伝承に基づいて書いた戯曲『救いを求める女たち』で描いたのもそんな外人の姿だった[1]。哲学者や法律が外人身分を規定するようになるのはその後のことである。法律その他についてはさておき、ここでは古代悲劇における外人について考えてみよう。

最初の外人——女たちのこと（イーオーからダナイスたちまで）

我々の文明の黎明期に発生した最初の外人が女たちだったことは注目してよい。ダナイスたち〔ダナオスの五十人娘〕。エジプトの生まれながら、不思議な運命によってギリシアの高貴な血とも結ばれている彼女らはアルゴスにやってくる。アイスキュロスは、前六世紀前半の作と思われる叙事詩、アルゴスの神殿縁起（hiéroi logoi 聖伝）の集大成である『ダナイス物語』に想を得ている。伝承によれば、ダナイスたちの栄ある祖先は――あのイーオー、アルゴスでヘーラー女神の巫女を務めた者。イーオーは大神ゼウスに見染められ、ゼウスの正妻ヘーラーの妬みによって牝牛に姿を変えられてしまう。ゼウスは諦めず自ら牝牛に変身しこれを追い求める。ヘーラーは仕返しに一匹の虻を放ち、哀れな乙女を責め苛む。イーオーは気も狂わんばかり、ヨーロッパからアジアへと逃げまどい、さまよいゆけばそこはエジプトの国。虻に追われて半狂乱の牝牛とはどう考えたらよいのか。父親と契ったために母親の怒りにふれた娘のように、彼女は休みなく逃げつづけるしかない。生家から追放され、放浪の刑を課せられた者。母の恋敵となった以上、いかなる土地も自分のものとはならないだろう。ゼウスとの道ならぬ恋とはまさに狂気の沙汰。虻が表しているのはその狂気に伴う動物的な、そして――違うとでも？――性的な興奮にほかならない。狂気は一人の女を、オデュッセウスの場合のような自分に帰ってくる旅へではなく（オデュッセウスは方々寄り道したが祖国めざして帰還する）、次々と呪われたものとなる地へ追いやるのだ。母の国を出てエジプトに至った時、ようやくゼウスはイーオーの額に《触れて》彼女を鎮まらせ、もとの姿に戻してやることができた。この長旅ももとはといえばゼウスのせいだったが。イーオーは男児を出産する。その名はエパポス（ゼウスが《触れし者》の意）。

狂ったようにさまよいつづけるイーオー、それはオイディプースの悲劇の女性版だろうか。母と契ったオイディプース、スフィンクスの出した謎を解くことができた男。だが彼は知らずして母に欲望を抱き、怒りにかられて殺した相手が父親だとは気付かなかった。オイディプースはいきさつを知ろうとする、我が目をつぶしてでも。父の愛人となった娘の場合は違う。たちどころに違犯者と断定される。婚姻の掟を司る女神、アルゴスのヘーラーの母たる権威を犯したと。母との対立に追いこまれた娘は精神のバランスを失い――母の復讐の使者、虻の針に絶えず責められて狂乱におちいる。最終的にはゼウスが狂える牝牛をもとの人間に戻してやるが――他所の国で――暴力と苦悩の刻印は彼女の子孫にどこまでもついてまわるだろう。

息子エパポス。お手つきの牝牛から生まれた者。彼はエジプト王家の祖となるだろう。しかしヘーラーの呪いは末代までも追ってくるかにみえる。エパポスの孫の子（双子）、ダナオスとアイギュプトス（エジプト）は――ダナオスには五十人の娘、アイギュプトスには五十人の息子があった――あい争うことになる。アイギュプトスの息子たちが国の支配権を握るためにダナオスの娘たちを力ずくで妻にしようとしたからである。ダナオスの五十人の娘、ダナイスたちが流浪の旅に出たのは、アイギュプトスの五十人の息子たちの強要から逃れるためだった。先祖イーオーの跡をたどるが如く（無意識に、そして逆方向に、といえるかもしれない）、ダナイスたちは生地を逃れ出るが、それは性的関係から逃れることでもあった。この処女たちには戦う力も残酷さもあった。彼女たちがイーオーから受けついだものは冷たい炎だけだったが、それが彼女たちを結婚、そして法から引き離したのである、イーオーの場合とは違うかたち、イーオーの場合とは対称的なやり方で。彼女たちの処女性こそは、イーオー一族の近親相姦の宿命を表すものといえないだろうか。処女たちとは、父の神殿で娘として父に仕え、子孫を残すことを拒む者ではなかったか？　父以外の男はすべて斥け、一なる父の象徴的権力を守ろうとする者。(2)

従って、ダナイスたちは二重の意味で外人だったことになる。エジプトから来た者として、及び結婚に背を向ける者として。アルゴスの市民社会からみれば外部者、同時に自らは基本的共同体たる家族を拒否する者。拒否のきわみは、ダナイスたちによるアイギュプトスの息子たち殺害だった。自らすすんでとも、父親の命に従ってとも伝えられるが。五十人の姉妹のうち、二人だけが殺害に加わらなかった。この二人の例外のその後をたどってみたい。ダナイスたちの両義性がこの二人によって明らかになるはずだ。殺人者ではあったが、他方、水を探る存在として文明の根源を司り（ヘシオトス及びパウサニアスによる）、縁結びの祖とされるダナイスたち。

アミュモーネーは姉妹たち同様男まさりの女だったが、雌鹿を追って射た矢が外れ、眠っていた半人半馬の森の精サテュロスを起してしまう。サテュロスは彼女を犯そうとするが、深海の神ポセイドンが現われて彼女を救う——さて、ポセイドンはあからさまな物言いはせずやさしく結婚を申し込む。《あなたは妻になるべく定められたひと、私はあなたの夫になるべく定められた者》。そうしてアミュモーネーは水界の縁者となり、ヘーラーの采配の下、結婚の儀式及び水の典礼を司ることになった。掟に背いたダナイスたちの一人はこうしてヘーラーの一党に転身し、結婚に基づく社会契約に加担することになる。

ヒュペルメストラーも花婿リュンケウス殺害を拒否した。そして二人の結婚——敵対することをやめた血縁者間の——によって誕生した王家から、ドーリヤ地方第一の名だたる英雄、かのヘーラクレースが生まれるだろう。ヒュペルメストラーが復讐を放棄したのは正しかったか否か。その裁きの場で彼女を援護したのはアプロディテーとヘルメース、この二柱の神は、人をうつ言葉を彼女に吹きこんでやった。無罪となったヒュペルメストラーは、ヘーラーに仕える巫女の長となるだろう。

残るは四十八人のダナイスたち。新床で夫を殺害してしまったとは何ともひどい罪を犯したもの。ついに禁を犯すとは異常のきわみ、忌むべき残虐行為である。ダナオスとその娘たちはこのような行きすぎに対して死刑をもって罰せられたという（伝承の一つによる）。もう少しお手柔らかな罰だった可能性もあって（ピンダロスの説）、それによれば、あれほど頑なだった娘たちも人並みを拒否するという意志を貫きとおせなかったとか。彼女たちは競技の勝者と結婚するよう命ぜられたという。その子孫からこれというほどの人材は現れないだろう。法の埒外にあろうとした彼女たちだったが、結局は共同体の一同に等しく課せられる規律に服することになった。ギリシア人は異質なものに対してはこれが共同体の和を破ろうとする時にのみ罰を加えたのである。乱暴な女ども、人殺しの女どもは願い下げだが、外人身分の者にも――精神的な歪みもギリシア社会にとけこむうちに薄められてゆくだろうから――ギリシア国家の儀式や法律を適用するべきだというのが彼らの考えだった。

それはともかく、ダナイスたちによって提起される問題は、外人の権利などというものよりはるかに複雑で、はるかに昔に遡るものだ。族内婚から族外婚へ移行していった時期。ダナイスたちの物語はそんな大昔に発している。まずは血縁者と結婚しないこと――ダナイスたちはまさしくこれを実行した、従兄弟殺しという残虐行為を犯して――そして部族外の者の妻となること。近親相姦の絆を断ち切り、新たな結合関係、《同等の権利を持つ者》同士の結婚を成立させるためには、血族（兄弟、従兄弟）に対する蛮行もやむをえない一過程だった。ヘーラーも同衾者ゼウスの対等者（isotélès）たらんと欲したのであった。[3] 結婚という制度の奥にはこのような暴力的なものがひそんでいたのである。結局は他人同士の夫と妻の間に暗く沈んでいるもの。それが表に出るのはデーメテール信仰〔デーメテールは穀物および大地の生産物を司る女神〕の入信式やそのテスモポリア祭〔デーメテール・テスモポロス《掟をもたらす者》の祭。女だけで行われた〕の時だ。これらの祭式はダナイスたちによってギリシアにもたらされたのかもしれない。この時、女たちはポリス内に別に女人政府をうちたてるが、それはまことに恐るべきもので、殺傷自在の権利を有していた。罰として穴のあいた桶に水を汲むように命ぜられた女たち〔ダナイスたち。死後地獄で篩あるいは穴のあいた容器で水を汲むという罰に服しているとされる〕が流したのは水ばかりではなかったのである。このようなあい矛盾する役割を担わされたダナイスたちは、まさに《ヘーラー支配圏の法的権限》と《デーメテールの王国》とを繋ぐ存在といえよう。[4] ダナイスたちの物語は彼女たちに両義性を与えることによって認めているのだろうか、家族という基本的結合を成立させるためには激しい暴力行為が必要だった（社会における分離、離脱、そして異常行為にさえも正当な存在理由がある）ことを。

　異常行為――暴力が社会的な姿をとったもの――は初期文明社会の根底をなしていたといえるかもしれない。それは初期文明社会と表裏一体をなすのみかその源であったのだろう。そして家庭用のいかなる桶――ダナイスたちのを初めとして――を用いてもこれを汲みつくすことはかなわぬだろう。ダナイスたちの事件が考えさせる問題はまだある。結婚外の結合、恋愛《関係》や性的《関係》における性差自体からくる敵対関係の問題だ。結局、男という《民》あるいは《種族》と、女という《民》あるいは《種族》の間にどんな《関係》があるというのか？ 性差については、これを無視しようとする時代とこれを誇張して考えたがる時代が交互に繰り返されてきたが、性差が対立関係として固定さるべきものでないことは言うまでもない。それはともかく、ギリシアにおいては花嫁は他所から来た者、救いを求めて来た者として扱われた——ダナイスというわけか？　婚儀に際しては花嫁を獲物、あるいは奴隷としてではなく《家の保護下に置かるべき救いを求めて来た者として扱い、その手をとって新しい住居に導くように》と定められていたのである。(5)さて、救いを求める女とは何か？

嘆願者と外人接待役《プロクセノス》

アイスキュロスはダナイスたちにとりたてて刑罰を与えることはしなかった。彼は考えたのだろう、ダナイスたちの行為は常軌を逸したものだったが、それもアイギュプトスの息子たちがしかけた暴挙に対する報復にすぎぬといえないこともないと。三部作全体のうち、今日まで残ったのが、アルゴス市民がダナイスたちを公的に受け入れた次第を扱っている部分だけということもあるが。従ってアイスキュロスの場合、この他国からやって来た女たちの物語は、愛憎のドラマとは呼びにくいものの、ギリシア人が外人に関して政治、法律、宗教の面でどのような考えを抱いていたかを知るにはよい材料となる。

アイスキュロスによれば、外人が受け入れられるのは、彼らが救いを求めてきた場合、すなわち神々の祭壇に古里の象徴である小枝を奉納した場合である（『救いを求める女たち』五〇六）。ダナオスは娘たちにこう助言する、《娘たちよ〔……〕、土地の神々を祀るこの丘に座るがよい。祭壇こそは砦にもまして堅い守りとなるもの。さあ早く。嘆願者をお守り下さるゼウスのしるし、白い花づなを巻いた小枝を左手に捧げ持ち、問われるがままに答えるがよい、旅の者にふさわしく嘆願し、哀願するのだ、そしてはっきりと告げること、手は血で汚れていないと。あまり堂々と語らぬこと。厚かましくなく、つつましやかな面もち、目も伏せて。せかせかと話してはいけない、だらだらしすぎてもいけない、当地の人は気が短いのだ。へり下っていること。他所から来た者、流謫を嘆く身なのだから。自信たっぷりな口ぶりは弱い立場にはふさわしくない》(同、一八八―二〇三)。

そこは嘆願者の守護神ゼウスの社だった。ゼウスは太陽の父、そして《太陽神アポローンとは、かつて天界から追放された神だった》(同二一四)。女たちはしかるべき儀式を行い、態度は謙虚であったから礼節をもって迎えられるだろう。神殿は政治の場所でもあったが、宗教的空間として外人もここに居れば安全が確保されたのである。アルゴスの人々はダナイスたちの風変りな様子にびっくり仰天する、アルゴス王の言葉がその証拠だ。《一体何処から来たのだろうかこの一行は。ギリシア風とはほど遠いあの身なり。異国風の派手な衣装、髪かざり。皆さんはどなたでしょうか? 御婦人方のお召し物はアルゴスのでも、またギリシアのどこの地方のでもありません。それに、思いきったことをされたもの、先触れもなく、接待役にも伴われずにここまで来られたとは――案内人ぬきで! 何とも驚き入ります》(同二三五―二四〇)。

嘆願者を表す小枝を神々の足下に供えるだけでは不十分ということだろうか。外人接待役に働いてもらう必要があるというわけだ。この任務はアイスキュロスの時代、制度としてはまだ一般化されていなかったようだが、すでに習慣として定着していたのである。つまり住民の一人が外人集団の保護者となって、国民への紹介の労をとり、外人を庇護するというもの。これは集団全体に対するもので、個々人に関するものではない。古代ローマにおいて保護者と解放奴隷の間で結ばれた一対一の関係とは異なる。ダナイスたちの接待役はアルゴス王自身が務めるだろう。彼には、外人に対して礼節をつくすとともに自国民の利益を守る責任があった。《権力を与えられた我が身とは申せ、民なくしては何一つできるはずがない。かりそめにもアルゴスの民から「他所者を大事にしすぎて国を滅ぼした」などと言われる日が来ることのないように》(同、四〇〇)。しかし救いを求める女たちの願いは何よりも尊重されねばならない。《もし御一同の願いを斥けるなら想像を絶する穢れを与えようとのお言葉。〔……〕ともあれ嘆願者を守り給うゼウスの怒りは怖れ畏まねばなりませぬ。死すべき人間にとってこれほど恐ろしいものはなき故》(同、四七五—四八五)。こうしてダナイスたちは従兄弟たちの《過度の雄的行動》から保護されることになった。接待役 - 王は娘たちとその父を救いを求める者として国民に紹介する。《我々はこの国に住処〔métoikein〕を得るだろう。我々は自由の身、我々を奪い返しにくる者に対しては公認の避難権〔不可侵権〕が我々を守ってくれよう。土地の者も、他所の者も、我々を捕えることはできない。我に危害が加えられようとした時アルゴスの民で我々に救いを差しのべぬ者があれば、彼は情け容赦なくアルゴスの人々から追放を宣告されるだろう。以上が我々の庇護者、ペラズゴィ族の王が約束されたことである、国の民が嘆願者の守り神ゼウスの激怒を招かぬようにと。さもなければ土地の者、また他所から来た者に〔アルゴスにおいて、ダナイスたちは市民となってもやはり外人なのだ〕二重の穢れがもたらされるだろう》(同、六〇八—六一八)。

アルゴスの民はダナイスたちの訴えを受諾し、ダナオスには護衛をつけ、一同に住む家を与えた。

《その上家賃は無料だった》(同、一〇一〇)。ダナオスはこのような歓待を有難く思うが、一方、自分の娘たちがアルゴス市民とみなされるにはほど遠いこともわきまえていた。《見慣れぬ者が認められるには時間がかかるもの。他所者 (métoikos) ともなればとかく冷たい言葉もあびせられよう、人は悪口ほど口にしたがるのだから》。そしてダナオスは娘たちにこう助言する、《慎みこそ後生大事にするように》(同九九二―一一一四)。

アルカイック期における外人の地位

ホメーロスの時代から、客人は嘆願者同様に外来者の守護神ゼウス及びアテーナー (Zeus xenios, Athéna xenia) に庇護されていた。『イーリアス』は、客人を冷遇することは宗教上の罪になると述べている。

外人接待が制度化されるのは古典期に入ってからだが、以前からその風習は一般に行われていたのであった。接待役は、その守護神《発明の天才》ヘルメースを後ろだてとする《捜す人》として、国民と外来民の仲介者となって法的に無資格な彼らを援助した。外人接待はまだ個人の任務で、これを請負う者は外人集団によって選出された。何らかの特技ゆえに選ばれることもあり、ピンダロスがアテナイ市の外人接待役に選ばれたのは彼がアテナイ讃歌によって賞を得た時だった。

古代社会は閉じた社会だった。[8] 旅は恐ろしいものとされ、ホメーロスによれば旅に出たがるなどというのは外れ者 (例えば私生児。『オデュッセイア』十四・一九九―二八六) ばかりだったとか。そもそも父系制が都市国家に錠を下してしまったようなものだ――父親がギリシア公民権所有者ならギリシア人を名のれたが、外人への偏見は根強かった。

《同類》からなる社会、その理想はスパルタで実現されたあの《同一性、均質性》(homoioi)である。このような社会の渡り者に対する扱いは、敵視とまではゆかなくとも冷たいものだった。この渡り鳥どもは猛禽ではあるまいかというわけ。一方、定住を選び、その技能や商行為が社会に役立つと判断された外人は居留外人(メトイコイ)の身分を与えられた。この言葉はアイスキュロスでは転居(cf. métoikein)の意で使われている。居留外人には滞在税が課されたが、アテナイでは免税になることもあった。彼らを集めるためであるが、彼らは国家にとって貴重な存在だった。アテナイは前五世紀のなかばから外人に法的保護を与えていた。そのために政治家から外人の保護者prostateとなる者が選出された。外賓接待制と保護制。かたちは異なるが共に国家による外人保護の制度である。いずれもすでに『救いを求める女たち』に語られていたもの。しかし、外人に所有権が認められることは稀で、ダナイスたちも借家人だった。これについては、マリー＝フランソワーズ・バレが、その優れた研究『古代ギリシアにおける外国人』の中で書いている、《当時、非ギリシア人を市民の枠内にとりこむことなど全く論外だった》[6]と。ダナイスたちの同化がうまくいったのはいわば例外的なことであり、それは彼女たちが二重性astoxenoiを帯びていたからであろう。アルゴスの血をひく者としては市民、一方エジプトから来た者としては外人(さらに、動物にして女――イーオーそのままに――、デーメテールの信者にしてヘーラーの侍女、夫殺しにして婚姻をとり結ぶ者)。

古典期における異国人《バルバロイ》及び居留外人《メトイコイ》

紀元前四九〇年から四七八年にかけて、ギリシア諸国は連合してペルシアと戦う。ペルシア戦争はギリシア都市国家と異民族との関係に変化をもたらし《バルバロイ（異国人）》の観念が形成された。一方ギリシア諸国がスパルタ勢、アテネ勢の二派に分れて戦ったペロポネソス戦争の結果、ギリシア内の外人、すなわち他政権に属する者への意識が高まってきた。アテナイは国家の統一――Koinonia――をうちだすようになる。[7] 国民統合の基礎を、人種や社会的要因にではなく、国民の政治参加に置くというもの。一方統合をめざして単一民族的要素を強化すべしという法律も登場してくる。四五一年のペリクレスの法である。これによればアテネ市民として認められるには父母共にアテネ市民であることの証明が必要だった。《三年後アンティドトスの時代に、市民数の増加にかんがみ、ペリクレスの発案により、市民たる両親から生まれた者以外は市民権に与り得ずと定められた》[8]。この条件を満たさぬ者は私生児とみなされたのである。《私は呼ばれるだろう、名なしの子、名なしの権兵衛と》[9]。

非ギリシア人を指すのに《バルバロイ》という言葉が盛んに使われるようになるのもこの頃である。ホメーロスはギリシアについて戦った小アジアの諸民族を barbarophone（バルバル語族）と呼んだが、[10] この言葉は bla-bla, bara-bara といった聞きとりにくく意味不明の音声を擬して作ったらしい。五世紀になってもひきつづきこの言葉はもたもたして不明瞭な話し方をする者を指すのに使われていて、それはギリシア人、非ギリシア人を問わなかった。《バルバロイ。発音の重く不明確な者のこと》[11]。古代社会では神殿内で意味不明の神がかった言葉がはばかることなく発せられ、バルバロイの祈願もかなえられたのに。ペルシア戦争がバルバロイ排斥にはずみをつける。バルバロイ排斥はまた、ギリシア哲学のめざましい発達と表裏をなしていたといえるだろう。ギリシア哲学はロゴス logos に基づくが、ロゴスとはギリシア人の言葉、語法であると同時に万物の理法でもあった。バルバロイはこのようなギリシア的世界の外にあった。言葉も、風俗も、社会的、政治的にも。三人のギリシア悲劇作者アイスキュロス、ソフォクレス、エウリピデスは、いずれも一貫して barbaros の語を用いたが、先輩二人に比べてエウリピデスの場合はその使用度も高く、この言葉にこめられた意味も悪くなっている。二人よりもエウリピデスの方が異質なものに対して我慢できない人間だったらしい。また、一般的風潮として異質なものがますます邪魔物扱いされるようになってきたこともわかる。三人とも、《バルバロイ》を、《理解不可能》、《非ギリシア的》、要するに《外れ》、《劣等》の意味で使った。この言葉が今日のような《残酷、野蛮》の意味を帯びるのはローマの侵入以後である。しかしエウリピデスにおいてもすでに《バルバロイ》は道徳的な意味を含めての劣性を意味していた。もはや外国人のことではなく、もっぱら悪、残虐、野蛮を表すものとして。[12] アンドロマケーはギリシア人たちに向かって barbara kaka と訴えるが(エウリピデス『トロイアの女』七六四—七六五)、この言葉は《異国人の仕打ち〔責苦〕》とも《むごい仕打ち〔責苦〕》とも訳せるだろう。[13] トロイア人に対して言われたものであると同時にギリシア人にも向けられた言葉。バルバロイの概念がこのように内面化されたからといって外人受け入れが進んだかといえばそれどころかむしろ外人に対する敵意は永遠化し、自称均質社会内部において他者は大いなる敵意をもってみられるようになった。アイスキュロスの場合、これとは逆にバルバロイの語はダナイスたちをひきたててゆくエジプト人伝令のアルゴス市民に対する理不尽な行為を指すのに用いられていて（『救いを求める女たち』八二五―九〇二）、ギリシア民主主義の善に対立する悪を表していた。アイスキュロスは『アガメムノーン』（前四五八年）中で《民主主義》（《国民主権》）の理念を唱導するが、彼は『ペルシアの人々』を書いた時から自国の文明とペルシア大王の文明の違いを十分意識していたことだろう。外国との比較こそがギリシア的自由への認識を高めたということだろうか。以後、バルバロイは民主制の敵とみなされることになる。

　とはいえ、異国人とは気になる存在だった。そしてソフィストたち、次いで著作家たちは善い外人、悪い外人を区別して考えるようになったが、最上の外人はといえば、それは勿論改良の余地ある者、つまり教化されてギリシア人となりうる者のことだった。イソクラテスにとって《ギリシア人》とは人種のことではなく、《文明の呼称であり、ギリシア人とは我々と生まれを同じくする者というよりむしろ我々と教育を同じくする者》だった(14)。ここにはすでにコスモポリタニズムが感じられるが、それはあくまでも観念にとどまるだろう。成員に《同形性》（同等な者に与えられる平等な参政権）が要求される社会では、他者は風変り、非合理的――そして次はもっと簡単な表現だが、根が深い――わけのわからぬもの言いをすると片づけられ、いつまでもバルバロイとして排除されるだろう。

　異国人といってもギリシアに定住した者はその他とは区別して扱われるようになる。定住者と一時滞在者の区別は前二千年の初頭、メソポタミア、ハンムラビ帝国において既にみられた。《貧民階級》

muškēnu とは程度の差はあれ定住した外人からなり、行きずりの他所者には与えられないさまざまな権利を有していたのである。

ギリシア社会の居留外人《メトイコイ》は、国家と契約関係にあった。それはどのようなものだったか？　マリー＝フランソワーズ・バレは彼らをいみじくもギリシア社会の homo economicus（経済人）と呼んでいる。政治人、戦士たる本来の国民に対する経済人。それは今日移民労働者と呼ばれる人々とも違う。メトイコイとは《共に住む者》、《住居を移した者》。彼らは一ヵ月につき労賃一日分の居住税をおさめる。身分は一般国民の下、ただし奴隷ではない。プラトンや偽＝クセノフォンのような貴族精神の持主たちはそう思わせたいようだが。メトイコイには職人が多かったが、農民、さらには銀行家、資産家、船主もいた。アテナイには正真正銘の資本家（エギナ島のランピス（前四世紀、卸売商人））や高名な知識人（リュシアス（前四四〇頃―前三八〇頃、散文家）、イゼウス（前四世紀、散文家）、そしてかのアリストテレス）になった者もある。バルバロイの場合と同様、メトイコイにも良き者があり（例えばケパロス。リュシアスの父。彼は《民主主義抵抗運動に武器援助した》（前五世紀、ペリクレス、ソクラテスとも交友関係あり）。プラトンの対話篇『国家』は彼の家が舞台になっている）、彼らは税制上国民と同等の扱いを受けることもできた。財産所有権については同等とはいかなかったが。悪い奴もいた（例えばアテノゲネス。詐欺師、卑劣漢、裏切り者、女や僭主のご機嫌とり（前四世紀、香水商、アテナイ人女性と結婚したらしい））。アテナイでは、メトイコイの税負担に関する規定はますます詳しくなってゆく。前三七八年以来六分の一という法外な分担金が課せられた。彼らは富者のための名誉ある多額の特別割当も負担したが、これとて国民とは別扱いだった。一方、メトイコイが競技会、歌舞団、国防に参加を許されるのは例外としてであった（戦いが長びき、《国民および居住者全体の危急存亡の際》）。国民の権利を侵犯したメトイコイは奴隷に格下げされる。プラトンは、財産高が耕作地主階級のそれに達したメトイコイは国外に追放せよと述べている（『法律』九一五b）。しかし国家に対し資金援助を惜しまないメトイコイも多かった。といってもお礼心からというよりは、気前のよさもギリシア人並みであることを誇示しようとしたのかもしれない。彼らはアテナイの民主制を心から信じていたわけではない、外人の中にはあれこれと例をあげてそのはずだと考えた者もありはしたが。しかしメトイコイは彼らの経済力を必要としていたすべての都市国家に――同化せずに――入りこんでいった、スパルタのみを例外として。スパルタは外からの関与を一切排除する外国人追放策をとったのである。結局、居留外人制度は政治上民勢上必要な措置だったといえよう(15)。コスモポリタニズム、外人排斥、そのいずれも避けての選択だった。

今日西欧諸国に居住する外国人に対する人々の対応ぶりを見ると、我々の精神構造は依然として古代ギリシア人と変っていないのではないかと思われてくる。すべての人間――外国人もふくめて――に人権を、などとはなかなか考えない我々。経済的にどれだけ国のために役立つかという観点から《居留外人》の身分を設定することになりがちな我々。現在においても、外人嫌いとコスモポリタニズムの懸橋――あるいは壁――をなすものは経済的要求なのだ。

通商が栄えて港々に商人が溢れ、物見遊山の旅が盛んになる一方、見学旅行もあって、学者、アマチュア教養人が入りまじり……となると外人を隔離する必要が生じてくる。前五世紀以来、一時滞在の外人が港地区を出ることは殆んどなかった。自治港 emporion はゲットーではない。それは商業区（商店、市場、河岸）、及び風俗営業区（売春宿）であって、政治、軍事活動の中心となるアゴラ〔集会場〕とは区別されていた。アリストテレスはアゴラを《自由な》アゴラ（政治を行う場。公民権所有者のみが入れる）と、《商業の》アゴラ（輸入物産と輸入業者の！）に分けることまで提案している。

一時滞在の外人は国民とはっきりと区別され、居留外人に与えられた恩恵にも浴さなかった。

一方自然発生的に個人の資格で行われていた外人保護の役目は公職となった。外人接待役《プロクセノス》は《国がこれを任命し、国益を計るのがその職務》となった[16]。その《篤志行為》[17]はまぎれもない外交職に変った〔この意味で代理領事とも訳す〕。この地位には依然として国民、非－国民、ギリシア人、異国人にかかわらず就任できたのである。これはギリシア諸国間の、またギリシア対諸外国の関係が時に応じて緩和されたしるしの一つとみることができよう。プラトンは、外人の同化ではなく、外人間の交流を活性化して国家を利することを考えた。外人は政治に参加させない、ただし皮肉たっぷり大切にして利用すること。このような実利主義的寛容精神を見事に開陳したのが次の言葉だ。《諸国間でさまざまな分野の風習が混りあってゆくのは当然である。外人はお互い何か目新しいことを持ちこむものだ。正しい法によって立派に統治されている国民にとってこのような事態は誠にゆゆしきことであろう。しかし大多数の国は良き法を全く欠いている故、外人受け入れによっていくらかきまわされてもどうということはない。〔……〕それに、外人を排斥すれば、よそからは野蛮、未開な国と思われるだろう、「外国人追放令」〔スパルタがとった政策〕とはとんでもないことを言いだす独善と不寛容の輩だと》（『法律』十二巻、九五〇）。かくも寛大な国ということになれば他国民からの受けもよい。しかし寛大に受け入れるといっても、見さかいもなくとはゆかないのである。プラトンは外人を分類している――夏場渡来者、それは《渡り鳥》、《決まって来ては稼いでゆく連中》。彼らは市の外に建てられた公共施設に収容され、行政官の監督下におかれる。《このような者どもが何か新しい風習を持ち込まないように》と。観光客。彼らが催し物を見聞きする場所は神殿の近辺とする。神官や神殿管理人が外人の世話をするが、彼らが何か面倒を起こした場合は市場保安官の出番となる。各国各界からの国賓。さらに《稀にだが》《海外視察員》もある。彼らは他国に優る立派な制度を視察しにくるが、他にも同じような制度があると教えてくれることもある。こちらに何か教示すべきものを持っている外人は別格扱いされる。プラトンはまた、彼らは任務を終り次第《友人同士が別れる時のようにふさわしい贈り物と尊敬のしるしを受けて帰国するように》と述べている（『法律』十二巻九五二―九五三d）。プラトンは外人に対して最高の識見を示したはずだったが、政治的実利主義には勝てなかったのである。

ヘレニズム時代のコスモポリタニズム

以前には思いも及ばなかった汎ギリシア主義が台頭してくる。ハリカルナス出身の歴史家ヘロドトス、ミレトス出身の建築家ヒッポダモスは共に亡命者だったが、ペリクレスの《ギリシア全十代表による》植民地建設計画には彼らのような知識人がこぞって参加していた[18]。このような変化は前四世紀からみられたが、航海術、旅行手段の進歩に伴う地理的距離の短縮と人々の混交によってますますはずみがついてゆく。ヘレニズム期、外人はむしろ積極的な関心の対象となる――例えばこんな言葉もあった、《異国の人よ、祖国とはただこの世界のこと、人は皆、唯一つの混沌《カオス》から生まれし故に》（ガダラのメレアグロス。紀元前一世紀）。あるいはまたメナンドロスのあの有名な一句、《私は人間である。人間のことで私に縁なきものはない》は、テレンティウスのラテン語訳によって伝えられている。(19) 初の政治的コスモポリタニズムは、ストア哲学者、そして個人の英知を根底に置くその倫理学によるものだった。世界全体を一つの都市国家とすること、それが当時の論理学者、科学者、医者、占者、とりわけ倫理学者の理想だった。しかしそれが政治的に実現されることはあるまい。クレアンテスは《共同生活を営み、一つの法によって統治された民》を語った。(20) だが宗教的な共同体、外人朋友との神秘的結合というかたちではいざしらず、政治面ではいつになっても国家の経済的利益が優先されるだろう。

ストア派の妥協——普遍主義

古ストア派の哲学者たちによれば、生きとし生けるものはすべていわゆる親近関係《オイケイオーシス》 oikeiôsis にあるという。オイケイオーシスは複雑な概念だが、フランス語では conciliation〔和解、妥協……〕と訳す。この思想はすでにストア派の祖、キュプロスのゼノン（前三三五頃—二六四頃）にみられるが、クリュシッポス（前二八一頃—二〇五頃）に至って固められる。オイケイオーシスはまた絶えざる自己掌握を意味した。一種の《内診》、主体を自分自身との共謀関係におく生命の力学。ローマ時代のストア哲学者たちはこれを conciliatio あるいは commendatio（キケロ）、committo（セネカ）と訳した〔いずれも結合、委託……の意〕——《私は私自身に委ねられている》。そこからストア派の精神生活の根底をなす amor nostri（同胞愛）及び caritas《カリタス》

（愛徳）[20]の理念が生まれた。さらにこの根源的な統合の原理によって、我々は自分自身と結びついているだけでなく、中心を一つにする各層の人々とも結ばれることになる。近親から人類全体へというのがヒエロクレスの説だが、逆に輪を縮めてゆけば、全人類は人種や血統の別なく我々自身と一つになるだろう。これは人間の普遍性に注目した最初の考え方であるが、理性に基づく社会を想定したものであった。理を知る人間は同胞愛と隣人愛を全人類に及ぼすだろう。caritas generis humani（人類愛）[21]。そしてこのようなストア派の倫理を最もよく表しているのがテレンティウスのあの有名な言葉だった。メネデメス曰く《クレメスよ、君は自分のことだけでは暇をもてあますというわけで他人のことにまで手をだすのか、関係ないだろう？》。クレメスの答え。《私は人間だ。人間のことで私に関係のないことはない》[22]。キケロはこの言葉にふれて《我々は自分が出会う幸や不幸は、他人の幸、不幸より切実に感じるものだ。また他人と自分の間には大きな隔たりがあると思っている。そのため、自分に対する時と他人に対する時では判断が違ってしまう》と嘆いている[23]。汝自身の如く隣人を愛せ、と説く聖書、キリスト教の教えまであと一歩というところだろうか。

オイケイオーシス、和合、に基づくこのような普遍主義の倫理に立つならば、政治的には諸国家の分立は否定され、かわって寛容とコスモポリタニズムが導入されるだろう。帝政期に盛んになったのはメガロポリス、巨大国家の夢だった。人間から天体まで、宇宙全体を包みこむもの。アレクサンダー大王にバルバロイをギリシア人と同等に扱うよう進言したエラトステネスの例もあった。クリュシッポスは奴隷とその他の下僕を区別しなかった。古ストア派によれば人が奴隷になるなどあり得ない、生まれつき、征服されて、いずれによっても。ギリシア人、バルバロイの別もない。男女の区別さえも。人皆等しく同じ徳をめざす存在なのだ。住むところを共にする存在としてすべての人間は《神の一部であり、我々を内包している全なる宇宙もまた神なのだ。我々は神と結ばれた存在〔socii〕、神の構成要素である》[24]。

しかしこのような普遍主義が実現されることはなかった。この時期ストア哲学の台頭と並行して、これまでの都市－国家が君主制国家へ統合されていったのは事実であるが[25]。ストア哲学の理論が実践不可能だった理由の一つは、一見平等を唱えながらそこにエリート思想があったこと。理を知る賢者対いくら教育しても徳に至りえぬその他の人々。誇り高きストア的賢者は、理性はすべての人間に分かち与えられていると主張しながらまたしても別口の外人種を作りだしてしまった。すなわち徳に至らぬ者、法によらぬ者、理をわきまえぬ者[26]。

外人の意味も変ってきたのである。神の摂理を理解しえぬとされた者、それが外人だというわけだ。《土地の人間を知らぬ者を外人というのなら、そこに起る事を知らぬ者もまた外人というべきである。国家の理法を逃れる者は追放された者。知性の目を閉じる者は盲人である》[27]。理によって結ばれた共同体から外れた者も。《さて、国民皆と心を一つにすべきなのに皆と離れた心の持主、そのような者は国家に無用の存在である、共同体の絆をすっかり断ってしまう者などは[28]》。

結局、ストア哲学に他者への考察といえるほどのものはなかったといえよう。外人の差異を同化するのに役立つような思想は。ストア哲学はむしろ一種の自給自足のシステムだった。理性という共通分母の中に他者をとりこみ消してしまう。理性によらない者は愚者の列に落ちてゆくだけ。《愛の対象を尊敬するのでなく、尊敬の対象を愛さねばならぬ！》とテオフラトスは言った(29)。だが、キケロが、敵に対しても態度は公正を保つべきだとし、寛容を武勇の上においたのも本当である。キケロの厚情を受けた者の中にはそれに価しない者もあったのだ(30)。

事実、ローマに古ストア哲学をひろめたロドスのペナイティオス以来、道徳的な厳格さは問題にされなくなってゆき、賢人と愚者の差も曖昧になって、むしろ人間というものの多様性が注目されるようになる。だが、ストア哲学はキリスト教ではない、キリスト教を先取りしている面もありはしたが。オイケイオーシスはアガペーagapēとは異なる(31)。オイケイオーシスは理性に基づく個人主義だった。この場合、他者などはたちまち自己の礼讃にかき消されてしまう。ストア派の道徳にあっては、他、とはただ否認するためのものだった。《友人、兄弟、近親、縁者、同国人、つまりすべての人々は、一なるべき人間社会の一員として、その人として〔propter se〕追求されるに価する。本来各人が目的なのだから(32)》。

……そして退廃

ギリシアストア派のコスモポリタニズムにはキュニク派（犬儒派）の痕跡が残っている。先達たち（アンティステネス、特にクラテウスその他）との結びつき。しかしそれはまた十八世紀の絶対自由主義的コスモポリタニズムの先駆けをなすものでもあった(33)。ゼノンの『共和国』はプラトンの『国家』に異議を申したてる。人間の考えだした窮屈な約束事などうち捨てて《純粋理法《ロゴス》》によろうというのである。遠慮も慎みもかなぐり捨てて人間の天然自然に帰るべきであると。ゼノンのテキストは失われたが、いくつかの証言が残されていて、このストア派の祖が考えたコスモポリタニズムの理想をうかがい知ることができる。だが諸家はこれをどう扱っていいものやら途方にくれてしまう。若気の過ちと片づけておくか、破廉恥な作品と非難すべきか。ゼノンによれば国だの国民だのを区別する必要はない。人間の群にめでたく草をはませておくにはたった一つの法があれば足りるとか。すなわち愛の法。男も女も好き勝手に一緒になればよい、服装も男女同じくし、結婚、学校、法廷、通貨などやめてしまう。神殿までもだ、精神という内なる神だけ崇めていればよい。この理想国家をみてゆくと、人食い、近親相姦、売春、男色と片はしから認可ずみ、家庭破壊など言わずもがな。法、差異、禁忌を白紙にかえす全体運動のまっただ中から出てきたようなのがこのコスモポリタリズムだ。国家とその法制にたてつくことで暗に否定したのだろうか、しかるべき社会、あるいは社会そのものの禁止事項を。国境をなくすなら当然、性、個人、家族のアイデンティティのもとになる禁忌をのり越えることになる、あるいはそうすることが前提だと言いたいのか。これではコスモポリタニズムのユートピアがよってたつ人間的結合もあやしくなってくる。他者との交流を支えるものが廃され（国も家庭も性別もない）、全く規制を欠いた社会——制限も境界もない社会。となれば人はただ個人の要求を生きるほかどうしようというのか？こうなると道は二つしかない。個人の快楽によりかかった絶対的犬儒主義。でなければ選良主義、明智の人として自己を律し、賢人として暗愚な者どもをまとめてゆくこと。

ストア派の哲学者たちは理にのっとって第二の道を選んだ。十八世紀啓蒙主義の思想家、及び理に基づく人権を確立した人々、またその後国家の枠を越えて《プロレタリアートの利益》という題目をうちだしたマルクス主義国際労働者同盟のコスモポリタンたちも同様である。西欧歴史上重要な以上三つの時期の三つの思想にはそれぞれ本質的な違いがある、しかしこれらを結びつけているものは隠しようもない。純粋、ユートピア的世界主義、コスモポリタニズムによる統合。その破壊的なゆり戻しがどんなものかは、ゼノン、そして『ラモーの甥』〔後出、「ラモー」の項〕の犬儒ぶりに明らかだ。どんどん言葉にしてはきだしてしまわなければ、専制、恐怖、全体主義の誘因になりかねないもの。言いかえれば、コスモポリタニズムの赴くところは無政府主義か、さもなければ全体主義、それ以外のところでは成立しえない。

ストア派のコスモポリタニズムは、ギリシア的個人主義、エジプト的慈悲と内省、シリア社会の饗宴、ユダヤ的道徳観……が渾然一体となった一つの新しい宗教の先がけだった。ところで、コスモポリタニズムは宗教と違うものなのか、政治的現実となる可能性は絶対にないのか。これはずっと問われつづけてきたことだった。そもそも最初からまずかったのだ。《コスモポリタニズム》とはポリス（polis）、すなわち法と均一性からなる政体の理念をそっくり世界にあてはめること、全世界がポリスの住民になることを意味した。しかし区別や差別を消し去ることは宗教的慈愛の枠内でしかなしえぬだろう。逆に、政治的にさまざまな要求を統御しようとすれば、身内には手厚く、というわけで格差がおしつけられ、不公平がまかり通るだろう。差別温存のシステムが作動しつづけるだけで済めば上出来といわねばなるまい。

とはいっても、古典期・アルカイック期のギリシアに比べればヘレニズム時代のギリシアは政治的コスモポリタニズムを実行したといえる。どんなふうに？　依然として国家外外人（他のポリスに所属するギリシア人）とギリシア世界外外人（他民族、他文化の）は区別されていた。しかしこの時期ギリシア人は共通の法及び共存をもって前者の社会を認め、後者についてはアレクサンドリアのような多民族からなる巨大な国際都市を建設してその存在を受け入れたのである。そのような大都市に集まった知識人たちによってユダヤ思想とギリシア文化は混交し、聖書のギリシア語訳が行われ、ゆくゆくは古代哲学がキリスト教にとりこまれることになるだろう。だが外人階級は依然としてギリシア人とは別扱いだった。アレクサンドリアにおいてさえも、ギリシア人はギリシア人同士で結婚し、外人は市民とみなされなかった。デロス島ではアテナイ市民と異民族の婚姻例がある。しかし外人に投票権はなかった。ローマ帝国下のエジプトは例外といえる。《混合制》という抜け道があり、外人も地方レヴェルでは参政権があった。ギリシア諸国家の全ギリシア的統合は、国家間の融合によってというよりは、強力な君主体制が全体を統治する連合（例、シクラデス諸島の）によって実現された。

政治面でのコスモポリタニズム的改善の中で注目すべきは《混血》への対応である。前三世紀、混血者は——公民権は持たなかったが——メトイコイの上に置かれていた。ロードス島で彼らはマトロクセノイ（matroxenoi　外人を母とする者）と呼ばれ、下層国民として国家成員の扱いをうけた。前二世紀からは母方からも公民権を受け継ぐことができるようになる。混血家族の子は帰化することもできたが、彼らはむしろ外人階級とも異なる新たな無国籍層を形成したのである。ヘレニズム時代の無国籍者は、ギリシアの教育を受けた場合外人層よりもめぐまれた待遇を与えられたらしい。前四世紀末当時外人には禁じられていたギムナシオン〔体育場。弁論や哲学の教育の場でもあった〕も彼らには開放されてゆく、まずは国際港デロス、続いてアテナイで。しかし青年男子〔十八―二十歳の男子〕のリストをみると、第一がアテナイ人、次がローマ人、最後が外人という区別がある（デロス島、前二世紀まで）。アテナイでは外人男子がその他と一緒に扱われることはついになかった(34)。

ヘレニズム時代のギリシア諸国家は、政治的統合への枠組というよりは文化伝播の拠点として、政治を超えたところでギリシア文明を広めていった。この時代になっても外人身分は新しくならなかったということ。外人は依然として国民に対して他者のままだった。外人の役割は増大したが、盛んになったのはギリシア的なものをいやが上にもきわだたせるような固有の思想、心性、生活様式の方で、法政面では後退してしまったのがこの時期のギリシアの特徴である。政治を二の次にしたというのではない。外人を抱えこむことによって国家はその本来の成員に対してアイデンティティとなる規範を導入せざるをえず、政治を超えて文化的、象徴的要素が前面にうちだされることになったのである。この規範の上にこそキリスト教はうちたてられるだろう。古代都市という空間も一役買っていたが。そこには説教の対象となる外人、商人、外れ者が集まっていたのだから。さて、誕生期のキリスト教はすでに国家の囲いの中にはなかった。それは目に見えない精神の共同体へと人々を招いていた。教会、Ecclesia(三)エクレシアが国にとってかわる。

しかし、聖書の一神論それ自身がすでに神との契約の中に異者の存在をとりこんでいたのだ。出会う先から他者を排除してゆく選ばれた民。これはあまりにも安易な図式だ。とんでもない。この一神論は何千年も昔、ヘブライ王国建設の時からすでに神との契約を結びうる存在として異邦人をとりあげていたのである。

神の選民、外なるものが選ばれて

異邦人――ユダヤ教改宗者

神との契約によりユダヤ民族は選ばれた民となった（とくにヤコブ、そして出エジプト以来）。彼らの宗教的ナショナリズムの根底にはこの契約がある。しかしこの契約には他国者の印が密かに刻みこまれていた。聖書は、他民族をさしおいてユダヤの民が選ばれたことを幾度となく述べている。《ヤハウェはアブラハムに言われた、我、汝との間に契約をうちたてん、また後に続く子孫との間に。永遠の契約をたてて汝と汝の子孫の神となるべく[1]》。この契約に異を唱える者、これに加わらぬ者は激しく排斥される。《万軍の主ヤハウェはこう言われた、我はアマレクを罰するであろう、アマレクはイスラエルがエジプトから上って来る途中で妨害したからである。行け、アマレクを撃て、そして彼が持てるものすべてを滅ぼしつくせ。男も女も、子どもも乳のみ子も、牛も羊もらくだもろばも、一切容赦してはならぬ[2]》、《我らは我らの娘たちをこの地の民に嫁がせず、彼らの娘たちを我らの息子たちの嫁としない〔ことにする〕[3]》。《メティス[4]はヤハウェの会衆に加わることができぬ。十代目になってもヤハウェの会衆に加わることができぬ。アンモン人とモアブ人はヤハウェの会衆に加わることができぬ。十代目になってもヤハウェの会衆に加わることができぬ、決して！ かつて汝がエジプトを出てきた時、彼らがパンと水をもって出迎えることをせず、アラム・ナハライムのペトルからベオルの子バラムを使って汝を呪わせようとしたが故に。しかしヤハウェ、汝の神はバラムに耳をかさず、ヤハウェ、汝の神は汝のために呪いを祝福にかえられたのである。汝を愛するが故に、ヤハウェ、汝の神は！ 汝は生涯、あのような輩の安寧も幸福も願ってはならぬ、断じて！》。

異邦人が皆拒否されたわけではない。《エドム人を厭ってはならぬ。汝の兄弟なるが故に。エジプト人を厭ってはならぬ。汝は彼の国に寄留していたが故に。彼らの子孫は三代目にヤハウェの会衆に加わることができる(5)》。

ユダヤ民族とその神との契約は排他的なものだった。また道に外れた悪業をなした者共を排斥するのは正当であるとされた。とはいえ、この契約はユダヤの民をひいきしてのことではない。彼らが試練を選びとったからである。これは、神との契約がいつ断ち切られるかわからぬこと、選ばれた民はこの契約を全うすべく日夜精進しなければならないことを意味した。聖伝の一つは次のように述べている(一三)。《唯一者（讃えんかな！）がイスラエルを選ばれたのは何故か？ すべての民がトーラーを拒絶し、これを受けなかったのに対し、イスラエルはこれを受け、唯一者（讃えんかな！）とそのトーラーを選んだからである(6)》。

一方、聖書には万人救済の思想がある。人類全体が神の恩恵に浴しうるというのである。異邦人といえども神の啓示を曲りなりにも明らかにする役割を負わされている、と。ラビたちはトーラーを究極的にはすべての人間に与えられたものとみていた。[7]《モーセはトーラーを六十六の言語で語る》[8]、《我が法と掟を守れ。これを行う人はこれによって生命を得る》[9]。トーラーに従うすべての人間は、異邦人であろうと大祭司に等しいのだ。《主、ヤハウェよ、これは人の法なのでしょうか？》[10]。人の法、つまり祭司、レヴィ人〔ユダヤの神殿で祭司を補佐したレヴィ族の人〕、イスラエルの法でなく、全人類の法。[11]人は皆神に象って造られた。[12]従って《汝自身の如く汝の隣人を愛せ》[13]とは、家族とか同じ民族のような近い人々のみならず《最愛の〔存在〕人間》を愛せということだった。[14]《汝自身を愛する如く汝の隣人を愛せ、とはイスラエルの民について言われた言葉だが、異邦人についても同じことが言える》[15]。

異邦人への配慮を一層明確に表している言葉も多い。《異邦人〔寄留者〕を虐待したり迫害したりしてはならぬ。汝らもエジプトの国では異邦人であったからである》[16]。異教徒もユダヤ人の一神教を受け入れるならば彼らと同等の権利を獲得できる。トーラーはユダヤ人が他国の人々に対してとるべき態度をくり返し説くことをやめないが、これ程何度も言及された掟もない（その他は割礼、食物の禁忌、嘘や盗みの禁止など）。タルムード[二三]は《トーラーを学びに来た改宗者に対し、「うじ虫や蛇やとかげなど不浄な生き物を口にした者の分際で、我らが神から授かったトーラーを学ぶつもりか」などと言ってはならない、と述べている。[17]さらに、《エジプトに寄留した》事実だけでは、ユダヤ人が他国民を大切に扱う十分な理由にはならないと考えられた。国を追われた者の心に鬱積した苦しみは、そのはけ口を別の追放者迫害に見出すものではなかったろうか？　神のみがすべての異邦人を見守って下さる。《選ばれし民》はエジプト時代をふり返るとひたすら謙虚な気持になった、かつては下層の民であったことを思って。《エジプトに寄留し》の一節から聞えてくるものは、慈悲よりはむしろ神の正義のようだ。次の言葉も同じ意味にとれる。《他国人が汝らの土地で共に住むことを望むならば、彼を虐げてはならぬ。汝らのもとに寄留する他国人は同胞として扱い、汝自身の如くこれを愛するがよい。汝らもまたエジプトの国に寄留した身であったから[18]》。《異国の者を愛さねばならぬ。汝らもエジプトの国では異国の者だったからである[19]》。そもそもアブラハムその人こそ最初の《改宗者》とみなされていたではないか[20]。諸家は、アブラハムが国も故郷も父の家も、そしてまた世のすべての民を後にして神が示された土地をめざしたことに注目する。異邦人改宗者がイスラエルをめざすが如くに[21]。

アモスからエレミアに至るまで、預言者たちの万人救済論は、人は皆、内在する尊厳ゆえに尊ぶべきものであるとの思想をますます確立してゆく。ギリシア哲学、そしてコスモポリタニズムを掲げるストア派以前のことだった。貧者、やもめ、みなし児、下僕、外人、ともに同じ神の義を受けることができるとされたのである。《私が召使いや召使い女の言い分をないがしろにしたことがあったなら、神が裁きに立たれる時どうすればよいだろう、何とお答えすればよいのだろう？　私を胎内に宿された方は彼らをも宿されたのである。あの方こそが我々皆を胸に置かれたのではないか？　〔……〕異国の民を野宿させたことはない、我家の扉はいつでも旅人に開かれていた[22]》。

ヘブライ語の guer を《étranger》と訳すことには問題がないわけではない。guer はもともと《〔我々と共に〕住むべくやって来た者》、《住民》を指し、さらに《改宗者》の意も含んでいた。この言葉は聖書の場合も、タルムードやミドラーシュ[一三]の場合も、《改宗者》と訳されたり《外国人》と訳されたりしている。どちらの訳も部分集合だがその構成概念は同一である。一つは guer-tochav、すなわち寄留者。もう一つはただの guer、すなわち改宗–帰化。guer-tochav は外人としてのアイデンティティを保つ者だが、イスラエルに居住するしないに関係なくモーセの律法を守る。それは共同生活に必要な道徳律であり、そのユダヤ精神を守る者はユダヤ人にも等しいとされた。guer、すなわちユダヤの宗教–国家に帰依する外国人。タルムード期のラビの多くは改宗者だった。有名なラビ、アキーバ(二世紀、ローマに反逆して死刑となる)もその一人であった[23]。

しかしタルムード及びミドラーシュのテキストには改宗者に対する拒否、不信を隠さないものもあった。ラビ・ヘルボーは言う、《改宗者は〔イスラエルにとって〕厄災の如し[24]》と。これはしかし個人的見解であって、大方はむしろ改宗者を歓迎した。ユダヤ教は、改宗を強要したりしないかわりに改宗志願者に対する要求はなかなか厳しかったが、契約の試練を受けると決めた者は迎え入れてやったのである。改宗志願者は破戒者に加えられる罰、戒を守る者への報いについて前もって厳かに教えられるが《しかし改宗者をあまりくじけさせてはならぬ[25]》のであり、《改宗者の前では、十代のちでもアラメーン人を悪く言ってはならない[26]》とされた。

異邦人受け入れにおけるこのような厳しさは、近代的寛容の理念には合わず厳しすぎるのではないかと思われるかもしれないが、他の宗教や道徳(ストア哲学–キリスト教)が他所者に要求したことと極端に違っていたわけではない。それらは普遍性を望みながら自分たちと同じ普遍性を採用する相手しか受け入れなかった。ただ、ユダヤ教の場合、異邦人のユダヤ社会への同化は、《選民》思想に基づいて行われた。我は《選ばれし者》。しかし《誰でもいつでも選ばれることができる》——その結果《神による選択はあらゆる個人、集団の意識の自由な結合の中に継承されてゆくという、混合継承の考え方》が生まれた。『ペサヒーム』87b〔『ペサヒーム』はミシュナ第二部の一篇、「過越の羊」〕の次の言葉がその証拠だ。《エリアザールはまた語った、「讃むべき神はイスラエルを諸国に追放された。改宗者たちが神のもとに集わんがために」と(27)》。

このことを端的に語っているのがモアブの女ルツの物語である。ルツの物語は、他所者、《外の》者が《同族》に加わった時、はじめて統合が成就することを示している。

モアブの女ルツ

《士師たちが世を治めていた頃、飢餓が起った》(28)。タルムードは《士師たちが世を治めていた》この試練の時代をユダヤ史の混乱期としている。王もなく人々は好き勝手な考えを持ち、いかなる長も民の信を得ることがなかった。事実、イスラエルがこの世に現れた時からルツの時代までの三世紀の間に、律法はないがしろにされ、忘れられていった。仮に士師イヴァンこそボアズであるとするなら(29)——聖書ははっきりそうだとは言っていない——、彼のルツとの結婚はユダヤ暦二七九二年（前九六八年）ということになる。

ルツの物語には異邦人のテーマが二度にわたって語られている。最初は尊者エリメレクが祖国ユダヤを去ったこと。彼は苦境にある祖国を救おうとせず敢てモアブに移り住む。モアブは——異国であり、その上神との契約から外されていた。すでにみたように、エジプトから上ってきたユダヤの民を歓待しなかったからである。[30] エリメレクの祖国脱出は裏切りとみなされ罰せられるだろう。エリメレクの死、その後彼の二人の息子、マロンとキリオンも子孫を残さずに死ぬ。残ったのは息子たちの母ナオミ、そして息子たちの妻、オルパと……ルツだった。エリメレクの出国－裏切りに下された神罰は厳然たるものだったが、曖昧さも残していて、それはその後のルツの物語をみればわかるだろう。ルツは命を救われたのみか、ユダヤ王国の母、ダヴィデ一族の祖となったからである。ルツとは何者か？

ルツはモアブの王女だった。エリメレクが移住して来なかったら、ユダヤ人と結婚することはなかっただろう。罰せられるべき移住は一転してルツの定めを全うするために必要な条件に変ったのである。神との契約を禁じられていたのはモアブの男のみで女には許されていたとする律法解釈もあるが、いずれにせよルツが夫の死後ユダヤに入るまではそのようなことは知られていなかったらしい。[31] 従って、ボアズとその民にとってルツは異邦人でしかなかった。彼女はすでに改宗していたのだろうか？ モアブの王女オルパとルツは、彼女たちの国に移住して来たユダヤ人兄弟マロン、キリオンと結婚するに際し、あらかじめ改宗してはいなかったという――そしてこのことで兄弟は罪を重ねることになった（《彼らは彼女らを改宗させもせず、洗礼もほどこさなかった[32]》）。それに、もし二人の嫁が改宗していたならば、ナオミには彼女らを彼女らの故郷、偶像崇拝者の国に送り返す権利はなかったはずだ。ところが彼女は二人に帰国をすすめている（ルツ記、一章八）。別の説もある。すなわち、改宗は行われたというもの。兄弟たちは権力者であり、たとい相手が王女の身分でもこの異邦人姉妹に自分たちの宗教を強要しえただろう、そうでなければ、聖書でナオミが《しゅうとめ》と呼ばれたり、ルツが長老たちの手で結婚させてもらった次第が語られたりするはずがないと。[33]

しかし故郷に帰ったのはひとりオルパ、《こうべをめぐらす者》（oreph《うなじ》）だけだった（そして幾世代かのち、オルパの子孫ゴリアテはルツの子孫ダヴィデによって撃たれる）。一方ルツはしゅうとめにつき従ってベツレヘムへ行くことを願う。ルツの言葉はヤハウェへの信仰にあふれているが、それ以上にそこには二人の女を結ぶ絆――情熱的と言っていけないわけがあろうか？――が感じとられるのである。《私にむかって、あなたと別れ、あなたに背をむけて遠くへ行けなどとおっしゃらないで下さい。私は、あなたの行かれる所に行き、あなたのお泊りになる所に泊ります。あなたの民は私の民、あなたの神は私の神。あなたの亡くなる所で私も死にそこで葬られましょう！ ヤハウェよ、私を幾重にも罰して下さい、死んでお別れするのならばともかく、そのほかのことで私があなたのおそばから離れるようなことをしたならば！》（ルツ記、一章十六、十七）。

ルツという名はヘブライ語起源ではない。そこでルツの物語を象徴的に読み直そうとして擬‐語源的解釈が数多くなされた。rut は rao《見る》、《熟考する》――ルツのしゅうとめの言葉から（『ルツ・ラツバー』〔ミドラーシュ。ルツ記に関するもの〕一、九）。あるいは《一杯にする》からきているとか――ルツはダヴィデの祖先であり、ダヴィデは神に対して讃歌と祈りをあびるほど捧げたからと（『ベラホート』〔ミシュナ第一部の一篇「祝福」〕七b）。**Ruth** を構成する文字は秘伝によれば（**Rut→Tor**）祭壇の前で犠牲となろうとしている鳩であり、神と契約を結ぼうとしているルツを意味するとか（『ゾーハル・ハダーシュ』〔神秘主義的な著作『ゾーハル』（輝き・光の束の意）の一篇〕）。ルツの名の数値は 606 であり、これは六〇六の戒律を持つトーラーそのもの、一方、ノアに与えられた七つの戒律は非ユダヤ人に与えられたものとも。Hは神を表すがルツの文字も神と関係がある、文字の遊び、組み換えによってRuth＝Thorahとなる、等々。

さて、ナオミ——その名はミドラーシュによれば《快い》、《感じがよい》の意、《彼女の立ち居振舞はやさしく良い感じだったから》——はルツに《引き受け人》を捜してやることになった。引き受け人とはユダヤ社会の嫂婚法に定められたもので、寡婦に子がない場合これと結婚する者をいうが、選ばれるのは亡夫の最近親者とされる。この場合該当者は第一にエリメレクの兄弟でマロンのおじトー、次がマロンのいとこボアズだった。当時ユダヤ人は寡婦に子孫を与えることを道徳的義務と考えていた。法は亡夫の兄弟と定めていたが、必ずしもそうでなくともよかったのである。

ボアズとルツの出会いにはたわいもない策略や色仕掛けも無縁ではなかったが、そこには運命の不思議が働いていて、その糸は——これは記憶しておく必要がある——にこやかなナオミが操っていた。《そこでルツは出かけてゆき、畑に入って刈り入れする農夫たちのあとについて落ち穂を拾ったが、そこはたまたまエリメレクの一族のボアズが所有する畑だった》（ルツ記、二章三）。S・R・ヒルシュによれば、(34) ユダヤ思想の《たまたま》とは《機を得て》ではない。人がひきよせた時ではなく、時が人をひきよせた瞬間をいう。神のお告げの時。ボアズはその時八十歳だったが、召使いからルツがモアブ人であるむね告げられていたにもかかわらず、彼女を自分の土地に入らせこれを保護し、《私の娘》と呼んで落ち穂拾いの仕事をさせてやった。(35) その人となりをよく見てやろうというつもりだったのだろうか。《よいか、私の娘よ、よその畑に落ち穂を拾いにゆくことはない。ここから離れず、私のところの女どもと一緒になるがよい、刈り入れする畑を確かめ女たちについてゆくのだ。若い男どもにはお前の邪魔をしないよう命じておいたから》〔……〕。ルツは顔を地につけ、ひれ伏して言う、《何故これほどに私に目をかけて下さるのでしょう、他所者ですのに？》（ルツ記、二章八―十）。しゅうとめによく尽くし、生まれ故郷を捨てて《これまで全く知らなかった民のもとへ》来たことをよしとしたからであるとボアズは答える。モアブ人の女との結婚を可とする法は承認されたばかりであり、当然ルツはそれを知らなかったはずだから、祖国を離れユダヤ人のもとへやってきたルツの心は一層尊ぶべきだと言いたいかのように。[36] というわけで、ボアズは早くもほのめかすのだ、ルツへの報いは完全なものとなるだろうと。《ヤハウェがお前の行いに報いて下さるように。ヤハウェが、その翼のかげに保護を求めてきたお前にお与え下さる報いが完全なものであるように》（ルツ記、二章十二）。ルツの功績はアブラハムの功績よりゆるぎなく、従ってその報いも完全なものとなるべく定められていた。この事実を諸家は重視しているが、これは確かに注目すべきことかもしれない。アブラハムが父の家を出たのは神の命に従ったまでのこと、一方異邦人ルツは自ら進んで国を捨てたのではなかったか[37]？

さてルツの物語はその後もこのモアブ女に秘められた固い決意を次々と明らかにしてゆく。しゅうとめに従順なルツは、その意にさからわず、言われるがままに身体を潔め、香油を塗り、衣に身を隠してボアズのもとに忍んでゆき、その足もとに身を横たえる。老人はまたしても心惹かれるが（この時彼に与えられた試練は、ヨセフがポティファルの妻に誘惑された時〔創世記三十九章〕より更に厳しかったとはよく言われるところである）、彼はこの異国の女の肉体については語らず、ひたすら彼女の《真心》、《親切、慈悲、やさしさ、愛》（hésed）を讃えるのだ。しゅうとめについてこの地まで来たこと、そして今また老いた男を選んだことを――《お前は再び真心を示してくれたがこの度の行為は先の行為にまさるものである。若者なら貧富を問わず追い求めるなどということをしなかったのだから。さて、娘よ、心配は無用、何でもお前が言うようにしよう。この地の人々はお前が立派な婦人だと知っているのだから》（ルツ記、三章十～十一）。

ボアズはしかし嫂婚法に則ってルツを最近親者トーに譲ろうとする。しかし彼がその役を辞退したので（これを引き受けた場合は、故人の名と遺産を継ぐことになるが、そのかわり自分の名と財産は失うものとされた）、ボアズはヤハウェの民を証人にたて、ルツと結婚した。《かくしてボアズはルツをめとり、ルツはボアズの妻となった。ボアズはルツに近づき、ヤハウェは彼女をみごもらせ、男児が生まれた》（ルツ記、四章十三）。この結婚は、嫂婚法を正しく守ったものではなかった。ボアズはルツを《めとり》、結婚を祝福してもらったが、この婚礼は重視されなかった。寡婦は最近親者に嫁すという掟に外れていたからである。タルムードによれば、ボアズは床入りの夜に死んだという。一方、直ちに懐妊したルツはユダヤ民族の歴史に組み込まれた。以後ルツの名が聖書に語られることはないが、彼女は例のない長寿をめぐまれたのである。ルツはその子孫ソロモンが王位につく姿を見るだろう[38]。ルツの息子は、その誕生をナオミの意志とナオミがルツとボアズに抱いた感情に負っていたが、生まれおちると直ちにユダヤ民族につらなる者となった。ナオミの方は、子どもの母親――いわば象徴として――とみなされた。《女たちはナオミに言った、「ヤハウェはほむべきかな。ヤハウェは今日あなたに世継ぎを授けられた。その子の名がイスラエルにとどろくように」》(ルツ記、四章十四)。ルツの改宗によって誕生した子は、その名をユダヤ民族の歴史に刻まれ、さらに彼には輝かしい未来が約束されたのである。しかし彼を養育したのはナオミだった——タルムードは、子を宿したのはルツ、子を育てたのはナオミ、と明記している(『サンヘドリン』〔ミシュナ第四部の一篇「法廷」〕十九b)。《近所の女たちは彼女を名ざして言った、「ナオミに息子が生まれた!」と。彼女らはその子をオベデと名付けた》(ルツ記、四章十七)。オベデとは神に《仕える》者の意。彼は二つの民と二人の母の仲だちとなって仕え、ボアズとナオミとの象徴的な血統につらなった。その子孫から王の一族が生まれるだろう。《彼こそはエッサイの父、エッサイはダヴィデの父である》(ルツ記、四章—七)。ルツ記では続いてユダの子ペレツからダヴィデに至る父系が記される。ユダとタマルの名は四章十二にあがっているが、二人にまつわる香ばしからざる後日談は省かれた(夫の死後、タマルが夫の弟と結婚せず、しゅうとと契ってペレツを生んだこと)。

さて、ユダヤ王国の根源には、こんなふうに異国の血が混入していたが、そのためいささか厄介なことにもなった。《一体いつまで私は人から怒りをうけねばならぬのだろう、恥ずべき血をひく者、モアブの女ルツの子孫、といつまで言われつづけねばならぬのだろう?》、と神に向かって、ダヴィデは嘆く。(39)

選ばれた一族。だが異常なことは他にもあった。ソドムの崩壊から脱出したロトとその娘たちは、生存者は自分たちのみであると思いこみ、近親相姦によって二人の息子、アンモンとモアブを得た。モアブの女ルツは近親相姦から生まれた者の子孫であった。さらにユダとタマルの犯した罪。そしてルツの後、王ソロモンの妻となったのはアンモンの女ナーマだった。

結局ダヴィデの王国建設には異邦人、そして近親相姦という異常事がかかわっていたのである。聖書は暗に語っているのだろうか、律法違反もあろう、脇道にそれる危険もある、だがそれも皆大いなる目的を成し遂げるため、神に選ばれるとはそうしたことなのだと。聖書は、締め出された者、恥ずべき者、法に外れた者によって立つ王国を考えだしたともいえる。タルムードによれば da.et とは《貧者》を意味する。すなわち ***David*** は二重に貧しき者。そしてその祖先ルツの物語は、神の啓示は時に距離を置いてなされるということになかなか気付こうとしない人々にもわからせてくれるだろう、非常に異なった存在も受け入れるべきこと、一見、神からほど遠い存在と思われがちな異常行動も認めるべきことを。異常行動や改宗強制をあおりたてるつもりはない、ただ他者がはらむ豊穣さに目を向けてほしい。ルツ――部外者、異国の女、締め出された女、の役割も他者としてみのりを与えることだった。また《契約から外された者》が契約の道徳律を受容するならば、契約自身これによって活性化され飛躍発展するだろう。その王国は無傷では済むまい、安定も得られぬだろう、それは――その基礎をなす異常要因ゆえに――常に問いつづけることをやめず、不思議を思う心と受容の精神をそなえ、飽くことなく他者を求め、自分自身をも他者とみなして探究してゆくだろう。

信徒たちは異邦人を呑みこんでしまうものだ。彼を自らの宗教の道徳律で保護し、同化をうながし、入れた側も入れられた側も、両者ともども宗教と一体化する。これこそ宗教のあるべき姿であるということになっているから、そんな一体化など幻想にすぎないことに人はなかなか気付かずそれが悪いことと思うこともない。さて、とりこまれた異邦人は、宗教特有の道徳的理想に保護されて、内部者として信徒衆に働きかけてゆくが、それはあくまで《二重人》としてだ――《目下》、《みそっかす》、《法の外にある》者としての自分。常にそのような存在として、信者、信仰に力を与えてゆく。ダヴィデがルツで、王たる者がモアブ人だというのでは、心に平静が得られようはずもない。自分の内なる他者を受け入れ、これを超える道を探しつづけるほかないのである。

聖パウロと聖アウグスティヌス――追放療法と巡礼

コスモポリタン・パウロ

《私はユダヤ人と共にいる時はユダヤ人のようにする、彼らをキリスト者にするために〔……〕、私は神の律法には服さず、キリストの律法に服する者、しかし、相手が律法を持たぬ者であれば、私も律法を持たぬ者となろう、彼らをキリスト者にするために。私はすべての人に対してすべてのものになった、何としてでも何人かなりと救うために(1)》。

これはパウロの言葉である。パウロはキリキア州タルソス生まれのユダヤ人、数カ国語を話し、紀元後四五年―六〇年の間、東部地中海地方を精力的に旅した。その結果、原始キリスト教と呼ばれたユダヤ教の一小宗派は一つの……教会、エクレシアに変ってゆくだろう。この教会は福音の教えをギリシア世界に適合させ、ギリシア国家の市民共同体にもう一つ別の共同体を加えたのである。それは、復活したキリストへの信仰を軸として、国籍を超えて結ばれたさまざまな人間、異邦人たちからなっていた。

パウロは容貌からして変っていた。シチリア島のモザイク（十二世紀）に描かれた彼の肖像はセネカの肖像（セネカの友人たちの手になるもの）によく似ている。《発育不良》、《何かにとりつかれたような》様子、禿げ頭、どちらかといえばがっしりした鼻、こけた頬、先の尖った顎ひげ……またカタコンべに描かれたフレスコ画の中で彼は、時に目をむき、時にすが目で——彼がよく口にしていた《肉の苦しみ》のことでも思っているのだろうか。

パウロはパリサイ派に属し人々と共にメシアの到来を待ち望んでいた。《ユダヤ人から生まれたユダヤ人》とはパウロ自身の言葉だが、ローマの市民権所有者でもあって、それを誇りにしていた（《かの名高き都の》と）。ギリシア語を母国語としギリシア風の環境で育ったが、ギリシア古典の教養は身につかなかった。律法学者ガマリエルのもとに弟子入りし、ラビとしての教育を受ける。キリストの呼びかけも彼に向かっては《ヘブライ語》、すなわちアラム語でなされたのだった。それが律法学士めざして修業を重ねる彼の使用言語だったからである。雑多な性格をあわせ持つパウロだったが驚くにはあたらない。パウロが生をうけたのはギリシア都市タルソスではなかったか？　タルソスはローマ帝国の四つ辻、小アジアとシリアの接点、地中海地方のさまざまな文化がギリシア文明を基調としつつ混り合うるつぼだった。このことはパウロの最初の弟子たちをみてもわかる。ヨセフ、またの名バルナベはキプロス島のレヴィ人だった。ヘロデの乳児弟マナエンはギリシア風に育てられた。ことごとに——そもそもパウロの名前からして。《サウル、パウロとも呼ばれ……》——、シリア、キリキア、カッパドキアの上流家庭が好んで二つの役を演じていたことがわかる。現地人役の時は現地名、ギリシア人役の時はギリシア名。[2] パウロの名はまた、キプロスの総督でキリスト教改宗者クイントゥス・セギウス・パウルスからとったものらしい（パウロがこの異名パウルスを採用するのはキプロス滞在後である）。

このような多形的世界に、パウロは度重なる旅によってさらに変化を加えてゆく。〈第一回伝道旅行〉、四七—四八年（または四三—四五年）。キプロス。パンフィリヤ、ピシディア、リカオニア。アンティオキア帰還、エルサレム上洛。〈第二回伝道旅行〉、四九—五一年（または四六—五一年）。小アジア、アレクサンドリア。マケドニアのフィリピ、テサロニケ。アテナイ、コリント。エペソ、アンティオキア。〈第三回伝道旅行〉、五二—五八年。ガラテア、フリギア。エペソに三年。再びコリント、次いでマケドニア。帰還。〈捕われ人としての旅〉、六〇—六一年……ローマでの殉教、六二年、六四年、六七年のいずれかの年に。(3)

パウロの伝道はユダヤ人の離散地《ディアスポラ》を対象とし、その布教活動はユダヤ教徒の集会所を中心として行われた。一方、東方宗教（イシス、アティス、アドニス……への信仰）もひろく行われていて改宗もまた盛んだった。パウロの聴衆は主に《市民の枠外》(4)の者からなっていた。卸売商人や船乗り、《追放者》などの旅人たち。古代社会で旅人といえばまず彼らのことだった。パウロの後援者はどうか？　トラキア地方フィリピのリディア。彼女は以前、小アジア、リディアの国の女奴隷だった者、当時は《紫布の商人》、とはいっても裕福な卸売商人ではなく、ささやかな小売店の持主だった。小アジア出身のユダヤ人アキラとその妻プリスキラ、二人はローマに居住していたがコリントに戻ってパウロと会い、コリントからエペソまで行をともにする。巡回の医師たち、その一人が使徒行伝を著したルカである。そして女たち、使徒行伝によれば《上流婦人たち》だった。このような社会の周辺に生きる人々、女性、外人たちは、それぞれ本来の信仰は守りつつも互いに連帯の絆を結び、互いに神殿に迎えたり迎えられたりしていたが、そこでならばいかなる暴行からも身を守ることができたのである。すでに見たように、国家内における他所者の権利など無いも同然だった。

パウロは、まず小アジア地方で、ギリシア世界の文化機構から外れた人々に対して伝道を行った。これら、伝統的ギリシア文化の地から遠く離れた地に住む人々は神秘思想を奉じ、パウロからみて自分の新しい思想を容易に受け入れてくれそうに思われたのだろう。次いでパウロは伝統的ギリシア社会に向かう。主にマケドニア、アテナイ、コリントであるが、この時彼が頼りにしたのは外国人商人層だった。エペソを本拠地とする第三回伝道旅行（五二―五八年）までの間、パウロが布教したのはギリシア都市ではあるがギリシア一辺倒ではない都会、ユダヤ人お祓い師とアルテミス女神の信徒が入りまじる多形都市アレクサンドリアでだった。パウロは外国人のひしめくこの都会特有の、またこの都会の基調をなす精神を最大限にとり入れる。すなわち外人歓待の精神を。注目すべきは彼が無報酬を唱えたことである――聖職者は施しを求めず、宗教を職とすることもない。自らの手で稼ぐからである（パウロは織工、もしくは天幕作りの職人だった）。また、異邦人はキリストその人であり、これに宿を与えることは神の中に宿りをうることになるというのが彼の考えだった。

ヘレニズム時代末期の経済的、法的状況は、これまでに比べて異邦人とその信仰に有利になっていたが、ヘレニズム的コスモポリタニズムを継承したのがパウロ教会だったといえよう。パウロはコスモポリタニズムの潮流にのって、ユダヤ社会のナショナリズム(5)とも東方諸宗教の地方主義とも手を切ったのである。このような普遍主義、万人救済の思想はユダヤ神秘主義やルツとダヴィデの物語にも内在していたが、それはユダヤ教正統派ばかりかローマ国家の側からも危険視された——後者は、このような倫理的コスモポリタニズムによって国家を超えた新しい絆が生まれ、国家という枠組自体が崩壊するのを恐れたのだった。パウロ教会は異邦人共同体として形成された、まず人里離れたところで、次いでギリシア、ローマの市中で。人々は一つの言葉によって結束した、政治、国家の枠などものともしない言葉によって。《あなた方異教の徒よ、思いだすがよい［……］あなた方はメシアを持たず、イスラエルにあっては市民権を与えられぬままだった。約束された契約からは外され、希望もなく神もなく生きていた。さて、あれほど遠く離れていたあなた方が、今やキリストの血によって近い者となったのである［……］、あなた方はもはや異邦人でも寄留者［**xenoi kai paroikoi**］でもなく、神の民と国を同じくする者である》[6]。**Paroikos** はヘブライ語の **guer** の訳で、イスラエルの異邦人を指す。パウロにとっては《もはやユダヤ人もギリシア人もなく》。あるのはただ《新しく創造された者》だけだった[7]。

　このような新しい世界で、これまで異邦人とされた者たちはついに団結してパウロ教会を建設する。教会、エクレシアなる語はパウロの文章の中で《政治集会》から《思想集団》の意に変ってゆくが[8]、最終的には集団の連合、集団全体を指し、《地方教会》を意味すると同時に《万人救済の使命》をも表す言葉になった。アルモガートが指摘しているように、エクレシアはギリシア語の **laos**（国民）に対立する概念だった。異民族、異教の国々に対する差別は前々から存在していたのである。しかしパウロは構造改革すべきであると考えた。国や国民を組みかえて一つの新しい観念的な実体、すなわち「教会」を作ること。ユダヤ人の間に流布していたメシア思想は全人類救済の思想に変った。砂漠でひとり瞑想のうちにあった民たち。教会はその各々を超越した《民》の救済となるだろう、新たな契約の呼びかけをうけて(9)。

新たな契約

パウロが考えた教会のどこに、この混沌とした世界の異邦人たちを一つにまとめるだけの力があったのだろうか？　ギリシア・ローマの法制下でもある程度の経済的安定が得られたのに、彼らがパウロ教会にひきつけられていった理由は何か？　東方の諸宗教なら神秘的な逃避を内体験させてくれるだろうに、パウロ教会の方がよいとは？　パウロの教会観には一つきわだった特徴があった。パウロは生活不安にではなく、心《い》の苦しみに呼びかけたのである。彼は、生活安定をめざして何らかの社会機構に組込まれよなどとはすすめない。彼は言う、自分の内なる二つの世界を認めよ、分れ分れの二つからなる一なる自己を、そしてその二つの世界を往き来するがよい、と。《肉体》と《霊魂》とをつなぐ旅とでも言おうか——これはのちに《実体変化》と呼ばれることになる。パウロは、復活したもの、死から生へ至ったものとしてキリストの身体を考えていた。キリストすなわち教会であると。両者は合体している、婚礼によって結ばれた肉体のように。あい補うこの二者に、パウロはもう一つの等価原理、聖体の秘蹟を加える。聖体拝領、すなわち聖体の共有。

復活したキリストの聖体、教会、聖体の秘蹟、この三重の等式は神学的にややこしいものだが、単にそれだけではない。これはグノーシス派の教義に近いもので、これによって、ユダヤ教における神の手で作られたアダムの像は超越的なものに変る。それは新しい人間、作られたものではなく、常に前もって他者を宿している《霊的存在》[10]だ。それはともかく、パウロ教会があれだけの力を持ちえたのは、教会―復活のキリスト―聖体の秘蹟を一つに結んだことにあった。この結合は現実から象徴へ（そして象徴から現実へ）と移行していくが、この動きは異邦人の心理的な不安、その不安の解消と軌道を同じくするものであることがわかる。パウロ教会の対応はまことに適切なものだった。異邦人の心理的動揺に対して、法による解決を求めず、東方宗教のように母なる女神の胎内にとっぷり浸らせようともしなかったパウロ教会。二つの世界に引き裂かれた存在、異邦人。パウロはこれを二つの国に、とは考えず、二つの心理にと考えたのである。このような心理的分裂は自己の内部で行われ、自己の統一は不可能と思い知るがよいと。異邦人としてアイデンティティをとり戻す方法は一つしかない。自分たちは同じような異種混合の存在、同じように内部分裂をかかえた仲間だと認識すること、肉と霊、生と死の間を同じように往き来する者であると。キリストの復活、キリストの変容、そして我々の聖体秘蹟。彼らが個個の体験に照らしてこのような考え方にひきつけられたのも当然ではないか？

　我々というものが可能になるのは、この分離の事実、この裂け目を乗り越えた時しかないだろう。すべて迷える者たちは呼びかけられている、この裂け目を見出せ、自分の中に、他人の中に、と。まずはキリストの中に自分を認めること。パウロはただのやり手ではなかった。彼は心理学者でもあった。彼の設立した制度には政略的な面もあったが、これが力を得たのは設立者の心理的直感によるところが大きい。希望の論理。自己分裂の認識によって分裂の事実はもはや凝固した苦痛（異邦人の憂鬱、落ちこみ）ではなくなる。キリストの恩寵によってこれを一つの過程として生きることができるようになるからだ、一個の身体から出発して魂の解放へ向かう一過程として。裂け目は結び目となる。これが復活、聖体の秘蹟と呼ばれるものなのだ。それらを語る言葉は追放と悲しみに基づく心理療法をほどこす。不安をこのようなかたちで克服してできた共同体である以上、それはもはや多かれ少なかれあい容れない単位（ユダヤ人、ギリシア人、バルバロイ、奴隷、自由市民、等々）の単なる集合体ではない。これは主体性の論理に基づく新しい共同体である。しかもその主体性はたえず壊され、作り直され、その転換自体がまさに《新たな創造》となるだろう。《これまでの古い自分の行いをぬぎ捨て、新しい人を身にまとうがよい。造り主の姿に倣い、日々新しい人となって真の知識に達するように。そこにはギリシア人もなければユダヤ人もなく、割礼を受けた者、割礼を受けない者もなく、バルバロイもスキタイ人もなく、奴隷も自由民もない。あるのはただキリスト、すべての者の内に存在する全なる者[11]》。

分裂が深まれば人は苦悩ゆえに破滅しただろう。しかし、ユダヤ教のメシア思想に呼応して出現したパウロの思想、希望と主体を唱導するこの思想は、分裂を一つの旅として越えてゆくものにした。それは現実の旅を体験することではなく、一つの旅の理論を生きること、神を観想し、霊的変化をすることだった。

さて、福音史家ヨハネにも、異邦人であることの苦悩を語る誇りにみちた言葉があった。自らを地上世界の異邦人と定義したのはキリストその人であったと。キリストは《この世に属さず》、父のみもとに帰ってようやく《家にいる》と感ずるだろう[12]。迫害の中、ヨハネ教団は住むべき家を天にしか見出さない[13]（《我が父の家には住む場所が沢山ある[14]》）。

異邦人としてのイエス。それがパウロのコスモポリタニズム的教会の根底をなしていたということだろうか。

寄留する国

バビロン捕囚のユダヤ人たちがエルサレムへの帰国を夢みたように、アウグスティヌスもまた詩篇にならって抑圧の国対解放の国という構図を考えた。彼は人生航路には対極的なものが必要だと述べている。疎外と再会、欠如と希望——一対のうち片方が欠けてはならぬと。それは巡礼の旅なのだ。《我らもまた我らの捕囚、我らの解放を知らねばならぬ。バビロンと［……］エルサレムを知らねばならぬ［……］。これら二つの都は本来二つながら真の都［……］。この世の始まりと共にありこの世の終りまで続くという二つの「都」の象徴として太古に建てられたものである[15]》。《兄弟よ、耳をすませ歌おうではないか、民となるべき国を思おう［……］その国を思えばすでに彼の地にある我ら、我らの希望は彼の岸に錨を下している［……］。我が歌はここになく彼方にある、肉体によらず魂によって歌うが故に［……］。バビロンの民が聞くのは肉の声、エルサレムを創り給いし方は我らが魂の歌を聴く[16]》。

肉を捨てて霊をとり、失意を歓喜に変えるとはまさに実体変化に外ならず、アウグスティヌスはこれをいみじくも巡礼の旅と呼んだ。異邦人が巡礼になったからといって彼がひきずっている法的、社会的難題が解消されるわけではない。しかし、キリスト教という Civitas peregrina（寄留する国）は、人々の心の励みになったばかりか、それは相互扶助の共同体として、根なし草の身には唯一頼って行ける所となった。そこでは民族主義的な排斥や、同化の強要もない。以前信仰していた宗教も認められたが、むしろ新たな精神的風土、人間関係が開かれていく。《ああ神の民よ、キリストの民よ、尊き巡礼の徒よ[……]、お前たちは地上の民ではない、彼方の民である……[17]》。聖体の秘蹟、キリストの復活、教会。この三者が導く転移の論理によれば、共同体間の違いは承認されるのみか、むしろこの転移に必要な場として求められているのだ。《彼らはそれぞれに聖なる望みにつき動かされている[18]》。

さまざまな愛がある。その違いをなくそうとすることはない、許容してやればよいのだ（《Ordinate in me caritatem》（我が内に愛を秩序づけよ）と『神の国』では歌われている、旧約聖書「雅歌」の花嫁が歌ったように〔『神の国』十五巻二二章〕）。神に価する者としない者、信仰を持つ者と持たぬ者、善き者と悪しき者――それに異端の徒たち。それぞれ異なる者たちを敢て融合させずとも一緒にさせておくこと、与えたり与えられたりすることもあろうから。巡礼は与え、受ける者。彼の流浪が贈与の旅となった時、それは高められた喜びを生む。その名はカリタス。

カリタス

あまねく他者を愛すること。異邦人の疎外ももはやありえない。聖書は信仰者たちに、汝自身の如く汝の隣人を愛せと命ずる。そしてアウグスティヌスにとって隣人とは《すべての人間》にほかならなかった。《お前は一人、お前の隣人は多数。そして隣人とは兄弟、父母、縁者だけではないと心得よ。すべての人間はすべての人間を隣人となす。父と子、婿としゅうとは互いに近い者として相手をみる。しかし、人と人との間ほど近いものはない[19]》。血統、民族、国籍の違いなどはキリストの愛にならった隣人愛の中に消滅してしまう。絶対的存在キリストと一体化することで異邦人は互いに近い存在となるだろう。《あなたの魂はあなた一人のものではなく、同胞すべてのもの。同胞たちの魂もまたあなたのもの。むしろ彼らの魂とあなたの魂は一つであって、それはキリストの魂にほかならない[20]》。

カリタスの無限性。カリタスとは通常の感情を超えたもの、高度な象徴体系につらなるもの。カリタスとはやったりとったりするものではない、貸し借り、依存の関係でも、無償の行為といったものでもない。カリタスは無限であるからだ。自らを超え、我々を超えて大きく拡がってゆく、異邦人もとりこみながら。異邦人は異邦人のまま同胞となる。《それは返済してもなくならない借金である。返しても返しても残っていて、いつになったら終りという期限がない。それはまた手放してもなくならない宝物である。人はこれを二倍にして返してくれるだろう。カリタスはその証をみせる度にいや増し、多くの人を対象にすればするほど大きなものとなる[21]》。

しかし、このような絶対的絆をなすべき宗教的精神は、人間のさまざまな欲求や為政者と、そしていずれは国家の要求といったものと衝突することになろう。中世における異邦人の運命は――今日の外人の場合も大むね――カリタス対政治権力のかけひきに翻弄されることも少なくなかったのである。

巡礼厚遇

巡礼は確かに精神の問題だったが、実際に行うものでもあった。人々は、こぞって教会や僧院や聖地めざして旅に出た。キリスト教国では巡礼受け入れの制度が定められる一方、宿泊業といったものも生まれてくる。教会の保護下にある peregrini propter Deum（神の巡礼）は中世を通じて、また近代になっても特権を与えられてきた。キリスト教圏外でも、巡礼たちはやはり特別のはからいを受けたのであって、例えばイスラム共同体（Umma）に属する者は政治的立場と関係なく同等に扱われるものとされ、メッカ詣での巡礼者には特別の配慮がなされた。ラサ、ベナレス他アジアの聖地にこもる人々も同様に大切に迎えられた。

キリスト教が起って最初の数世紀は、旅人の宿は民家だけでは足りず、宿屋（tabernae）もあったがいかがわしいものだった。hospitia——当時のホテル——とは別に、セザレのバシリウスは巡礼専用宿の建設を考える。また、ニケイアの宗教会議（三二五）では、各都市に hospitia あるいは xenodochia（外人宿）を設置すべきことが定められた。こうしてもっぱら貧者、とくに異邦人の保護を目的とする宿泊施設（xenon, xenodochium）が作られてゆく。その場所は修道院の入口や教会近辺だった。司教たちは責任ある立場から旅人の受け入れを考えるべきだと感じ、修道士たちもこれを当然の義務とした。しかし経営上の問題については専任の会計係に任されていた。異邦人受け入れにあたるこれら独身生活者たちは、僧職者の中でも最も尊い者とみられていた。一般人も力を惜しまず、教会と競うかのように巡礼宿（diversoria peregrinorum）を建ててゆく。ナイル河畔オクシニリクスの役人たちなどやりすぎといおうか、港に人を送って外国人を足どめしては、キリスト教精神にのっとってあれこれと面倒をみさせたのである。聖ヨーアンネース・クリュソストモス、ミラノの聖アンブロワーズその他の人々は、旅人への奉仕を説き、これを実行したことで知られている。《教会運営の共同宿泊所、外人宿があることは承知している。しかし自分で行動することが大切なのである。市門のところまで出かけてゆき、訪れ来る人々を自ら迎えねばならぬ。それなのに皆は教会に頼っている》と聖クリュソストモスは書いている。(22)

しかし、このような寛容にも限界があった。それがキリスト教徒だけを対象としていたこと。他所者でもキリスト教徒なら拒否しない、しかし非キリスト教徒は他所者である、よってキリスト教精神による歓待は不要である。結局、これがキリスト教徒の考えだった。《証明書》制度がこのことを語っているが、理屈にあうような、あわぬような制度だった。外人たる私はキリスト教徒であることを証明させられる、キリスト教徒の身分証明書なしでは受け入れ不可というわけで。このような身分証明書の使用は使徒たちの時代にさかのぼるが、一般的になるのは四世紀のことで、異端との戦いが盛んになったためと思われる。証明書としては litterae communicatoriae, litterae formatae など、一般人には epistolae があった。(23)不信の世となり、ついに司教は司祭たちをさしおいてこれら書状発行の権利を独占するにいたる。

宗教的立場による受け入れ体制の限界——狭まりもすれば一方的にもなる危険。結局、改宗強要、さらには弾圧を促進することになったのである。巡礼はキリストの巡礼に、流浪者はすべてキリスト者にさせられてしまった。このような万人救済主義は古代社会の政治的自治主義を超えて実現されていったが、同時に教条主義が台頭してくる。キリスト教的コスモポリタニズムはその黄金時代、四、五世紀の頃から、寛容精神によって人をひきつけ、またこの寛容精神こそがその力をなしていたにもかかわらず、深いところでこのような他宗教への排斥を宿していたというわけだ。いずれは宗教裁判所の出現をみるだろう。

一方、封建社会内における他所者の扱いについては、領主――民事はもちろん、宗教に関する事柄についても独立裁量権を持つ――に最終決定権がゆだねられていた。領土内に生をうけなかった者は他国者（aubain）とされる。ただし条件付きで領民となることができた。この場合必要なのはキリスト者たることではない。領土に帰属すること、つまり、一つの経済的、法的共同体と血族関係（代々にわたって）を結ぶことであった。つまり、中世は、外人に関しては二つの体制のもとで進行していったといえよう。一つはキリスト教。そこにはすぐれた面もゆきすぎもあった。保護するかと思えば迫害に走るというわけで。もう一つは政治制度。こちらは、封建領主制から中央集権的封建国家へと移行するにつれて他所者への対応も変化してゆく。他所者は経済力として地方政治に利用されることになろう（《外人が余っている》《外人が足りない》という具合）。

東ローマ帝国――外人統合

かくして、東ローマ帝国においては、《péregrin》(外国人－旅人)の意味ははっきりしなくなる。《ローマがローマの中にとどまらなくなった》時から、ローマ市民権は大多数をなす外来者に与えられるようになっていった。《市民と外国人が入り混り、共に皇帝の支配下にあった》[24]。ローマ共和国、とくにローマ帝国においてなされたこのような外人統合は、一七九五年から一八一四年にかけて共和制フランス、及び帝政フランスが行った諸国民統合によく比較される。フランスは征服した民族の殆んどをただちに併合し、フランスの公民権を与えたのであった。

《péregrin》という言葉は法律的な意味を失い、神秘的な意味を帯びるようになるが[25]、つまりは旅人のことで——四、五世紀のゲルマン民族大移動と彼らの定住化に明らかに関係がある。Peregrinus は、四世紀もなかばを過ぎるとローマ市民(civis romanus)ではなく、市民(civis)と対比される言葉となった。すなわち、よその地方、都市から来た者の意である。三六四年のヴァレンチニアヌス一世〔在位三六四—三七五〕の法によれば、この言葉は外国人でなく地方人を指していた。市民の対立概念としての外人。しかし、ローマ市がローマ帝国になった時、《外人(péregrin)も意味を失った》[26]。とはいっても東ローマ帝国にも外人階級は残存していた、異民族、異端の徒がそれである。

四、五世紀、異民族はローマ帝国に統合されてゆくが、ローマ帝国は異民族受け入れにあたって彼らをさまざまな身分に枠づけした。それで《蛮人の怒り》をかうとは思ってもみなかったが、いずれはその怒りが帝国を破滅させるだろう。ローマ人(Romani)と異国人(Barbari)の法的差別が行われ、対外人関係は新たな展開をみせる。異国人は、兵士としても開拓農民としてもよい働きをする有用な存在と考えられていた。彼らは以下のように分けられていた。deditices（隷属者）——強制的にガリア、イタリア、近東地方に移送された被征服民。法的身分は不確定、ただし外人税支払いの義務あり。feoderati（同盟者）——その主たる義務は兵役である。税は免除。好遇はさらに進み、《ローマ人ではないが、ローマ人に等しい者》として扱われるに至る。これら二者の中間に位置すると思われるのが laeti で、異国人捕虜で解放された者を指したらしい。gentiles（gentes）は laeti の下位に置かれたが(27)、彼らには、《兵役と交換に、また辺境を守るという条件で》国境周辺の土地が委譲された。四、五世紀、異国人は軍、民両分野の職務につく権利を手にしていたが、外人をいわゆる公職から締め出すという規則——いずこにあっても、またいつになってもこのような規則は作られるようだが——が破られたというわけだ。軍隊は大部分異国人からなり、指導的地位につく者も多く、——補佐官、将軍、時には執政官の位に上る者まであった。コンスタンチヌス帝〔在位三〇六―三三七〕及びユリアヌス帝〔在位三六一―三六三〕は異国人の公職就任を促進した。騎馬部隊長となって名をあげたダガライフは異民族の族長だった。このような例はほかにもある。フランク族のメロバウデスはウァレンチニアヌス一世からウァレンチニアヌス二世〔在位三七五―三九二〕までの間摂政を務めたが、のちには執政官《コンスル》〔グラチアヌス帝下〕、フランク族の王を兼任することになる。バウト〔同じくグラチアヌス帝下の執政官〕、アルボガスト〔ウァレンチニアヌス一世の最高司令官〕、アラリクス〔一世、西ゴート王スティリコと戦って敗れる〕とあげるべき名は多い。特筆すべきはスティリコ〔ヴァンダル族出身。テオドシウス帝に仕え、同帝没後その子ホノリウス帝（同妃はスティリコの娘）のもとで一時は全権を掌握〕で、独裁執政官《ディクタトル》にまでなった。そしてアタウルフス〔西ゴート王。アラリクス一世の義兄弟で後継者。テオドシウス帝の娘ガラ・プラキディアと結婚してローマの文化を移入〕、《ゴート族の力でローマの名声を復興させる》ことを願った男。外人を長に任命するというようなことはほかでもあっただろうか、他国の場合をローマ帝国の状況と比べてみると——あまりにも例が少ないので特記しないわけにはゆくまい。まずイスラム世界。十字軍遠征まではキリスト教徒やユダヤ人に助力を仰いだ。それから中国の皇帝たち。彼らも外人を公職に登用した。中世期のインド。para-disi（《地方住民》）を統合した……

さて、異民族同化がほぼ達成されたとはいえ、この同化があやふやなものだったことは、三七〇年前後において、宗派を異にする者同士の結婚が禁じられていたことでもわかる。ヴァレンチニアヌス一世の法はこれを厳しく禁止していた。もっとも、プルデンティウスによれば、五世紀初頭になると異宗派間の結婚はごく普通に行われていたらしい。

外人身分の変化、つづく諸民族の相互浸透、そして四世紀にはロマニア（**Romania**）の理念が成立する。ロマニア、それはローマ教会と一体をなす文明ともされ、当然、国外の異民族及び国内の異教徒とは対立するものだった。ロマニアによって露呈されたもの、それはローマ人と同化民族の関係の脆さにほかならなかった。以後、ローマ人にとって自己防衛とは神学の問題となる。異教徒に対する警戒が厳しくなってゆく。ユダヤ教徒は外人とみなされた。彼らはひきつづきローマの法の保護下に置かれていたが、ユダヤ教への改宗活動を行った場合はその限りでなかった。異端者は罰せられるようになる。グラティアヌス帝〔在位三七五—三八三〕、及びテオドシウス帝〔在位三七九—三九五〕がローマカトリックを帝国全土に強要して後、異端処罰は一段と厳しくなった。法による異端排斥は五世紀初めまで激しく展開され、異端者たちは自国にありながら外人に変えられてしまったのである。彼らは行政参加を許されず、軍務に服することもかなわなかった。証人となる資格もなく、相続の権利も奪われた。すべての商取引にたずさわることを禁止される場合もあったのである。

信仰こそは政治的差別にうちのめされていた異邦人たちにその差別を超越させてくれるはずだった。しかるに今や信仰の分裂が、この新しい、そして脆くもある統合体、一都市を超えて帝国をなしたもの——新しい宗教によってのみ一つになっていたこの文明、をおびやかすと考えられるに至ったのである。宗教的なものによる超越は完全ではありえない。それはたちまち宗教間の政治的な利害関係に屈服させられてしまう。異邦人が異邦人を追いたてるのだ。

中世外人の流動性——とんだもうけもの？

他国者 aubain、alib natus とは他所の領土に生まれた者をいう[28]。出生地を離れほかの土地に住みつくが、新しい領主に《臣下の誓い》はたてない。しかし、封建社会は一律でなく、他国者という身分も曖昧なものだった。入れてもらった社会が——仮に小さな城主領として——がっちりとまとまった不寛容集団であれば、隣り村から来たと言っても他国人の扱いを受けるだろう。逆に、領主の力が領土全体にゆきわたっていれば、農民の誰かが転住しても他国者とされることはない。領主が彼の出生を保障してくれるからだ[29]。

他国者身分の不安定さについては多くが語られてきた。苛酷な小作料、とくに身分外結婚の禁止、相続の禁止。身分外結婚禁止については、身分外結婚税の導入によってしだいに解消され、フランスでは十六世紀に全廃される[30]。これらの能力制限は農奴に対するものとほぼ同じく、このことから他国者は農奴だったとも言われている。しかしカロリング朝における他国者は自由民だった[31]。ルイ敬虔王の憲章には、自由民から賦課租を徴収してはならぬこと、とくにパリ、ノートル・ダム寺院領内の他国者からとることは禁ずるとの一文がある（《neque de aliis liberis hominibus vel incolis quae rustici albani appelantur》《他の自由民からも、また市外部他国者と呼ばれる住民からも》）。しかし十二世紀以降は農奴制がすすみ、臣下の誓いを行わなかった他国者は《一年と一日》を過ぎると農奴身分に格下げされた。ただし僧職者、貴族の場合は別であった。他国者は王の農奴、homo de corpore regis になるわけだが、これは必ずしも農奴階級に組みこまれることを意味しない。十三―十五世紀の間《他国者》として別枠の法的身分がとっておかれたからである。

　このような状況において《臣下の誓い》とはどのようなものだったか？　それは《封建国家の規約[32]》であり、これによって人はすべからくいずれかの領土に所属するものとされ、所属なき者は、身柄、財産ともその処分は居住地の領主の手にゆだねられたのである。誓約の種類はさまざまだった。自由民になるための誓いはしばしば市民の誓約（aveu de bourgeoisie）と呼ばれた。十三世紀頃多くなったのは農奴誓約である。事実、この頃から後見人を持たぬ他国者は農奴になってゆく。農奴解放が行われたところもあったが、他国者の場合自由民として生まれた者であっても誓約を行っていないとがわかると――訴訟の際などに――子どもへの財産譲渡は不可能になった。この場合、相続財産は《死手権制《マンモルト》》によって領主のものとなった。

　ところで、当時でもまだ外人は一時滞在者と定住者に分けられていた。十二世紀末、教会は一時滞在者（peregrini）と新来者（advenae）――一年の大半を司教区、小教区にとどまる準住民――を区別していた。滞在期間約六ヵ月をすぎると前者は後者の身分を得た。ギリシア諸都市では一ヵ月でという場合もあった。

しかし、封建社会の複雑な階級制度と複数機能を帯びた権力機構は、時を経るに従って中央集権化してゆく。王はいつしか唯一の領主となり、他国者にかかわる法も変化していく。カペー王朝の法は領主がその知行地をなおざりにした場合は、王が召し上げるものと定めていた(33)。次いで王への臣下の誓いが義務づけられる(34)。十三世紀末になると他国者を統制すべく王権による攻勢が激しくなるが、一方では王と封建領主たちとの間に協定（フィリップ四世《ル・ベル》〔在位一二八五―一三一四〕の場合）や開城条約（ルイ十世〔在位一三一四―一三一六〕の場合。ノルマンディ、ブルゴーニュ、シャンパーニュ他各地方の貴族たちと）が結ばれてゆく。十四世紀に入ると、国王親任官が幅をきかせるようになる。こうなると外人とは、領主や領土との関係においてではなく、王国との関係において考えられる概念となる。他国者は隷属を解かれるがその財産は相続人のない場合（相続資格を有する身内がいない場合）はただちに王の所有に帰した。相続権に関しては以前と変らなかったが彼はもはや王国の外にある外人ではなかった。ジャンヌ妃のための覚え書きは、流れ者（épaves 王国外の者）と他国者（aubain、領土外の者）を使いわけている(35)。

フランス革命は外人遺産没収権の《永久》廃止にふみきる（一七九〇年八月六日立法）。しかし他国からの協調が得られず、この法は実効をみるには至らなかった。十九世紀に入ってようやく、諸国は国際協定を結び――国家間の協定自体は十六世紀から存在していたのに――外人遺産の没収権廃止が実現する。

どんな資格で外人に？

歴史を辿りつつさまざまな外人の姿を見てきたところで、ひとまず、これまで外人が置かれてきた法的身分についてまとめておくのもよいかもしれない。現在の状況との比較もざっと試みてみようか。

生地主義と血統主義

外人とは？

集団に属さぬ者、《ここの者》ではない人間、他者。

外人については否定的な定義しかないとはよく言われるところだ。

何に対しての否定か？　いかなる集団に対して他者なのか？

構造的に未開未熟な社会では、外人とは家族、氏族、部族外の者を指した。外人すなわち外敵だったのである。宗教を異にする相手は異教邪教の徒。仕える君主が別なら、生まれも別、この国の者ではない、ということになる。

外人の定義は主に二つの法的立場から決められる。jus soli 及び jus sanguinis、すなわち生地主義と血統主義。同じ土地に生まれた者は同じ集団員とみなす場合（アメリカ合衆国の法がとる立場。アメリカ国内で出生した子どもにはすべてアメリカ国籍が与えられる）。国籍は親から引き継ぐものとする場合（父方、母方のいずれをとるかは国によってさまざまである）。国民−国家制になってようやく現代にも通用する明快な法的定義が成立した。我々の所属する国家に属さない者、国籍の異なる者を外人となすと。

外人は、外人ゆえに注目されたり反発をかったりする。しかし人と違うところがすべて外人であることに関係するかといえばそうではない。性、年齢、職業、宗教が違えば、相手が外人の場合、ますます外人に見えてくるかもしれない。しかしそれらの違い故に外人となるのではない。ある政治体制のもとに形成された一つの社会の外にある者としてである。外人は、その社会及び権力にとって有益か無益かにさっさとふり分けられ、それによって受け入れられたり拒否されたりする。rechtlos——いかなる権利も持たぬ者——となるか、国家権力の外に置かれながらも何らかの権利を有する者になるか、いずれにせよ、外人は国家及び法との関係において語られるだろう。このような状況は以前から多少なりともさまざまなかたちで存在していたが、今日ではこの上なくあからさまになっている。

さて、ここで一つ矛盾が生ずる。政治的規制、法といったものによって、我々は外人身分を定めたり、修正したり、改善したりできるというわけだが、おかげで悪循環に陥りもする。規則だの法だのがあるからこそ、外人ができるのだから。実際、権力を軸に構造化、法制化された社会集団がなければ、外人という大むね不利な、少なくとも問題をはらんだ外なる存在もありえなかっただろう。すでにみたとおり、哲学や（ギリシア・ローマのストア派とそのコスモポリタニズム）、宗教は（原始キリスト教）、国の概念を超越して外人に国民と同等の権利を与えてはいる。しかし、その権利は天上、精神の都でしか使えないものだった。いくつかの宗教が絶対的なやり方で外人問題を一挙に解決しようとした結果、教条主義に陥ったことはいやというほど見せられてきた。狂信者たちは、自分たちと異なる信仰を持つ人を外人とみなし、彼らを排斥、迫害することになった。こうなると歯止めとして法が登場するが、これまたいつしか特定の階層、特定の権力の具となって磨滅してしまう。するとまたとりあえず道徳的、宗教的コスモポリタニズムが引っぱりだされ、国民が非‐国民に与えても良いと判断した僅かばかりの権利が必死になって擁護されることになる。民主主義の対外人策にしてもせいぜいがこのような堂々巡りでしかなかった。外人とは、まことに恐るべき影響力の持主であろうか、一国に敵国を作らせ（他国、外‐国、非‐国……）、その上政治の論理と道徳の論理を対決させるのだから。

人間か公民か

人権か、それとも公民権か？

両者は重ならない。ハンナ・アレントは両者のせめぎ合いの歴史及びその結末——結局は全体主義を生んだ——について述べているが[1]、両者の不一致はそのまま近代社会における《外人問題》への対応に現れている。外人問題の難しさは、すべて公民と人間を隔てる壁にあるといえよう。確かに、一つの文化、一つの国家が——しっかりした民主主義の理念と自覚を持っている場合でも——自ら固有の権利を確立しようとすれば、非‐公民、つまりほかの人間たちに同じ権利を与えないでおくということにならざるをえないのではないだろうか？　これでは――どうしたって――公民である度合いによって人間である度合いも決まってくる。公民ならざれば人間にあらずというわけだ。人間と公民の間にある傷、それが外人である。公民でなくとも全き人間というつもりか？　公民権はなくとも人権はあると？　しかし、仮にしっかりした認識のもとに外人にいわゆる人権を付与しても、公民権をとりあげてしまったら後にどれほどの人権が残るというのだろう？

今や外人問題もいくところまでいった感があるが、それなら後は無政府主義‐絶対自由主義、あるいは《極左》を待つばかりかといえばそんなことはない。ただ法をみる限り、今日の外人問題は、ギリシア以来の国家、その頂点としての国民国家の論理に動かされていることが明らかである。よい方へいくか（民主主義体制）、悪い方へそれるか（全体主義体制）はともかく、何らかの排除はまぬがれない。その結果、何か別のものを持ち込んで――道徳宗教など。それらについても絶対主義的立場をとりたがるだろうが――一度は排除したものと戦うはめになる、外人問題、外人の平等促進の問題を解決しようとして。

今日世界の至る所でみられる外人混淆は前例のないものだ。これについては二つの両極をなす対策がある。すべての国家をいくつかの連邦にまとめるというのが一つ。時間をかければ実現の可能性がありそうだ。経済、科学、情報処理技術の発達もあいまって。一方、小規模政体こそ人類の未来に最良のシステムであるとする自主独立主義の立場もある。人道主義的コスモポリタニズムなど夢にすぎないからと。

連邦制が実現した場合、公民権は人権を最大限とりこみ、公民権は人権と一つになってゆくだろう。人権のもとに外人も国民もなくなり、国民を国民たらしめていた特性や特権も消滅する。そのかわり新たに別種の差別が出てくるだろう。多国からなる世界連邦は万華鏡の趣きを呈するに至る、性差別、職差別、宗教差別等々が入り乱れる世界。

一方、国民国家制がこの先もずっと続くとしたらどうか。自国の利益確保にやっきになっている各国の現状をみれば想像がつくことだが、人権と公民権のバランスは微妙に、また荒っぽくゆれ動くだろう。政治の状況次第でどのようにも変るフランスの場合を見ればわかるではないか。それ故、人権、公民権いずれにも片寄らぬよう外人の法的地位を確立しておく必要があろう。人権、公民権の両分野における権利と義務を明確にすること。それはあくまでも一時的なものと考え、社会の要求、考え方の変化に対応して変化すべきものとする。

参政権もなく

近代民主主義国家において、国民には与えられているが外人には認められない権利があり、国によって異なるが、一般には次のようなものだ。

第一に、例外はあるが、いつの時代、どこの国でも、外人は公職から外されていたこと。フランスの場合、ごく最近まで、帰化国民は帰化五年を経るまでは公職就任を禁じられていた(2)。他宗派同士の結婚は、これまで婚姻法によってさまざまな扱いをうけてきた。政体の経済的要請から族外婚が奨励されたり族内婚がすすめられたりしたのである。これに関してはイスラム教のように厳格な宗教もあるが（イスラム教徒の女はイスラム教徒の男以外とは結婚できない。イスラム教徒の男は非イスラム教徒の女を物品として所有できる）、現代の西欧諸国は原則として何ら実質的な禁止をせず、混合婚については形式的な制限を課しているのみである。

不動産所有権についてもさまざまだったが、外人の場合一般には禁止されていた。アテナイのメトイコイ（居留外人）は不動産所有権を持たず、ローマのペレグリニ（外人）にはローマ人とは別扱いの制限つき所有権があった。フランスの他国者（aubain）は中世末から不動産所有を許されたが、都市部では市民の反対によってさまたげられた。現在、フランスの民法を範としている諸国は外人の不動産所有について何ら反対はしていない。

相続権も外人については込み入ったものとなっている。消極相続、外国在住者の遺産の扱いは？　積極相続、外国人は国民の財産を相続できるか？　他国者を対象とした遺産没収の制度があったことはよく知られている。他国者に後継者があろうとなかろうと、財産は領主、そして十四、五世紀以降なら王に没収されるものとなすというもの。

非拘留の権利。外人にはほとんど認められなかった。外人は裁判なしに拘留してかまわない。国民に対してはありえないことだった。裁判を受けるためには保証（保証金、各種の保証契約）が必要とされる。外人による証言は拒否されるか、仮に許されてもまともに受けつけてもらえない。

いずこでも外人が共通してこうむってきた重大な不利益はおよそ以上の如くである。国や時代によってそれぞれ特有のかたちをとったとはいえ、社会制度と外人対策の間に特定の関連があるとするのは無理のようだ。しかし、十九、二十世紀の西欧をふくむ《個人主義文明》[3]が外人に比較的好意的であったとはいえるだろう。フランスでは今日、外人にもフランス人と同等の社会保障が与えられている。しかし、民法第七条(一八八九年六月二六日制定)こそは外人にとって重大な意味を持つものだった。《私権の行使は、参政権の行使とは分離される。参政権の獲得、保持は、憲法及び選挙法の定めるところによる》。その結果、国民と外人は民法上の私権(ほぼ個人の権利にあたる)については殆んど差がなくなったが、参政権に関しては歴然たる差別が残った。民法十一条には《フランス国内の外国人は、彼の所属国との協定により、フランス人に現在そして今後与えられる私権と同等の私権を有するものとする》とある。つまり参政権は別、ということなのだ。

結論として確認しておこうか。キリスト教倫理、人権意識、加うるに近代社会の経済的要求によって外人も現代の倫理観がすべての人間に認めるべきだとする諸権利を手にするようになった。しかし、彼らは参政権、とくに投票権を与えられておらず、これをどうするかは厄介な問題となっている。これに対してはご存知のとおり二つの立場がある。《外人は最終的には生まれた国に忠誠をつくす者であり、我国の自立のさまたげになるばかりだ》、これが一つ。そしてこれに対する反論は次のようなものだ。《外人は我々とあい携えて我国の経済的自立に貢献しているではないか。当然、参政権、決定権を与えられてしかるべきである》。

割引かれた権利？

この難題に対しどちらの立場をとることになるかはともかく、これまでも政治の分野に近いところで外人に与えられた権利があったことは認めねばならない、例えば職業組合結成の権利など。しかし、投票権のない外人は、それが有利なものでも不利なものでも自分たちにかかわるすべての決定――政治的、法的――から外されていたことに変りない。ダニエル・ロシャークの指摘によれば、こうして外人は消極対象となる。(4) 外人は投票せず、国家にも、議会にも、政府にも参加しない。彼らは《法的に疎外されている――政治機構からも、居住する社会の組織全体からも(5)》。

その上、外人身分には最初から《主権》が否認されていたようなものだ。《入国、居住、就労、さらに何らかの表現活動を行うに際しては［……］受け入れ国の関係当局の許可を受けねばならない(6)》。さらに、主権にかかわるこのような認可及び規制は、受け入れ国の経済、政治を利する方向で定められるから、外人の諸権利の法制化は一筋縄ではいかない。法解釈が政治から完全に独立することはありえないにしても――それが理想だが――、相手が外人となると法の運用は往々にして《ご都合主義》に陥る(7)。政治の方向が定まらぬままに矛盾、混乱をきたし、ひたすらひきずられてゆく、右へゆけば右、左へゆけば左と。

結局、行政府には現行の法を評価解釈し、さらに法規や政令によってこれを変更する権限まで与えられているため、外人法は容易に《割引き》されてしまう(8)。行政府は自由に《自ら正当と認めた論拠にたって、適当と判断した措置を講ずる》[9]というのだから相手が外人の場合、行政権の行使も恣意的になろうというものである。

ダニエル・ロシャークにならって指摘しておくべきだろうか、外人は《法の象徴性》からも疎外されていると。象徴としての法の力——国民にとって法は《聖》なるものである、つまり単なる法ではなく、心理的、実在的な存在となる——は外人には働かない。外人は法の制定に関与しない。おまけに外人の法的身分の運用は、法ではなく、規則とすらいえぬ何とも低級なものに任されているのだ、議会の決定などおかまいなしの当局の気分に[10]。

受け入れ側がこんなふうに法的にも心理的にも外人を排除している以上、外人の側にも法をまともに受けとめない風潮がでてくるのは当然だろう。さまざまな法律違反は（滞在許可をとらない、労働規則を破る等々）、生活の必要にせまられてという場合が多いのだが（帰国もままならず、何としてでもここで生きのびねばならない）、そればかりが法を無視する理由ではない。受け入れ国の文化、社会を拒否すると共にその法の表す一体感をも拒むつもりなのだ——これは現代における外人の基本的姿勢かもしれない。彼らの文化的・象徴的、また法的価値をなすものは遠い祖国に残してあって、忘れでもしないかぎり彼らはそれにこだわりつづける。彼らは祖国の権力機関——例えば宗教関係の——をこちらに設立したりする。でなければただ心の中でこれを守りつづけるが、服従を強要する権力機関が目の前にないだけに服従はむしろ容易になるのである。これは外人が耐えている法的、社会的、心理的差別に対する当然の反応とばかりは言いきれないようだ。《そっちが場所をよこさないのなら、こっちはこっちの場所を守る》というような。受け入れ国への同化、祖国への帰国、いずれも望まず、またできもしないという外人――近年ますます増加している――の間に、新しいかたちの個人主義が芽ばえているのである。《自分はいかなるもの、いかなる法にも属さない。自分は法の外にある、法は自分で作る》というわけだ。このような外人の態度が国民側から非難されるのは当然だが、現代人たる者、このような外人に無意識のうちに共感を覚えずにはいられない――自分を見失い、すべてを望み、絶対を願い、飽くことなくさまよいつづける者、現代人。

こうみてくると外人とは一つの《症候》(ダニエル・ロシャーク)といえよう。心理的には、他者として生きる難しさ、他者と生きる難しさを示すもの。政治的には、国民国家、国民意識の限界を示すもの。さて国民意識によって国それぞれの性格も決まってくるが、我々は皆国民意識にとっぷり浸っているので、外人はあって当たり前と思っている。自分たちと同等の権利を持たない人間の存在を不思議とも思わないとは。

つまらぬことを考える

近代社会における法的政治的外人対策は、いつでもその時々の外人観と無縁ではなかった。そこから何らかの示唆を得ることがあったかはともかくとして。次章からは近代思想上重要ないくつかの時期をとりあげ、その時々の外人観をたどってみようと思う。いずれも、国家人としての人間と多様な人間性とがせめぎあうことでみのりを得た時期であった。

だが、と人は言うかもしれない。今やフランスの都市郊外は汚らしい移民労働者でいっぱいだ、羊の焼肉の臭いこと、上品な香りに慣れた我々にはたまったものではないと。わんさといる非行少年は有色人種ばかり、悪事を働くのはもっぱら外人だと思いたくもなる。それなのに、昔のことをほじくり返して思想だの芸術だのと御託を並べてみても何の答えになるものか、問題はごくごく実際的なことなのに、それにつまらぬことではないか？　と。

しかし、つまらぬこと、それが猛威をふるっている現状に対して、我々にほかのやり方があるだろうか、距離をとりつつ攻め入り――思想を武器として――これを撃つ――ただし迂回して――以外には。外人問題を考える時、先人たちが抱いた思想、彼らが直面した難題難局を単に一つの過去として片づけるわけにはゆかない。それらはある文化的距離を感じさせるが、これを維持発展させることで、外人に対する偏狭な拒否や無関心も変化してゆくかもしれない。今日の外人対外人の関係におけるいい加減さ、実利一辺倒も改善されるはずだ。それに、我々は皆外人になりかかっていることを忘れてはならない。かつてなく拡大された世界、科学と情報に結ばれて表面的には一つであるかに見えながら、これまでになく多様性にみちたこの世界で。

ルネサンス、《雑然とまとまりなき》……

国を追われたダンテ——《苦い味》から《黄金の鏡》へ

近代の入口に立つ一人の国外追放者、ダンテ（一二六五—一三二一）。『神曲』のテキストはすべて外国で書かれた。教皇派対皇帝派の争いによって故郷フィレンツェを追われて後のことである。教皇派は教皇の権威に忠誠を誓い、久しく皇帝派と対立していた。皇帝派は諸皇帝の政治的主導権を主張し、両派間の抗争は次第に市民対貴族の戦いになってゆく。ダンテが生まれた当時、皇帝派は決定的に敗北し、権力は教皇派に移行していた。しかし教皇派自体、白派と黒派に分裂し、ダンテは白派に与する。フィレンツェ共和国議会で、彼はフィレンツェの独立を擁護し穏健な反領土拡大主義をとる一派（白派）を代表し、トスカナ地方の小国家の枠を外して交易自由化をめざす一派（黒派）と対立していた。貴族の公職活動は禁じられていたため、小貴族出身のダンテは、医師、薬剤師、版元そして……詩人からなる職人組合に登録し、政治活動の権利を手にする。一三〇一年、彼は代表としてローマに赴き、黒派を支持していたボニファキウス八世と会見して白派の立場を弁明するが、その間に黒派はフィレンツェを占拠し、ダンテを追放処分にし、もし生地フィレンツェの土を踏むことがあれば火刑に処すと宣告する。

ラヴェンナで死を迎えるまで、ダンテはボニファキウス八世に怒りを抱きつづけた。彼こそ追放を仕組んだ張本人にちがいないと考えたからである。追放者という身分は、ダンテの思想に影響しつづけるだろう。

複雑きわまりない作品、『神曲』。解読の糸口はいろいろとあろうが、追放も有力な手がかりになりそうだ。『神曲』でオデュッセウスが好遇されているのは注目にあたいする。オデュッセウスは異教徒であるから当然地獄に堕されているが、彼の《勇気と知恵》に対しては称讃が惜しまれず、——詩人はオデュッセウスをうたう時、《高き法》までもちだしてくる。《高き法》、それは地獄もオデュッセウス本人をも超えた神の法。ダンテ自身、自分をこの古代の流浪者になぞらえているのだろう、そして《高く純粋な理想》を自分のものとしたのだろうか、祖国として一つの信念しか持ちえぬ旅人たちの一人として。

だが追放者の姿が明らかにされるのは天国においてであった。障害や苦難を越えて行きつけば天上界。すべては神の愛に到達するためだった。神の愛にまばゆく照らされ、喜びのうちに『神曲』はとじられる。

悉く棄てねばならぬ、愛するもの、
この上なく大切にしてきたものを、この痛みこそ
流刑の弓が放つ第一の矢。

そして知る、他人のパンの
苦い味、ああつらい足どり、階段の
昇り降りも他家ゆえに。

さりながら、重くのしかかる
邪悪暗愚の同輩の徒、
共に堕ちた深き谷。

不信のやからは狂える如く、恩義も忘れ
まとわりつくが、程なくして
顔あからめるのは彼ら、お前ではない。

その為すところを見れば彼らの
愚なるは明らかゆえ、お前が
一人で一党をなしたのは正しい。

…………………

主よ、時が私めがけて駆けてくるのが
見える、私を撃とうというのだが、
抵抗しなければ攻撃はいやますばかり。

ならば先がけて防戦するが賢明というもの、
最愛の国を奪われても
安住の地よ残れ、我が詩《うた》の中に。

下界こそ果てしなき苦しみにみち、
山の高み、その美しき頂から
この身を連れ去ったのは我が想う人のまなざしだった、

そして天界をゆけば、光また光、
私は知った真実の数々、語れば
人はあまりの苦さにのたうつだろう。

しかし、私が真実におじけづくならば
私は死んでしまうだろう、今を
昔と呼ぶ人々の記憶の中で。

ほとばしる光の中でこの宝は微笑していた
光の中に私は見出した、ああめくるめくばかり、
日の光をうけた黄金の鏡さながらに。(1)

外人なら今日でも容易に想像がつくはずだ、この、宇宙全体を包容する詩——個人の喜怒哀楽から政争まで、ゆらめく風景から神学上の謎まで、地獄の責め苦からベアトリーチェの与えてくれる輝ける歓喜まで——、この詩は自らの場所を失ったダンテが、自分のために作ってやった一つの世界だったと。全く途方もない試みだった。停泊地を持たぬダンテなればこそ、想像力はどこまでも拡がってゆく。いかなる民にも負うところなく、ひたすら信ずるキリスト教的万人救済の思想を支えとして、彼は可能な限りの複雑な世界を詩のかたちで構築した。無限までもとりこんだ世界を。

ダンテの政治論、とりわけ『帝政論』(一三一一)は、より散文的なものだが、同じように彼の普遍主義を表明している。教皇に対し皇帝を支援するのが主要目的であったが、ストア派やキリスト教の倫理観にふれたり、アヴェロスや聖トマスに言及したりと、君主制を賞揚することはもちろんとしても同時

に普遍的人間——個人主義とあいまってルネサンスの基礎をなすだろう——という理想をも語るものだった。《さて全人類としてなすべきことがある。この目的に向かって全人類は整然たる大集団となるのだ。個人、家族、村、町、国が単独ではこれをなしえぬだろう。それは全人類が力を合わせてゆきつくものといおうか[……]。人類は大きくまとまり、全体としての力を発揮することが望まれる。[……]人類のなすべきことは、可能な限りその力を実行に移すことである》(2)。

『饗宴』から『帝政論』をへて『神曲』に至るまで、ダンテは終始君主論者だったといえよう。市民層、及び愛国的共和主義者に囲まれていたダンテだったが、彼はキリスト教的神秘主義を奉じ、新しい政治の動きには背をむけて別方向の普遍主義を望むようになってゆく。すなわちカトリック〔Katholikos 普遍的な〕、平和的に実現さるべきもの、その中心は教皇座にはなく、一なる君主にある。彼は神と地上世界との媒介者として、キリスト教的精神によって政治の中に宗教的なものを実現するだろう。宗教的権力と政治的権力は分離されてはいるものの、『神曲』には、教会精神を改革し、全世界を救済するものとしての「帝国」が語られている（神意に基づき真理を語る鷲のイメージ）(3)。ダンテの考えた帝国は時代遅れとなったが、それは正義の国家、歴史を超越した永遠の国家を望む姿として忘れ難い。

復古的な帝政論者ダンテ。時はすでにルネサンスにさしかかっていた。戦闘的な幻視者ダンテ、そのめざすところは小規模社会が精神的目標を一つにしてまとまった世界だった(4)。君主制を擁護して追放されたダンテ、彼は詩人だったから天上の救いを求めて詩を書き、そこにはカトリックの至福、《微笑む世界》があった。

マキアヴェリの国家

一方には伝統的な普遍主義。他方には新技術、新世界の征服者たちの個人主義。両者が思想のるつぼの中で混り合い、ルネサンス国家を生むだろう。マキアヴェリ（一四六九―一五二七）はこのるつぼを前にしたシニカルで油断のならぬ錬金術師だった。権力がうまく作動するためなら道徳などあっさり放りだしてやった。『ティトゥス・リウィウスの初篇十章について』（一五一三―一五二〇）は、共和制ローマを例にとり、法の存在がいかに人々を感情的行動から守りうるかを示している。ひるがえって現今のイタリアを見るに、とマキアヴェリは言う、沈滞しきって内部抗争に明け暮れ、何かといえば追放だ、流刑だという有様。国際主義者とはとても呼べないマキアヴェリだが、今日ならば国際法にいよるともいうべき諸国間の関係安定も考えていた。彼の場合、狙いは諸国の繁栄発展にあり国家間の正義の立場からではなかったが。

腐敗した政情を正すには精神の力が必要だとマキアヴェリが認めていたのは確かである。共和制ローマの国家倫理を支えていたのはローマ人の宗教、そして原始キリスト教だったと。しかし、彼は当時の教会の堕落を非難し、イタリアに対しては非常に悲観的だった。もはや《精神力》だけでは駄目だというのである。十八世紀啓蒙主義の民主主義者たちは、『君主論』（一五一三）に対立するものとして『ティトゥス・リウィウス……』とそこに述べられた共和制への夢――それは君主にではなく民衆に呼びかけていた――をとる。それはともかく、この策謀家の主要二著に、国民国家、及び権力国家のいずれもが予告されていることは誰しも認めるであろう。

現代の国家観はマキアヴェリ的なものだ。事実、『君主論』には——自然界からの譬、次々と発展していっては尻切れとんぼになる議論、教皇制についての手を換え品を換えての皮肉などをまじえて——《新君主国》の姿が描かれている。新体制はライオンの如く狐の如く、想像力を解放し、倫理の壁を跳び越えてゆく。統一国家、君主の個人的能力と彼に与えられた運（fortuna）の上に建てられた《組織》、それがマキアヴェリの主張するものだ。『君主論』と前に書かれた共和主義的な『ティトゥス・リウィウス……』の違いは明らかであり、『君主論』がユグノー側からは拒否されイエズス会からは歓迎されたことにも不思議はない。だが、この二作品には、一貫した思想が流れているのも確かだ。一口でいえば強国思想。共和制、君主制を問わず、国家は確固たる組織を持ち強力であること。マキアヴェリの場合、外交、地政面に関しては考察不足というべきだが、彼の国家、国民観は、現代の国民国家論の先駆をなすものであった。

マキアヴェリズムとは国家主義にほかならなかったのである。といってもルソーのように『君主論』は《国民に対する偉大な教科書》の一つだなどと言うつもりはない。ただ、マキアヴェリがなした数々の提案は、諸公の陰謀や外国からの攻撃を排しイタリアを一つに統合せんがためであり、それが権謀術数ととられたのも、彼がひたすら実効を求めた結果にすぎなかったということ。マキアヴェリはフィレンツェから追放される（サヴォナローラ以来の共和政府がメディチ家により倒されて。マキアヴェリはフィレンツェ政庁書記、次いで外交職を務めた）。迫害は続き彼は田舎に引退する。そこで彼が夢想したのは、ダンテが考えたようなキリスト教世界ではなく、強力な国家だった。共和制への想いはひとまずおいて、君主のみがこのような国民国家をよくなしうると確信したマキアヴェリ。彼の『君主論』はメディチ家のロレンツォ二世に捧げられた。《それ故、待ちに待ったイタリアの救い主が現れたこの機を逃すことはできない。その方を外敵の侵略に苦しんできた各地の民はどんなに熱狂して迎えることだろう。報復の念に燃える人々が、彼によせる信頼、忠誠はいかばかりだろうか！　人々は皆涙し、ああ私にはそのさまを語る言葉もない[5]》。これは要するに《イタリアの確立、外敵からのイタリア奪還のすすめ》であった。《Fuori i Barbari! 外敵追放！》とマキアヴェリは叫ぶ、統一イタリアの名において。彼はあきらめもせず教皇座の力を借りて（一五一三―一五一四）ローマ、フィレンツェを軸とする統一イタリアを実現させようとする。その際、反民主主義的商業都市ヴェネツィア、キリスト教世界に水をさすスペインは敵とし、フランスは味方とすること。愛国主義に加うるに隙のない外交的目配り。マキアヴェリは倫理よりも行動を優先し[6]、《国際法》などは後回しにしても征服した外地は押さえておかねばならぬ、おどかしても何でも、力ずくででも、と考えたということだろうか[7]。

偉大なユマニスト、ギョーム・ビュデ（『君主制について』一五一六）及びクロード・ド・セセル（『フランス大君主制』一五一九）も、マキアヴェリとはいささか異なるが同じく実際的で熱っぽい新国家論を著している。またルイ十二世は国民統合能力を有する哲学者‐君主として期待を集めた。ジャン・ボダン（一五二九―一五九六）は教育機関でラテン語しか使われないことに反対して国語を重んずべきことを説く。一方ギョーム・ビュデ（一四六七―一五四〇）は、国の文化振興のために三カ国語学院を設立する。

王立教授団、のちのコレージュ・ド・フランスである（一五三〇）。総仕上げはフランソワ一世（一四九四―一五四七）の《御心》にお任せしておこう。賢明な君主の手で、再生した国と権力が結ばれるが、そこによじれはなく、結ばれた姿はむしろ優雅である。当時のフランス宮廷は、キリスト教諸国にむかって開かれ、諸国の科学や芸術を受け入れつつフランス的なものと世界的なものとの均衡を保っていた。それは君主制の最も見事な姿の一つとして残るだろう。

驚異のラブレーからエラスムスをへて世界の驚異へ

《我々は、食ったり飲んだり順風を希って前祝いをした[一四]》とパンタグリュエルは言った。宴はたけなわ、カネフ島、すなわち偽善と不寛容の島でのこと。《順風を希って一杯やろう》、弾圧なんぞは下に見て。一五三〇年頃はまだ楽しみながら知識の《滋味豊かな骨髄[一五]》を味わうことができた。そして今、一五五〇年代には思想検察、弾圧の締めつけが厳しさを増していたのだが。《一杯やれば》、今こそ潮どき、舟足も速くゆく旅は『第四の書』、ラブレー（一四九四―一五五三）晩年の作（一五四八―一五五二）。カナダの発見者ジャック・カルティエ（一四九四―一五五四）の航海をヒントに綴られた航海物語ではあるが、読者はむしろ内なる旅へとさそわれてゆき、《秘密の国》の奥深く、不思議を求めて進むひそかな喜びを味わうのだ。《一杯やって》、良きにつけ悪しきにつけ、夢は見ようじゃありませんか、想像力を働かせ、現実なんぞは幻にかえて。

『第四の書』は仮面の書である。表向きは、パンタグリュエルとその一行――僧ジャン、パニュルジュ、その他――の航海記、旅の目的は《北インドのカティ国附近》まで行き、徳利明神、すなわち聖バクブックの神託をいただくこと。だが騙されてはいけない、中国をめざすこの航海は当時の流行を出なかったが、その実体は神秘、夢、理想、富と幸福を求める旅であり、行く手に待っていたのが『第四の書』、さまざまな行き過ぎからなる摩訶不思議な世界だった。ラブレー自身言っているではないか、自分は喜望峰経由の《ポルトガル人の通常航路》はとらず、《西まわり》で行くと。つまりこういうことだ、宗教改革派、カトリックのいずれでもなく、エラスムスの如き福音主義者として新しい道を求めてゆくと。ラブレーの得た結論は一種の快楽主義、キリスト教徒としての、また、エラスムス的な快楽主義だった(8)。それは飲み食い、そして一杯気分のテーマが語っているとおりである。しかし、御馳走ずくめの極楽にたどり着くまでには、驚くべき世界、といっても大部分蛮行愚行によって織りあげられた異形の世界をぬけてゆかねばならなかった。

まず、宗教上の行き過ぎが明らかにされる。潜伏島《タピノワ》。島主の名は精進潔斎坊《カレームプルナン》、馬鹿で空っぽな怪物、《病気の親分》。潜伏島《タピノワ》の章は信心狂いに対する弾劾の場となる。これに対して獰猛島《ファルウシュ》の腸詰族《アンドウイユ》がプロテスタントたちの一面を表しているのは明白である。教皇崇拝族《パピマーヌ》、教皇嘲弄族《パピフィーグ》は教皇座、及びその反対者たちを示している。つまり、パンタグリュエリズムはいずれにも与せず独立を守るといいたいのだ。《トレビゾンドの学徒ども》は、秘教集団に対するラブレーの不信を表している等々。怪物はまだまだ登場する。鼻欠島《アンナザン》で、ラブレーは気取り屋、お上品ぶった連中のおかしな《縁組》を、お得意の猥談をまじえてからかってやる。法曹界とその廃退ぶりも(代理委任島《プロキュラシオン》とその住民法院族《シカヌウ》)。怪物鯨、これはただの幻影、びっくりさせられるが危険な奴ではない、すなわち偏見のアレゴリー。風《リユアック》の島にいるのは《風だけで生きている》空想家たち——《詩人》は地上に連れ戻さねばならぬ。これで終りではない。驚くべき豪勢、はちきれんばかりの大満足も待っている。不可在《メダモチ》島のことだ。それは《何処にもない》島、おとぎ話めいた富の国、大市の日には素晴しい品々がわんさと並び、その有様はアフリカやアジアの商人をうっとりさせるだろう。しかしこれは幻、人は判断を避け、自分の目ばかりを信じたがることを表す。そして平安《ケリ》島。《広く、肥沃で、豊かで人口も多い》島。一行はこの島の御馳走の素晴しさと人々の大食ぶりに感嘆——皮肉まじりに——するだろう。もちろん腹崇拝族《ガストロラール》の島、及びその長大腹家《ガステル》匠も忘れてはならない。《一切合財が腹のため》とのたまうのだ、この……諸技芸の宗匠は！ 次々と摩訶不思議にであうこの航海で、一行は不気味な予感も味わうのだった。蕩遊茫遊島《トユ・ボユ》——常ならぬ死に方をした者がいく島、常ならぬ死とは我々の運命のはかなさの象徴だ。嵐——すなわち探究に伴う危険の数々。自然の危険よりむしろ内面的な危険。長生族《マクライオン》の島。そこでは傑出した人物が死ぬ時は《自然の秩序にさからって》箒星や流星、地震、その他不思議なしるしが起こってこれを予告するとか——これは当時の人々の怪奇趣味。予言好き……にふれているのだろう。おまけに結末は一つではない——『第四の書』は行きつくことのない旅、果てしなき探究行だった(9)……

ラブレーは地理的探険に人間の不思議を重ね、《秘密の園》を驚異と不条理と怪物でいっぱいにしてやった。それは時代批判の絵図だったが、そこにはフロイトのいう Unheimliche（不気味）までが描かれていたのである。地球を征服していった実証的精神の持主たちが、ラブレーの内面の旅をまともに受けとめ、地球の反対側に住む異民族はこんなものかと考えたらしいことは驚きというほかない。

『第四の書』は古くから存在し、十三世紀から十六世紀にかけてとくに盛んになった探険文学の流れを汲むものだった。驚くべき物語、とても信じられないような作り話の数々。マルコ・ポーロの『世界の驚異』、ジュールダン・カタラ・ド・セヴラックの『驚異物語』、ジャン・ド・マンドヴィルの『旅行記』(十四世紀)、これら探険家は実際の発見に加えて、西欧やイスラムの伝説も書きとめているが、新しく発見された地方の住民を伝説の鳥と一緒にしたり、《尻の穴がなく消化作用を行わない》などと述べたりする。あるいは《金、ルビーその他宝物が無限にある》とか。[10] これに対しラブレーはこれらのmirabilia(驚異)が、いかに我々自身の世界、我々の夢や政治抗争の中で形成されたものであるかを力説するのだ。しかしラブレー後でさえも、初期の民族誌学は、観察者の勝手な想像からなかなか自由になれなかったのである。でなければやはり勝手な自民族中心主義に陥ることになった。異民族の特異性を伝統的な西欧的論理に従わせようとしたのである。[11] テヴェやレリーが試みたこと[後出]は、他民族について述べながら、ラブレーが韜晦とユーモアをもって描いてみせたあの我々の内なる奇異なものから解放される――楽ではないが――ことだった。民族誌の前に驚異の物語が必要だったのである。[12] 人々はやっと覚るだろう、他民族は我々自身の奇異とは何の関係もないこと、他者は単に……他者にすぎないことを。

《旅》すれば変ったことに出会うもの。《旅》はまたいつの世でも、我々の個人的な欠点や自国の政治上の欠陥などを知る上に大いに役立つ。ジョナサン・スウィフト(一六六七―一七四五)の痛烈なユーモアは実に見事にこれを証明している。ガリバーとリリパット国民の出会いや、退化した人間ヤフー族があの発音しにくい名の馬たちフィナム一同に使われているさまに驚き衝撃をうけなかった者があるだろうか……？ さらに時代を下れば、エドガー・アラン・ポー（一八〇九—一八四九）やヘンリー・ジェームズ（一八四三—一九一六）が、我々の妄想に潜んでいる怪物をあばいてみせた。そしてジェームズ・ジョイス（一八八二—一九四一）、あの奇妙なアイルランド人、自ら国を追われし者。彼は現代随一の異様な物語に船乗りオデュッセウス（ユリシーズ）の名を与え〔『ユリシーズ』一九二二〕、さまざまに分断された文化——ギリシア、ユダヤ、キリスト教に——の海を渡って行った、捉え難い自己を探し求めて。

さてあのラブレーだが、彼は内面のコスモポリタンだった。現代の読者は彼の航海に精神探究の跡を見る、不安も奇異も、あの神秘的な《乾杯！》に変るさまを。幸福……はくるだろうか、我々の内なる驚異、内なる怪物との和解によって？ いつの日かなるもならぬも《まずは一杯！》。ラブレーはモンテーニュを予告する。

と同時にラブレーの作品は、エラスムス（一四六七—一五三六）の落ち着いていくぶん悲しみの色を帯びた見識を、面白おかしくフランス語に焼き直したものともいえるだろう——エラスムスの格言や教訓。彼の普遍主義は親しみやすい対話形式で説かれ、これまた自在なものだったが、ラブレーは陽気なそっくりさんを別に一つ作ってやったのだった。

エラスムス。福音主義者としてルターの《隷属意志》に対し自由意志を唱え、ヨーロッパとキリスト教会の団結のためには正義の戦争（例えば対トルコ）という非常手段（ultima ratio）も辞さなかった者。

『痴愚神礼讃』（一五一五）、『教会和合』（一五三三）の著者。そして増補訂正を重ねた『対話集』は、当時の変人奇人を登場させ、彼らの口に語らせている。淫売、乞食、無学な神父、学のある女、ありとあらゆるごろつき、ぺてん師ども、老人に学生、聖職者に一般人。エラスムスの人と作品にみられる普遍主義は、宗教戦争にゆれるヨーロッパを実際に一つにしたが、その根底をなすものは人間喜劇を知りつくした上でこれを楽しむ心だった。

エラスムスとラブレー。あい補う二人の《コスモポリタン》……

トーマス・モア、おかしなユートピア

しゃれていて皮肉っぽくて、使われているラテン語は凝っていて簡潔、内容はまさしく民主主義的、否《共産主義》的でさえあり、意味をとりかねて立往生させられそうな作品、『ユートピア』（一五一五）、作者はトーマス・モア（一四七七―一五三五）。当時評判の書、そして今日の読者を途方にくれさせてやまない。モアはエラスムスの友人で敬虔なカトリック教徒、ヘンリー八世に大法官として仕えたが、政治に倫理を服従させることを望まず、そのために処刑される。彼が我々に残していった『ユートピア』こそは《キリスト教的人道主義》の宣言にほかならない。その背景には、当時の航海や地理上の新発見、《善き野蛮人》（一六）の神話があった。この理論小説には、プラトンの共和国（『法律』四・三二一）、及びギリシア人イアムブロスが行ってきたというセイロン島の南に位置するファムーズ島の物語の影響がうかがわれるが、直接に想を得たのはアメリゴ・ヴェスプッチの航海旅行（一四九九―一五〇五）からである。主

人公ラファエル・ヒスロディはモアの創作だが、ラファエルはこの探険家の同世代人として自分が見聞したことを語りつつ理想国を描いてみせるのである。それがユートピアだった。

ラファエルが訪ねたというユートピア島、つまり何処にもない島では、専制君主制は厭うべきものとされ、人々はすべての財産を共有し、個人所有の財産はない。一日の労働時間は六時間と決められ、社会福祉も万全、余暇は善用され、文化、宗教も大切にされる。その上人々は教えられることなくしておのずからキリスト教精神を持っていた。ラファエルが教えるまではユートピアでキリストを知る者はなかったのである。一方、ユートピアの皮肉にもびっくりさせられるのだ。人口過剰は植民地主義、帝国主義で解決しようというのだから。何ともひどい話ではないか。個人に対する集団主義のおしつけは我我には耐えられそうもない。戦争にうったえるのも野蛮に思われる。彼らの道徳至上主義、度を超した一律化はオーウェルを思わせる(二七)……

モアは言いたかったのだろうか、おめでたい未来の夢は一皮むけば暴力的な理想主義、野望にみち、全体化、全体主義化を狙うものになりかねないと？　これは現代的な、あまりにも現代的な読みというものだろうか？　トーマス・モアは逆説的で複雑な呼びかけをくり返しつつ、自分自身に疑義をさしはさむことをやめない。当時のイギリス及びヨーロッパが抱えていた政治的、道徳的難題をよりよく把握するために、彼はとことん、ぎりぎりのところまで考えてみようとしたのだろうか？　彼にとってユートピアは目標ではなく、手段だったということか？

『ユートピア』のキーワードの多くは否定の意を含んでいる。アコリヤ人とは領土なき民。アンヒードル河とは水無し河。首都アマウラトウムは蜃気楼。アデムスは臣民なき君主。ヒスロディ御本人も《作り話をちらつかせる者》だとか。このような否定法の目的はもちろん、これが空想物語でルポルタージュではないと知らせることである。と同時に、家も祖国も捨てた男、ラファエル・ヒスロディが、過去も郷里もなくし《愚者の舟》に乗り込むことを暗示しているようにも思われる。事実、第二章の後で書かれた第一章では、ユートピアとは何の関係もない当時の人々（ペーター・ヒレス、モートン枢機卿、モア本人）が登場するではないか。著者は我々を招いているのだろうか、国民としての責務と国を超えた夢想、二者の間を往き来する船旅に？　倫理学は夢の役を果たしうるだろうか、夢によって悲しむべき政治の現状を逃れようとでも？　しかし夢は悪夢に変るだろう、国の政治的問題一つ一つが求めるところをなおざりにするならば。結局あれこれ考えてみても結論はでないだろう、大体ゆきつくところなどないのだ――せいぜいがわからせてやれるだけ、何でもやり過ぎれば袋小路につきあたる、とか、ベルディアエフの言葉の意味するところ（オルダス・ハックスレー『素晴しい新世界』一九三二年、に引用）とかを。ベルディアエフは言う、今日ではいかなるユートピアも実現可能に見える。また現代生活はユートピアに向って進行中だ。しかし我々はユートピアは回避し、非ユートピア的な社会を求めてゆくべきではないだろうか、ユートピアよりも不完全でより自由な社会をと。(一八)……だがどうして自由になれようか、何かユートピア的なもの、何か変ったものがなければ？　それ故、何処にも属さないことにしよう、ただ何処かに居ることは忘れないで……

ミシェル・ド・モンテーニュの普遍なる我

《世の著述家たちは、自分の特性や人とは違ったところをかかげて、人々にうったえようとする。私は、私のすべてによって、文法家とか、詩人とか、法曹家としてではなく、ミシェル・ド・モンテーニュとして、人前に出てゆく最初の人間である》（ミシェル・ド・モンテーニュ『エセー』三巻二章、プレイヤッド版、七八二頁c）

《……誰でも人は自分の中に人間のすべてをそなえている》（同書、七八二頁b）

偉大な船乗りたちが世界をきりひらいてゆく。人々は新しい文明、考え方、言語、民族に目を見はる一方、不信の念も芽ばえはじめる。いよいよルネサンスだ、一方には国家主義、個人主義の復興、他方にはコスモポリタニズムの復興。これら二つの積荷がまさしくモンテーニュ（一五三三—一五九二）のあの懐疑を生んだといえよう。事実、モンテーニュという個人をボルドー市議会に縛りつけておくものなど何もなかった。アンリ二世〔在位一五四七—一五五九〕、フランソワ二世〔在位一五五九—一五六〇〕、アンリ三世〔在位一五七四—一五八九〕の宮廷にも。アンリ・ド・ナヴァールをとりまく社会にも。モンテーニュ存命中にアンリ・ド・ナヴァールはアンリ四世〔在位一五八九—一六一〇〕として即位するだろう。《ディレッタント》呼ばわりされるモンテーニュ。だが彼はローマカトリックと宗教改革派との間に立ってアンリ・ド・ナヴァール〔新教徒だった。カトリックへの改宗は一五九四年〕の友でありながらカトリック教徒としての自分をつらぬき、死に臨んでは秘蹟を受けることで国教に忠実であることを示した。一方彼は王の政策への批判も辞さなかった。正義のためならば相手が国王でも国の宗教でも遠慮するようなモンテーニュではなかったのである。内乱、ユグノー徒対カトリック同盟の戦い、サン・バルテルミーの虐殺事件〔一五七二、ユグノー徒の大虐殺・第四次宗教戦争の始まり〕、そしてペスト……の世だった。営々として日々をいとなむモンテーニュ、ただし錨は一種の別世界に下したままで。そこは彼に言わせれば少々離れた場所、あの塔の《書斎》〔そこでモンテーニュは書見し、夢想し、書く、ときには歩きまわりながら。『エセー』三巻三章参照〕、だがむしろ彼の自我こそがその場所だったろうか。

　モンテーニュこそ、我々は皆自我を持つという重大事実に注目した最初の人間だった。自分とはまことに興味深いもの——あやふやだが面白く、正体不明だが確かにそこにいる奴、従って大概のことは自分を知りたいという欲望にゆきつく。《私が学問に求めるのは、自分自身を知るための知識のみである[13]》。モンテーニュは政治家法律家としての職務も忠実に果たしつつ、《私》国とも名付くべき国をめざして進む。その著『エセー』にみられるのは新しい人間像だ。友情論から深い思索へ。その間には古典からの簡潔明快な寸言、警句を好んで用いた時期もあった。ボルドー市議会参事モンテーニュの活動の場は、普遍的な世界、心理的とも政治的とも呼べそうな、むしろ心理的かつ政治的な世界だった。それが天翔る姿は優雅ですらあったが、そこには痛烈な人間観察も欠けてはいなかったのである。モンテーニュによれば、個人とは普遍的人間としてとらえられる——彼は自分を外人と思ったこともなければ他人を外人扱いすることもないだろう。[14] あるとすればイタリア旅行の道中や彼の地で体験したちょっとした食物や着る物の好み、それに女の好みといった艶っぽい方面のことでくらいだ。彼の『イタリア旅日記』は珍しい見聞を書きとめている、だがどれもがみな人間というものの姿にすぎぬとして。

《絶えざる悦楽》

弱々しく情けない自分、《のろくてぼんやり》だとは、モンテーニュ本人が気の毒といおうか哀れといおうか。かまうことはない。モンテーニュには清澄な喜びがあり、喜びこそは知恵のこよなきしるしなのだから。[15] 一貫性がなく、忘れっぽく、楽しいこと、《気のむくこと》ばかりやって《判断》はなかなか下そうとしないモンテーニュ。しかし自分への判断は絶えず続けていた——それは厳しく容赦ないものだったが、弱点はいとおしみ、欲望に流されやすい自分については堂々とそのことを誇りにしていた。欲望に支配される存在であると認め、これを恥ずかしげもなく公言すること、それこそ『エセー』の新しさだった。善悪を超えるものとしての自己という考え方はこれまでになかったものである。《私は苦痛によく耐える、自分でやったこと、自分が望んだ結果そうなったことなら[……]。だが、楽しみからやるのではないこと、自分の純粋な自由意志によらないことなど、私には何の価値もない[……]。私はただ、神が気前よく私の手の中に入れて下さったものを静かに楽しんでいたい[16]》。

しかし他者あればこそ自分も成り立ち、自信も持てるのだ。《我々の魂は他人を信じた上でないと動きださない。他人の考えの欲するところに拘束される[17]》。造作なく他人の糸にかかるモンテーニュの自我、その結果もし節度ある友情が生まれるならば、あのラ・ボエシとの友情こそはその極みだった[一九]。モンテーニュは他人の《気まぐれな》意見に左右される[18]、それに自分自身も《他者》だとわかっている自分なのだ。《友人たちが知る私の生活、という別なもの[19]》。《我々は［……］二重の存在だ[20]》、《今の私とあの時の私は別人である[21]》。

さて、自分が二重性を帯びたものと知った以上、確信が持てることといえば己れの流動性、そして自分は自分だということしかなくなる。モンテーニュは、《私は疑う》と断定するかわりに、《Que sçay-je?《クセジュ》》《私にわかっていることがあるのか？》と問いかける。彼はあらゆる存在――名、物、人――の特殊性に目をとめる。それはまさに果てしなき差異考察にほかならない。《動物と動物の違いは、人間と人間の違いほど大きくはない[22]》、《人間と人間の違いの方が人間と動物の違いより大きい[23]》、《我々は皆、非常に雑多なこま切れからできていて、それがまた瞬間ごとに勝手な動きをする。そのため、自分と他人ほどの違いが自分と自分の間にはある[24]》。

すべてにわたる違いがこんなふうに十分に弁護されてこそ――その時にのみ――、融和のために奇異なもの、外れたものを締めだすことも許されるのだった。《我々の風習や生活の中で異常なものはすべて、人々の交わりを妨げるもの、忌むべきものとして避けねばなりません[25]》。

食人種と駅馬車

当然、他人の外見上の風変りさも大切にされる。風変りといっても、自己という領分の多様性を拡げてゆけばその中に自然に受け入れられるべきものだ。一方一五六二年、ルアンにやってきたブラジル原住民たち[26]と会ったモンテーニュがまず考えたのは、我々にこの広い世界はつかみきれないのではないかということだった。この広い世界、古代の哲学者が思いこんでいたような世界ではなく現に発見されつつあるこの世界は、と。《私は長いこと家に一人の男を置いていたが、彼は今世紀に発見されたあの新大陸の、ヴィルガニョンが上陸して南極フランスと名付けた地方（ブラジル）に十年から二十年も暮した者だった。この広大な大陸発見の持つ意味は大きい。［……］私は我々が胃袋よりも大きな目を持っているのではないか、能力よりも好奇心の方が大きいのではないかと心配だ。我々は何でも抱えこむが捉えるのは風ばかりではないか[27]》。モンテーニュは《自然の法》にそって生きている《諸民族》を高く評価する、《人間が作った法によって殆んど損われていない》と。素朴、純朴、単純——黄金時代を思いださせ、のちのルソーを思わせるような《人間としての幸せ》——、《契約》を知らない人々[28]。粗野で我我とは違っていて、時には食人もするが、その際にも良識は失わず、その上彼らの民話は詩的でさえある。対話は残念ながら得意とはいいかねるが——モンテーニュは彼らをよくよく観察したが、彼らを《野蛮人》だとはどうしても断定できないのだ。《従って、理の法からみて彼らを野蛮人と呼ぶことはできても、我々に比べて彼らが野蛮だということはできない。我々の方こそ何につけても彼らよりはるかに野蛮である[29]》。

ところで、モンテーニュは古典作家を多く読んでいたので[30]、まずは自分の使う言葉が気になるのだ。田舎言葉もよいところ、と自分のフランス語をこきおろす。しかし自分の内なるそのような《粗野》なところも、人間の姿の一つにすぎないと考え、他人の変ったところは時にはうるさいほどの好奇心と親切心で受け入れてやる。《粗野》かどうかなどもう問題にならない。《地方ごとに習慣の違いは沢山ある。全部が全部違うといった方がいいくらいだ(31)》。

この時からディレッタント、モンテーニュは、正義の味方に変身する。彼はポルトガル人による在住ユダヤ人の強制改宗を弾劾する。その結果《恐ろしい光景》がくりひろげられた(32)。スペイン人及び教会による植民地政策を厳しく批判したのもモンテーニュが最初だった。アメリカ原住民は手仕事において我々に何らひけをとらない、むしろ《信心、遵法、善良、気前のよさ、忠実、率直さにおいては我々の方が劣っており、それでかえってうまいことをしている始末(33)》。ペルー、メキシコに侵入した者共のやった虐殺はまるで《屠殺》だった。《恐るべき戦い、悲惨な災禍(34)》。さまざまな宗教や民族が行きすぎに走らぬよう彼は歯止めをかける。《貧相な》自分、そう自認するモンテーニュこそ、人種差別に対する最初の反対者だったろうか?

ところで現代の読者は一つの疑問を抱く。モンテーニュは、自在かつ陽気な自我によって《他者》を受け入れたが、それは他者の個々の特性をそれとして認めるということなのか、それとも逆に、善意からではあるにせよ、さまざまな民族を平らにならして〈人間〉の一言で片づけ、驚異も未知も呑み下してしまおうというのか?

いずれにせよ、自然のままに人間をみるという立場が形成されていった。自らの未開性を知る自我によって、またそのような自我めざして。個々の違いを認め、優劣はつけないこと。モンテーニュの友情

とおしゃべりは皆のものだ。それぞれにお楽しみあれ……彼の語り口を。(35)

モンテーニュのように考えたり、モンテーニュを読んだりしたかどうかはともかく、ルネサンス時代の大旅行家や民族学者、探険家たちは皆彼から学んだように思われる。確かに、しっかりと自己を確立し、自らの栄光と悲惨を認識し、それについて率直に語りうること——型にはまった言葉、誇張した言い方、いずれも捨てて——、そして新たなルネサンスを興すことだ、このようなしっかりした自己をこそ船出する港として。土地だの宗教だの宮廷だの政治だのから出発するのではなく。新しいルネサンス、それは生まれつつある諸国の枠を越えて、比較、検討、普遍化を行うだろう。新たなコスモポリタニズムが生まれようとしていた。それは、ダンテがめざしたような神に帰属する存在からなる統一世界ではなかった。ひ弱、気ままな自我、と同時に力強くしっかりした自我を共通の絆とする世界。(36)どこまでも内面の旅を続けるモンテーニュの自我。それはさそいかけている、あなた方もこんなふうに胸を開いて、どこまでも外の世界を切りひらいていってほしいと。《本書においては、単純、自然、平常な私、気取りや技巧のない私を見ていただきたい。私は自分を描こうというのだ。世間に対する尊敬の許す限り、私の欠点やありのままの姿を書くつもりである。今なお自然の命ずるがままに心地よい自由を楽しんでいるといわれる国に生きているのだったら、自分のすべてをさらけだしてしまうのだが。されば読者よ、本書の材料はこの私。こんなつまらぬ空しい主題を読んで時をついやすとはどんなものだろうか。ではご機嫌よろしゅう、モンテーニュにて、一五八〇年三月一日(37)》。

旅、天地学、伝道

《地理》の本があい次いで出版された。知識人層も増大したが、彼らが知りたがったのはまず東洋であり（トルコ人に関する書物がよく売れたが、イスラム教徒なら誰でもトルコ人呼ばわりされた）、のちにはもっぱら新世界アメリカだった。ますます拡大してゆくこの世界に対する関心は、宗教戦争によっても涸れることがなかった。一五九三年—一六〇四年間に出版された地理関係の出版物の数は、ルネサンスの泰平期一五五〇—一五五九年における同種出版物の発行部数よりも多い。そして一六〇五—一六〇九年間に刊行された地理書の発行部数は、印刷術が発明されて以来一五五〇年までに刊行された地理書の総数とほぼ同じである[38]。とくに人気があったのは、今日ではすっかり忘れられた『ヴィラモン殿の旅』で、一五九五—一六〇九年間に何と十三版！を重ねた。それに、アンドレ・テヴェの奇書『南極フランスの天地及びさまざまの不思議について』（一五五七）、も当時ひっぱりだこだった[39]。『ブラジル旅行記』（一五七八）を著した新教徒ジャン・ド・レリーはこの分野では最もすぐれた著者に数えられる。聖フランシスコ－ザヴィエルがインドから送った『書簡集』。そしてマルク・レスカルボの『新－フランスの歴史』（一六〇九）。レスカルボは書いている、《人類という考え方、これらの人々も我々と同じ人間であるという立場にたてば、彼らの生活、風俗習慣を知りたくなる[40]》と。これまで人々の好みは物語にあった。今後は新世界、新民族へと関心が移ってゆく[41]。これらの書物はそんな新しい好みの表れであると同時に、これを助長するものだった。人々は、《無神論を奉ずる民》を発見し、《野蛮人》の善良さを理想化し、裸体で暮す社会があると知って驚いたり面白がったり眉をひそめたり、ともかく《地球の裏側の民》（《Les antipodes》）に対する熱のあげようときたら大したものだった（十六世紀、遠国の住民はすべて地球の裏側呼ばわりされたのである）。

こうした状況はコスモポリタニズムを促進する一方で、一見矛盾するようだが国家主義を育てることにもなった。新しい発見の数々はギリシア・ローマの権威に傷をつけてしまった。ならばそのかわりとして別の権威を立ててもよいのでは？　まさか《善き野蛮人》をもってくるわけにもゆくまいが。彼らがたてまつられるようになるのはもう少し後のことになろう。当面はありのままの、といってもなかなか大した……フランス文化あたりでどうだろうか、という次第。『フランス語の擁護と顕揚』（一五四九）の出版。以後、政治課題は次のようなかたちで問われることになるだろう、発展する国民国家としての立場と世界の多様性及びこれに基づく普遍主義をいかに両立させるか？

フランソワ・シャルパンティエは、一六六四年、フランスの対東インド諸島通商報告書をまとめているが、彼の結論はフランスはヨーロッパ内だけではやってゆけないということだった。そしてフランス文化を最も未開な民族にまで浸透させねばならないと。植民地主義の台頭。ただし、その主な狙いは全人類に文化の恩恵を与えることにあった。植民地建設者の残虐行為は十分以上語られてきた。そのため世界主義的な開拓者たちの理想の方はすっかりかすんでしまっている。彼らは自らの文化を相対化し《地球融和》をはかろうとしたのであった——ギヨーム・ポステル（一五一〇—一五八一）、自ら好んで《ゴール人にして世界人》と称したポステルの場合のように。

ゴール人にして世界人

ギヨーム・ポステル、数ヵ国語に通じた国際的著名人。比較文献学の祖ともいわれる。あらゆる言語の源は一つ――ヘブライ語であると考えたりしたからか？　奔流の如き彼の人生。言語学への興味はいつしか失せて、彼は幻視的な伝道師として情熱をもやす。言語学の知識が宗教、道徳における寛容をはぐくんだことは確かであるが。トルコ、聖地パレスチナを歴訪し、アラビア語、イスラム文化にも通じていたポステル。彼は東方文明の優秀性を時として主張しつつも、あらゆる宗教、あらゆる文明をキリスト教世界に合流させる必要を説いた。そしてフランスこそはその中心となって他を支配すべきだと。イエズス会士として聖バルブ会で教鞭を執ったが、後には会から追放される。教皇座にたてつきながら、制度そのものを問題にするには至らなかった。新教徒とは対立したが、後半生にはかなりの歩みよりをみせた――新教徒側は彼を理神論者として告発したが――。彼はまたのちのコレージュ・ド・フランスの教授に任命されるが、フランソワ一世の不興を買って罷免させられる（一五四二頃）。アンリ二世の妹マルグリット姫の庇護を受けて再び宮廷に迎えられ、シャルル九世からは《余の哲学者》と呼ばれたが――晩年十八年間は獄中で過ごすことになる。――何とも奇怪な人物だが、彼は多くの著作を残している。コスモポリタニズムが最も色濃く現れているのは言うまでもなく『世界諧和論』（バーゼル、一五四四）だが、そこで展開された思想は他の著作でもくり返しとりあげられるだろう。宗教戦争の只中にあって寛容を説き、カトリシズムによって統合された世界を夢みたポステル。しかし彼の主張は公認教義とあまりにもかけ離れていたため(42)、反対者たちは彼を異端として弾劾し、あるいは投獄し、あるいはただの《気狂い》として片づけてしまった。確かにこの世界人なるゴール人の《フェミニズム》など、どう考えていいか困ってしまう。ヴェネツィアで、彼はジャンヌなる婦人の深い信仰にすっかりまいってしまい、彼女が亡くなると、この《母》なる婦人の霊及び感覚が自分の身体に移ったと信じこみ、《今や私の中で生きているのは私ではなく、あの方である》などと言いたてる始末。[43] ポステルは大変な学識の持主だったが、幻想家の気もあったのだ――このゴール人ファウストは、長寿の霊薬を所有しているなどと言っていたではないか？……

ポステルの場合は、当時のコスモポリタニズムのあまりにも極端なかたちというべきだろう。だが例外ではなかった、とくに十六世紀前半にあっては。このようなコスモポリタニズムの根底をなすものは新しい判断姿勢だった。すなわち国家、宗教の価値を相対的なものと考える立場。この考え方こそは、十八世紀《啓蒙思想家》を準備するものであり、《善き野蛮人》――世界人の基本となる自然人――の観念を生んだのである。笑いの種にされることもあるにせよ、《善き野蛮人》は我々と大して変らず――彼らにも可能なのだ……我々の文明に達することが。それに、我々の偉さをいってみても大きな顔はできなくなるはずだ、中国人が、例えば文字を発明したなどと誇らし気に言うのをきくと。一方、古代人の権威も彼らの無知が次々にあばかれるに従ってぐらついてくる、とくに探険家たちが地理上の新知識をもたらすようになると。というわけで、国家意識がめざめ、いよいよ次の世紀に入って絶対君主制が確立すると、政治思想としてのコスモポリタニズムが台頭してくる。新たな世界地図、新たな国家を基礎とする超国家的な統合が考えられるようになった。シュリ〔アンリ四世時代の宰相〕は対トルコ＝ヨーロッパ連合の結成を主張し、エメリク・クリュセは『新シネア、世界平和及び世界自由貿易の時機及び方法のための国家論』（一六二四）を著す。(44)《新世界》が胎動を開始する、国家主義、そして一方では他国との連帯への望み。手をとりあうか、支配するか？　交流か、交戦か？　国民国家は植民地国家へと動いてゆく。

啓蒙主義と外人

啓蒙主義及びフランス革命によって、国家、外人、人類、人民にかかわる思想は豊かに、そして複雑化してゆく。我々も現代人として今なお啓蒙思想とフランス革命の遺産――尊ぶべきものだが、矛盾をはらみ、抜け道もあれば落し穴もある――を生きているのだ。ここでは、いわゆる啓蒙主義的コスモポリタニズムと称されているものの本質的要素をいくつかとりだしてみるにとどめる。そこから我々現代人は当面している難問に対して何らかの答えをひきだせるかもしれないから。外人なき社会は可能か？これがその難問だ、今のところは不可能としか思われないが。

モンテスキューの新ストア主義、ディドロにおける変人芝居、片はしから聖なる価値に反逆するコスモポリタンたちのシニスム。これらがあいまって十八世紀を形成し、その人間平等思想はフランス革命にひきつがれてゆく。《人間の権利》から《市民の権利》へ。いずれにせよ、人間平等の思想を貫くことは容易ではないだろう、政争、戦争、そして恐怖政治。

モンテスキュー――国家と個

モンテスキュー（一六八九―一七五五）にとっても人間の敵対関係は避けて通れない問題だった。しかし、自然も人間社会も本来闘争状態にあると主張したホッブズとは異なり、モンテスキューが『法の精神』（一七四八）の根本に据えたのは、人間の社会性（sociabilité）だった。人が他人に抱く感情は憎しみというよりは恐れであり、しかもなお人はおのずから集団をなすと。政治機構とは《不正を体系化》するものであってはならず、《制限政体》〔法によって君主の権力が制限されるもの。専制政体と対比される。モンテスキュー『法の精神』第三篇十章他〕にむかうべきであるとモンテスキューは言う。このような社会性尊重の立場は、これまでも、デカルト派（法学者ドマ）、キリスト教神学（フェヌロン）、新ストア派、イギリス経験論（とくにロック、シャフツベリ）などにみられたものだ。これには十八世紀の経済事情もかかわっている。富が増大し通商がこれまでになく拡大された世界、モンテスキューはこう現状を認識する。経済的にも政治的にも自由主義が行われ、社会平和も確保されそうだと。キリスト教の愛の精神、すべての人々に満足を与える統一世界という理想、当時の自由経済……――多くの異質な要因があいまってモンテスキューの『法の精神』を生む。そして根底にはあの社会性があった。人間本来の社会性、それはまた政治によってはぐくまれ、守られねばならない。このような立場をどう考えるかは議論が分れるだろう。保守主義へ向かうととるか、逆に社会を発展させるものと考えるか。『法の精神』は近代科学の先駆をなす単なる社会学的な作品なのか、それとも、著者のフリーメーソン的人道主義にみちみちたまぎれなき哲学の書なのか。(1) モンテスキューの複雑な思想はいまだ解明しつくされてはいない。ここでは、彼の総体性への関心、そこから導きだされた主要結論の一つとしての彼のコスモポリタニズムをとりあげることにする。

自然と文化(例えば《気候風土》と《風俗習慣》)、人間と制度、法と風習、個と全体、哲学と歴史。それぞれの総合、組み合せは多種多様、その各々をつなぐ媒体によって諸制度は調整され、同時に人間も政治的存在として政治的条件の数々を理想のかたちにまとめうるだろう。エルンスト・カッシーラーによれば《モンテスキューは、歴史の理想型を構想し発表した最初の思想家だった》。

『法の精神』の骨子をなす第十九章は、まさに《国家の精神、風俗、習慣を形成する諸法則との関係における法について》と題されていた。観念的なもの(《一般精神》)が登場してくるが、それはストア哲学やキリスト教の流れをくみ、自然主義、《自由》主義につらなるもので、モンテスキューの政治思想の根底をなす。当然モンテスキューには道徳的な要素が認められるだろう(カントに至って《政治》と《道徳》は分離不可能なものとなる)。モンテスキューも気候風土という限定条件を超えた偶然性が大切であり、必然と偶然が一つになった場合にこそ政治は自由をとり戻すと考えた。

社会的な存在とは国家をもふくんでいたが、モンテスキューはついに人類全体を考えるに至る。当時モンテスキューが抱いていたのは運命論的決定論(とくに気候風土による)だったが、一方彼は社会性、《一般精神》に基づく世界的政治組織を考えるのだ、近代通商の発展によりついに普遍的存在となった人類なのだから。これまでひきずってきた国家意識は、国境なき政治哲学によって解消される。実現可能な中庸の道に人類全体をできる限りとりこんでゆこうという思想によって。

このような考えは『法の精神』ほどにはかまえていない『省察』の中にも散見する。《祖国しか愛さない》というモンテスキューだが(2)、こんな文章も書いている。《外国を旅していると、その国に対して祖国に対するような愛着がわくのだった。その国のことが気にかかり、国が栄えてほしいと願ったりした(3)》。国のためは思うが国家主義には陥らないモンテスキューの政治思想。良き国を、他人にも、そしてすべての人々に。彼はまた、国家意識は時代と共に薄らいできたと言う(4)。そしてついにあの有名な言葉が発せられる。《知っていることが自分のためにはなるが家族のためにならぬならそれについて考えるのはやめよう。家族のためにはなるが国のためにならぬなら忘れてしまいたい。祖国のためにはなるがヨーロッパのためにならぬこと、ヨーロッパのためにはなるが人類のためにならぬことならば、私はそれを罪とみなすだろう(5)》。

モンテスキューという政治思想家の倫理的な意志によって統合された人類。そして事実、一つの国際社会が形成されてゆく。通商発展により開かれた社会、主導権を握るのはヨーロッパ、富と貨幣の流通が正しく調整されている社会。《今日世界は一つの国のようなものである。各国民は過剰なもの不足しているものを心得ていて、交易の機会を求め、各地で産出される金銀は世界中に運ばれてやりとりされ、一国たりとも金銀の所有量が年々増加していない国はない。増加の早い遅い、多い少ないの差はあるにしても(6)》。

それに次の言葉などまるで今日の世界を語っているようだ。《ヨーロッパは、もはや多国からなる一つの国というべきだろう。フランスやイギリスはポーランドやロシアの繁栄を必要としている。国内の一地方がほかの地方によって支えられているように。隣国をほろぼして自国を強力にしたつもりでも、隣国と共に弱体化するのが常である[7]》。

このような世界主義は、すでに述べたように、諸国における対内・対外的経済政策、社会政策への考察から発したものだったが、驚くべきことにそこには早くも（ハンナ・アレントに先駆けて）《人権》と《公民権》を分けるべきではないという思想がみられるのである。モンテスキューの場合、政治とは明らかにどこから見ても世界政治であった。全人類の、《一般精神》による政治。《個人の義務を果たせば人間としての義務にもとるという場合は、個人の義務はないものとする。例えば人類の幸福が危ぶまれる時に自国の利益を考えていてよいものだろうか？　否、国民としての義務は、それが人間としての義務を忘れさせるならば罪である。世界は一つの社会となりえずに人々は互いに外人となった。しかしそのために大切な義務が失われたわけではない。人間とは何処にあっても理性を持つ存在であって、ローマ人もなければ夷狄もない[8]》。

モンテスキューのコスモポリタニズムは、ストア派ともあい通ずる彼の自然主義的合理主義に由来するばかりではない。それは明らかにモンテスキュー固有の認識論に基づくものだった。この場合、コスモポリタニズムとは政治思想自体の別名となるだろう、人間というものの最大公約数を考慮しつつ展開される政治思想、不変不動は求めず、常に自己調整してゆく思想の。しかし、このような現代的な政治思想の誕生と同時に一つの歴史的必然ともいうべき問題が起こってくる。モンテスキューの後、十九、二十世紀の国家主義はこの問題をよけていってしまうだろう、しかしボルドー高等法院副院長（モンテスキュー）は、これが我々にとって緊急の課題となると告げていたのだった。つまり、もし「法の精神」がこの高名な思想家（モンテスキュー）が考えたような人間本来の社会性と自在な思想性を守りつづけようとするならば、国民国家にかわるべきより高度な政治機構が必要なのではないかと。

モンテスキューの政治思想を支配していた連合、統合の精神の表れとしての世界政治。そのためには――今さら言うまでもないことだが――安全保障の制度をゆきわたらせる必要があった。それが実現されれば、一切の自由をご破算にしかねない全体主義的、一義的な体制の中にさまざまな多様性（社会的、政治的な違いをはじめ）が力ずくで統合されることもないだろうから。

権力の分立。立憲君主制の保持。行き過ぎがあれば法律が歯止めをかけるだろう。社会の平和は個人の自由の上に成りたつとの信念。そのためには社会問題と政治問題を分離すること、つまり君主制をとりつつも権力を法の下に置くこと――これらはモンテスキューの思想の骨子をなすものであり、世界政治の安全保障に役立つだろう。そしてモンテスキューのこういった思想は、バンジャマン・コンスタンやトクヴィル等、フランス革命後の自由主義的保守主義となって再登場するはずだ。

さて、我々は考えざるをえなくなる、すべての人間が、法により公民権を超えて人権を与えられることになれば、《外人》という概念は消失するが、一方……《異質》の概念はむしろ永続性を得るという矛盾について。そこで重要になってくるのは、私的なもの、個人の秘密の尊重だ。望まれるのは一律な社会ではなく、個々人の結合としての社会である。個とは君主ばかりのものではない。君主は自分を完璧な法そのものとみなしたがる――錯覚とはいえ根拠もある――かもしれないが。むしろ人々の《弱さ》、

《臆病さ》[9]こそ人間の個を表すものだった。本来あいいれない個。それを前提とした融和の権利が認められた時にのみ、人々は世界国家の法に服するだろう。国家、社会に加えて私という領域が法的に無視しえぬものとなるのだ（近年における遺伝学上の倫理論争も結局は同じような問題かもしれない）。と同時に、国家権力は、法によって抑えこまれている上にますます絶対性を失ってゆく、経済、及び経済の舵取りに手をとられて。その結果、国は本来に戻って社会と個の領域にふり分けられることになる。国家的《偶像》や《英雄》は存在しなくなるだろう、今日でも悲しみのあまり、あるいは聖なるものに憧れて、そういったものを求める人々はあるにしても。さらには国制に関する新しい構想が生まれるだろう、組織、階層の多様化（国、社会、個人）によって本来あいいれないものを調和させようという試みが。モンテスキューのコスモポリタニズムは、政治を可能な限り自由な場としたいという彼の思いの産物だったのである。彼の《現代性》、それは単一社会を斥け、多様性の連帯を提唱したことにあった。

外人——思想家の分身

こうなるとルネサンスが考えだした《善き野蛮人》というものも変化せざるをえない。今や、外人とは風変りな上になかなか鋭いところもある者、いってみれば国民の分身と化す。個人的な欠点のみならず、風習や社会制度の欠陥をあばきだす存在というわけだ。モンテスキューの『ペルシャ人の手紙』（一七二一）、ヴォルテールの『ザディグ』（一七四七）及び『カンディード』（一七五九）と、とくに有名なものをひろってみても、これら思想小説に登場するのは外人で、読者を二重の旅へと招くのだ。祖国を離れ、外国の気候風土、ものの考え方感じ方、制度等々にふれる楽しさ、面白さ。だがそんな体験の目的は、とりわけ自国に戻り自分にかえって、自分たちの限界、自分たちの変てこさ、自分たちの硬直した考え方や制度を批判し笑ってやることにある。外人は、思想家の明敏かつアイロニカルな精神を託され、彼の分身、彼の黒衣となる。思想、社会の変化を促進する力を活発化するためには、我々は自分自身に対して距離を置く必要がある。外人とはその距離に与えられた姿だ。

《私》と《異者》の擁護を《イディオティスム》（独自の語法）――それはある文明が自らを知り自らを超えようとする時常に必要とされるものだ――にまでおしすすめること。ドニ・ディドロ（一七一三―一七八四）がやったことは今日なお我々を圧倒している。ディドロ以前の十八世紀の文人たちは、外国を題材にして国内批判を行ったが、ディドロの『ラモーの甥』（一七六二年作。刊行はドイツ語版一八〇五年、フランス語版一八二一年）はこれを受けつつ、異質なものによってひき起こされる困惑と魅惑を内面化させ、十八世紀の当世人の心の中に据えてやったのである。自らの変身願望、分析癖、知識欲をとことん追求せずにはいられぬ現代人といおうか、自分自身が外人のようなもの。いくつもの声を持ち、さっさと《善悪の彼岸》に行ってしまった奇妙な存在。

奇人、すね者にしてコスモポリタン

1　ラモーの甥、ディオゲネスと私の間にいる者

ラモーの甥。ディドロが《好き勝手な考えにふけっている》時、何やかやと口をだしてくるのがかの有名なラモーの甥だ。その話しっぷりときたらあけっぴろげで脈絡もなく、犬儒的、《メニッポスふう》で——、ひとかどの《奇人》、《変人》、ディドロは彼を軽くいなしながらも好きなだけしゃべらせてやるのだ。

この甥とは？ ディドロの敵か、それとも彼の黒衣か？ 敵なる他者か、それとも闇から姿を現した分身か？ これにはっきりした答えを出してしまっては、お芝居はおしまい、ディドロが、跳んだりはねたり、あの声この声を使って舞台に上らせてやった二人、哲学者–私対奇人–彼の対決はご破算だ、《とりとめもない考えごと》も。対立者にして共謀者、他人だが自分、それが彼と私。対立し、同意し、立場をいれかえてみたり（彼ときたら、厚かましくも藪から棒に美徳の話なんかをぶちあげる……）。ディドロの甥御氏は定位置につきたがらない——遊び心の権化というのか、じっとしているのは厭、人と手を組むのも御免、もっぱら人を挑発し、あっちやこっちへ飛び移り、ああ言ったかと思えばこう言ってみたり、人の意表をつくのが大好き、人に楯つくのも。良心も道徳も、意志も感情も一切合財否定するというわけだ。男になったり女になったり、否定、否定のそのまた否定をしてのける。ベルタン邸のあの場面。それまで食客となっていたベルタン邸から締め出される甥。それというのも彼が《仲間でない》とわかったからだとか。しかし彼が仲間でなく、変人奇人であればこそ、その変奇ぶりで退屈な有徳人種を笑わせてやれるというもの、彼らから食事に呼んでいただけるのも奇人ゆえ！ 奇人であると自分でもわかっている彼。(10) そして奇人としての自覚を求める彼。自分に対して——私の傷つけられた個人の尊厳をこれによって回復するため[11]——、また社会に対して——これによって《他の人々》が彼の他者性を否定せんがため。とはいいながら御本人は《他の人々》とは違っていたいのだ、あの連中は下劣な同意でまとまっているだけの変態集団ではないか、というわけ[12]。彼は自分の奇人ぶりを世に必要なものと考え[13]、既成価値を否定するだけにとどまらず、ぴりりとした言葉やパントマイムで奇人を演じつくすのだ。《自分一人きりでやる拍手を誤解されて笑われるなんてたまったものじゃないから、こっちから皮肉をとばしてやったのさ[14]》。

ぴりりとした言葉だって？　甥御殿、この時ばかりは《当り前のこと》を述べただけだった。ベルタン邸であの日上座を与えられた坊様に向かって、彼はこう言ったのだ、今日のところはよろしいでしょう、でも日ごと、一つまた一つと下座に移されますよと。これはまた何という率直さ。でたらめなおしゃべりも裏を返せばこのとおり、嘘っぱちを並べた分だけ正しいことも言うのだ。このような否定の鎖（真実／語られない／嘘の流布／真実の復権）をつなぎながら、甥は自分の使う言葉が解放の手段になるか試してゆく。ぶつかりあいの衝撃、快感、笑いの中の真実。一方、邸の主人とフス嬢は、このような異化作用ができず、さめつけたり憤慨したりするのだ。結局、ぴりりとした言葉がきくのは、運動状態にある意識にとってのみである。自分自身に対して他者となる意識、それは同一者を通して別の意味を生み、同時に固定的な意味の対極をなし、快楽の激発をもたらす。

パントマイムの方は？　甥は話題にしている人物の身ぶりを真似ながら、自分自身の感情もおりまぜていく。ぎくしゃくと発作におそわれたような手ぶり足つきであっちやこっちを演じわけるのだ。落ちつきはらって定見を開陳することをせず、ばたばたとめまぐるしく態度を変えてゆく。一同のコンセンサスとは無縁な彼は、まず自分を多くの登場人物に細分化してマイムを演じ、それから自分の声の抑揚も強弱もさまざまに変化させ、ついにはディドロの文章の構文自体にまぎれこんで一つになる。奇妙なパントマイムをまとめにかかるのは、尻切れとんぼを並べた文章。《おかしかったのは、私がこんなふうに話している間、彼がそれに合わせてパントマイムを演じていたこと。ひれ伏したり、地べたに顔をこすりつけたり、両手で上ばきの先をつかまえる様子をしたり。彼は泣いた。しゃくりあげた。そして言うのだった、「本当です、女王さま、本当にお約束します、一生涯、決して常識など持ちは致しませぬ」と。それから急に立ち上り……(15)》。それに彼の声。《彼は、悲劇的、喜劇的、ありとあらゆる性格のフランス語やイタリア語のふしを、次々とごたまぜにして三十ばかりも歌ったのである。バスバリトンで地獄の底まで降りて行ったかと思えば、声を張り上げ裏声を真似て高音部をびりびりとふるわせ、歩き方から物腰、身ぶりまでそっくりに歌っている人物を演じてゆく。怒り狂ったかと思えば温和になり、居丈高になったり人を小馬鹿にしてみたり。泣きじゃくる乙女になってなよなよとしなを作ってみせる。お次は坊主だ、王様だ、暴君だというわけで、おどしをかけたり命令を下したり逆上したり。奴隷になってぺこぺこしたり(16)》。

対立要素の連結、同一要素の分断。それはディドロの文章にも及び、主体は何処へ行っちゃったのか、多声を持つ歌い手が出しゃばって、あるのは歌い手の身体の、客体《モノ》‐断片ばかり。そのばらばらの断片が物語に充満し、物語のかわりに演技する身体がちらちら見えるというわけだ。《彼「こいつ、言うことをききたくないだと。ようしきかせてやるぞ、きっとだ」。こう言いざま、彼は右手で左手の指と手首をつかんだ。そしてそれを上にそらせ、下におりまげるのだ。指先が腕にふれ、関節がぽきぽき鳴った。私は関節の骨が外れやしないかとはらはらし通しだった[17]》。

作戦としての奇人の演技、考えてやっているのだがどこまで行くかわからず、本能的にふるまいながら意識はしっかりしている[18]。これには系統学、生物学、社会学が付随していた。

系統学。これは甥本人が明らかにしている。ディオゲネスの権威をかさに諷刺を開始し、終るときも再びこのギリシアの犬儒哲人にふれているのだから[19]。彼がかかげた名はカエサルでもマルクス・アウレリウスでもソクラテスでもなかった。《カトーになる》つもりもない彼。《いや、ディオゲネスとフリュネの間の方が私には居心地がよいでしょうよ。私の厚かましさはディオゲネスとどんとん、それに娼婦どもの所へもほいほい出かけてまいります》。《大した犬でして[20]》とも言う彼、犬儒派の象徴たる生き物に自分をたとえて。シノペのディオゲネス（前四一三―前三二七）、奇人、犬-人、すぐにかみつく男。アレクサンダー大王なんか屁とも思わない、甥がラモーなんか何とも思わないように。ディオゲネスは住処である樽の前で誰かを待ち、待ちくたびれて樽に入る。後世は犬儒派から辛辣な語法を受け継ぐ、彼らの逆説論法を。彼らはこれを用いて相手の主張を受け入れ、あい反する立場をかわりばんこに支持する。悪徳だろうが慣習だろうが関係ないという態度も犬儒派から学んだもの。自然のまま、放任がよしとされ、わけもなくつっかかるのも許される。気狂いとは言わぬまでもまともではない者、理性の対極を示す者、それが犬儒者。世の常から外れた本人の信用はがた落ち、そのかわり世間は彼をとおして口にはだせない自分たちの異常さと向きあうことになる。人間の純粋性という神秘を追求する高尚な犬儒主義に加えて低級な犬儒主義があるということ。そして後者は——前者に到達すべく、しかし手段にのめりこんで目的を忘れるとはよくあることではないか？）——疎外され降格された人間を見世物にするのだ。ディドロは『百科全書』の《Cynique》の項を書いたが、例としてディオゲネスを度々とりあげている[21]。しかし甥はディオゲネスそのままではない。甥のシニスムは《厚かましさ》といおうか。それはディオゲネスが最終的に選択した哲学的高みを愚弄するもので、古代哲学者たちの徳はどこへやら、あるのは熱狂、追従、安直、それに物質的安楽。甥は犬儒派にかみつく犬儒者だ。彼は彼らの論法をぎりぎりのところまで試してみる。精神のアイデンティティを持とうとしないのだ、それが犬儒派のアイデンティティであろうとも。この点で甥は犬儒派の別の人物により近いかもしれない。諷刺詩という新しい文学ジャンルを生んだ男——ガダラのメニッポスに。彼は悪どい高利貸しで最後は首をくくって死んだ。ディドロは《Cynique》の項目で彼についてもふれている。《メニッポスは〔……〕古代犬儒派の最後を飾る一人で、彼の功績は、その行為や思想にではなく、彼の名を冠した文学形式にある》。バフチンによれば、彼こそは西洋小説の源となった対話形式、多声的修辞法の考案者だという[22]。自然のままの人間が持つゆがんだ情念を道徳に従属させえたディオゲネス。甥そしてディドロにそんな大それたことはできない。彼らはそのような苦行はルソーにお任せして、犬儒主義からいただけるところだけを頂戴する。言葉の遊び、論理の暴力、破壊しつつ追求の手をゆるめない論理、論理自体の消滅をみるまでに。甥のパントマイムを導くのはひたすらメニッポスの論法であって、ディオゲネスの徳ではない。そして、この時ほどディドロが思いきったやり方で表明したことはなかったのである、今や道徳とは言葉でしかありえないと。徹底的な異化が進む、どこまでも果てしなく。

表面的なアイデンティティ——人間としての、論理上の——をこんなふうにはぎとること。これについては当時の生物学も一役かっていた。例の変人奇人、ただしあけっぴろげな男——ディドロのこの諷刺作品にみられるのは《あけっぴろげさ》であって、《真理》の堂々たる称揚ではない——は多声的な言辞を弄するが、当時の医学者によれば、それは神経組織の痙攣ひきつけがひきおこす症状で、ディドロも同意見だった。その頃医学界は至るところ痙攣でもちきりだった、アルブレヒト・フォン・ハラーからウィットまで、ウィリアム・カレン及びジョン・ブラウンからカーウ・ベルハーヴまで、そしてルイ・ド・ラカーズ、ボルドウ、フーケ、ムニュレ・ド・シャンボー（彼は『百科全書』の《痙攣》の項を担当している）といったフランス人医師たち[23]。ディドロもその『生理学要項』においてこれに非常な関心を示している。あらゆる感覚は《組織の痙攣》と関係があるとまで考えていたらしい[24]。実際、甥のパントマイムが絶高潮に至ると、彼の身体はぎくしゃく、ぴくぴく、がくがく、それらが一つの《言語》をなして彼の《考え》、感覚に直結した思想を暴きだすのだった。すでにみたとおり彼の異常性はその語法（すなわち文化的なもの）にあったが、それは神経的（生理的）なものでもあったといえよう。《医者は病人を看、哲学者は夢を見る。両者の間に違いはない[25]》、どちらも変ったものを探索するのだから。

政治ともひそかにつながるものだった。神経に異常をきたした者、修辞学者たる甥。同じ場所、同じ党派、同じ国にとどまっていられるはずがない者。最初から彼は嘆いて——つまり称讃して——いた、ジュネーヴの人々は《市民の何たるかを知らぬ[26]》と。そしてあんなふうにこそなりたいと思うのだ、ただしこれは特別のお手本、一般大衆は真似してはならぬが、と。公民権はいらぬというなら何処でやっているのだろう、我らが痙攣するクラヴサンひきの演ずる途方もないパントマイムは？ 彼《まわりをぐるりと見渡します。それからおもむろに自分のポーズをとるんですよ。でなければ他の連中のポーズを見て楽しんだり[27]》。とるポーズはその場かぎり、いくらでも変る――ポーズとはふりをするもの、故に偽りの姿。常に移動中の身、定着もせず。新奇なる者、古巣から遠ざかる、根なし草なり土地もなく、旅から旅へ異人となって。《普通に歩いているのは国中で一人しかいません。主権者（王）ですよ。他は皆ポーズしているだけ》。奇人ラモーはもちろん主権者（王）ではない。だがこの対話が行われていた時、王はまだ王だったろうか？ 《人は祖国を持つ、善き王をいただいて。悪しき王ならば祖国はない》とヴォルテールは言った[28]。多くの場合、私は結局彼の理屈を全面的に支持し、時には彼の先を越しさえするが、その私によれば、国王といえども愛妾や神の前ではポーズするものなのである《誰でも、他人を必要とする者は貧者であり、ポーズをとる[29]》。となれば、国王さえも存在しないのだろうか？ 国王がないとなれば国もないわけで？ 何一つ絶対的なものがないなら、何一つ成り立たないのか、君主体制をはじめとして？ 身体をひきつらせマイムを演ずる奇人。彼はいわば弱体化した国家の住人、変化しつつある政治体制そのものの社会学的な兆候だ。彼は風変りさをイディオティスム、特有語法にまでおしすすめようとするが（《古いものほど特有語法も多くなりますし、悪い時世であればまたまた増えるというものです[30]》）、それというのも、政治体制が危うくなり、国家権力及び個人の象徴的アイデンティティがぐらつきだしたからではないだろうか？　哲学者たる私は、人間の変りやすさを普遍的なものと考える。他人に依存する限り誰でも不安定な存在だと。甥の方はずっと実際家なので言わずにはいられないのだ、君主は国が成り立つべくまともに歩くべきだと。さもないと――私は君主も依存者たりうると言ったのだが――身を置く国もなくなってしまうだろう。国家権力から解放された存在、ポーズをとる人間とは、国なき人間の意でもある。勝手放題の奇人、それは政治的には現代人の無国籍性を明らかにする。パントマイムでやってみせるポーズのあれこれ、上演を続けようと思えば国を横切り、不安定な国々の境界を越えて行くより仕方あるまい。その先にはコスモポリタニズムがある。

2　フージュレ・ド・モンブロン、《心臓に毛の生えた》コスモポリタン

かくして国の枠を越えた《ルンペン-インテリ》階級が出現する。幻影にすぎない国、崩壊した国に対する所属を拒否した者が。（《pays》―〔フランス語。国、地方、祖国〕……は pagus―〔ラテン語。地方、地区、村、……〕からきている。《paysan》〔フランス語、農民〕《paiyen》―〔同、異教徒〕も語源は同じ）。《コスモポリタン》には何か挑戦的な響きがある、人を愚弄するとまではいわないが、『百科全書』のジョクールの解説によると《cosmopolitain》、《cosmopolite》は、からかい半分に、《定住所を持たぬ者》、逆に《何処へ行っても他所者でない者》を指すことがあるという。この定義は、一七二一年の『トレヴー辞典』における定義をそのまま引き継いだものだ。《コスモポリタン》とは、《定住所を持たぬ者、すなわち何処に行っても他所者たりえぬ者である》（同辞典）。書物の題名としては、一七五〇年、『コスモポリタン、すなわち世界市民』が最初である。著者はフージュ

レ・ド・モンブロン。[31]

何者か？ ディドロはオペラ座で彼に会っている。

《当時、我々はまだペルゴレージを知らなかった。リュリが我々の崇拝の的だった。すっかり良い気分になった私は、隣りに居たモンブロンの腕をつかんで言った、

――ああ、あなた、何て美しいんでしょう。

黄ばんだ肌、まっ黒でふさふさした眉毛、険のある暗い目つき。彼はこう答えた、

――別に。

――別に、ですって？

――そうさ。心臓に毛が生えているんでね……

私はぞくっとした。そして二本足の虎から逃げだした……[32]》。

ディドロに向かって、《心臓に毛が生えている[33]》と自己紹介した男。『ラモーの甥』が、このコスモポリタンから想を得たのではないかとはよく指摘されるところである。

『世界市民』は過激な作品だ。国という国を茶化してまわる（イギリス人からトルコ人まで。スペイン人、イタリア人、むろんフランス人もだ）、その上、宗教という宗教を。当時の偽善に対抗して憎悪や自分勝手を奨励するのだ。文章のきわどさ軽妙さも大したもの。パントマイムこそやらないが――この点が『ラモーの甥』との本質的な違い――、モンブロンの信条は甥の信条と変りがない。《誓って申

そう、我こそはこれっぽっちの価値もない男。他の連中と違うといえば、自分をあけっぴろげてみせる元気があること也》、《流浪の民に混って孤立した者》。フージュレは、当時の新ストア哲学の精神をうけて、キケロの言葉《何処であろうと自分にとってよいところは自分の祖国である》《Patria est ubicumque est bene》,(Tusculanes, V.)を自分の銘とした。しかし彼はローマ的コスモポリタニズムは無効だとし、どの国にもさまざまな欠陥があるからすぐ旅に出たくなってしまうと述べる。フージュレのコスモポリタンは、鋭く、とげとげしく、憎しみにみちている。性格なのか、言葉の上でだけなのか――両方にちがいない――、この攻撃的人物は、国境を破壊し、国家の神聖をこなごなにうち砕く正真正銘のダイナマイトだ。『世界人』を読む者は、その病的な過激さにたじたじとなる。しかし、再度読み返すと、十七世紀の人間、そして十八世紀の啓蒙主義者でさえも、昔々からの、一見無害この上もないが如き習慣、すなわち国家という《部族》への所属から自由になるためには、たび重なる暴力と過激な偶像破壊が必要だったのだろうと少なくとも納得はしたい気持になる。一七四八年十一月、出獄したフージュレはこう述べている。《世界とは一冊の本のようなもの。自国しか知らぬとは最初の一頁しか読まないに等しい。私は何頁も読んでみたが、どれもこれもひどいものだった。しかし実りがなかったわけではない。私は祖国を憎んでいたが、方々の国でいやというほどひどい体験をつんだおかげで祖国と和解できたのだから。たび重なる旅から得た利益がそれだけだったとしても、かかった費用も身体の疲れも後悔しないだろう[34]》。バイロンは、この言葉の冒頭部分を『チャイルド・ハロルド』の銘句に採用した。しかし、改悛したコスモポリタンの《愛国主義》は見せかけだけ。確かに、自省、自責があり、そこから自国礼賛をひきだすことになったのはまちがいない。だが、断じて愛国精神にはならなかった。皮肉屋で、《毛が生えた心臓》を持っているなどとほざく否定論者が何かを信奉するわけがあろうか、それが国、領土などであっても。すべての国を軽蔑した果てのコスモポリタン、フージュレ。どの国に属することもいさぎよしとしない者。[35] 彼は言う、《私の想像力は気ままな旅人、とてもとても、秩序だった方法などとは両立できぬ》[36]、《私の精神は好き勝手に動いて規則法則など何にも。リスさながら、枝から枝へ飛びまわり、一つのところには少しもじっとしていない》[37]。まるで甥のせりふではないか。一カ所に定住できず、苦い笑いしか持たぬこのコスモポリタンを支配していたのは、主観的相対主義、他人及び自分への憎しみ、空虚感、虚偽の意識だった[38]。

フージュレの攻撃的コスモポリタニズムはもちろん戯画であるが、これが、コスモポリタニズムの主観性に伴う暴力と異常を明らかにしてみせたのもまちがいない。哲学的叡知によって国境を超越し静謐にいたるどころか、無理やり根をひき抜いてアイデンティティをつかめなくするのだから。自分の所属する社会の中ですら自分がわからなくなってしまう。他者への愛と憎しみにずたずたになった自己愛、その自己愛にゆさぶられる外人のドラマ。これを語るフージュレの諷刺のきいた桁はずれの作品は、一足とびに思い出させるのだ、ゼノンの『共和国』やメニッポスのシニスムを。赤裸々という以上に粗暴で常軌を逸したフージュレの思想。ディドロはこれを、同じく気ままではあるが、衝動に適切な型を与える技（パントマイム）を伴った語法に変えた。さすがである。フージュレの有頂天にディドロは添えてやったのだ——対立させたのではなく……、——文化を。しかし、フージュレの文章も明快で味のあるものだった。それはそろそろ寿命がきているにせよ、依然、慨嘆と侮蔑の一資料であることに変りはない。これを評価し、採用した名のある読者たちには、バイロンをはじめとして、レッシング、ヴォルテール、ゴールドスミス(39)、そしてスターンがいた(40)。

《コスモポリタン》が軽蔑の意で用いられることについてはフージュレのような挑発的な言動も一因をなしているが、一方ではお国大事の精神も働いていた。一七六二年のアカデミーの辞書、《cosmopolite》の項には、《祖国を受け入れない者は良き国民とはいえぬ》とある。似たような意見から代表としてルソーの言葉をあげておこう。《国土も狭く、団結も固い小国は、大国と距離を置く。国を愛する者は、皆外国人に対して厳しい。只の人間でこれという存在ではないというわけだ。これは仕方ないことでやむをえない。大切なのは一緒に生活している人々に対して親切にすることだ〔……〕。身近な者への義務はなおざりにして、そのかわりどこか遠いところで何かしてやろうなどというコスモポリタンの物書きたちには用心するがよい(41)》。

しかし、モンテスキューは――すでにみたとおり――シャフツベリともどもコスモポリタニズムに積極的な意義を認めていた。当時は名高いコスモポリタンたちも多かったのである。シャルル・ピノ・デュクロ〔作家、一七〇四―一七七二〕(『現代風俗考』一七五一)、リーニュ公〔オーストリアの将軍、一七三五―一八一四。フランス語の著作多数〕、グリム〔ドイツの文人、一七二三―一八〇七。『文学通信』を発行して外国諸公にパリ情報を提供〕、ガリアニ〔イタリアの外交官、一七二八―一七八七〕、ボヌヴァル〔フランス人将軍。オーストリア軍、トルコ軍に勤務、イスラム教に改宗〕、カサノヴァ〔ヴェネツィア生まれ。一七二五―一七九八。『回想録』〕、カラチオロ〔フェルディナンド四世の外務長官、一七一五―一七八九〕。《祖国は愛さねばならぬ、しかし片寄った思い入れでこれを語るのは笑うべきことである、自分の妻や、自分の生まれ、財産を自慢するような具合に。

虚栄心とはいかなる場合でもまことに愚かしいものである！》[42]。《祖国のためになってもヨーロッパのためにならぬこと、ヨーロッパのためになっても人類のためにならぬことであれば、私はそれを罪とみなそう》[43]。

裏には怒り、表には寛容。それがフージュレからモンテスキューまでのコスモポリタニズムだった。それはもはや途方もない考えとしか見えず、その実現は夢としか思われなかった。しかし、いくら途方もない考えであっても、人類はこれに頼らざるをえないのである。自らの限界を自覚し、その限界を社会的絆と諸々の制度を作りつつのり越えようと願う人類であるからには。

3　ヘーゲルにおける『ラモーの甥』――異化作用としての文化

ヘーゲルによれば、精神の世界は弁証法的に自らを外化してゆくが[44]、この時二つの部分があい対することになるという。現実と純粋意識。《しかし、この世界における存在も自意識もこのような弁証法的運動に左右されるが、自意識はこれによって自らの個を外化し、自ら世界を作り、これをあたかも外界の如くに扱い、次いでこれを我がものとするべく努める》[45]。この運動をヘーゲルは文化（Bildung 形成）――政治的、経済的、知的……――であるとした。すなわち自然状態の外化である。これによって思考は現実となり、また逆に限定された個は本質的なものに移行する（ジャン・イポリットによれば、個人は普遍的存在になり、普遍的なものは現実性を得るの意）。

ここでは、錯綜したヘーゲルの論理に立ち入るわけにはゆかないが、それは十七、十八世紀のフランス文化、そしてその頂点としての啓蒙主義思想を念頭に置くものだった。文化とは個人の外化をすすめて普遍に至ることでありその逆も成り立つというヘーゲルの説は『ラモーの甥』を使って展開される。この作品には三つの面で異化が認められるというのだ。

――個とはこれを捨てて普遍に至らぬ限り確固たるものにはならない。哲学者私の役はこのために必要だった。このような行程をたどらなければ、いたずらに《個性の主張》、《ただ当人であるというだけのこと》にとどまり、《そんな者》、つまらぬ奴（espèce）ということになってしまう。ヘーゲルは、『ラモーの甥』の中で彼が言った言葉をそのままフランス語で引用している。《あらゆる名のうちで一番ご免こうむりたいもの、凡庸さを意味し、これ以上の軽蔑は表しようもないというしろもの[46]》。

――同じく甥の行状、とくにベルタン邸での場面をとりあげてヘーゲルはそこに主人と客の間に格下げの論理が働いているとし、さらにフランス絶対君主制は一つの外化現象であるとする[47]。国家権力は外化されて一個人、一つの名、《ルイ》に移されたというのだ（《[……]国家は高貴な意識の低下によって自己疎外する普遍性[……]、空しい名と化す[48]》）。その結果、《追従という見上げた行為》がなされる。言葉もまた実体のない力を確保すべく、見かけだけのものに化すというわけだ。真の力は実体によってこそ得られるものなのに。宮廷文化という歴史事実における異化現象。宮廷文化とは、見せかけ、偽善、体裁にすぎない。逆に、甥の奇人ぶりは率直さによってこれに対抗しようというものだった。

――最後は《分裂作用としての言語》。文化面の異化作用の主要形態である。隠された矛盾など知らぬという自我、そんな自我の《やましさを知らぬ意識》がもたらす硬直化。言語はこれをつき崩す。

《上品》と《下品》の柵をとりはらい、内面の闇を豊かに照らし、《拒否する自己を拒否しつつ》[49]反逆をつづけ、ありのままの自分、おべっか使いの自分、下卑た自分を見つめ、要するに常に自分をひっくりかえしてやろうとするのだ。言語こそは《自己認識の本質》をなし、それがゆくところまでいったのがラモーの甥のおしゃべり、あの《絶対的普遍的異常》だった。しかしこれこそが《純粋文化》[50]というもの、《意識の分裂とは、異常、とくに絶対的異常を意識することである》[51]。

ヘーゲルによれば甥の場合は《本人もわかっている混乱》[52]、《自他を一様に欺すこと》であり、《これを厚かましくも見せつける》[53]ことで《最高の真実》となるという。何とまあヘーゲルは甥流のシニカルな多声文明論に忠実なことか[54]。ヘーゲルは甥を哲学者たる私より上に置く。私にあるのは《真、善に対する単純な意識》にすぎず、私は《無口》、《抽象的なだけ》、《才気溢れる話の内容を型どおりに要約する》のがせいぜいだと[55]。しかし、ヘーゲルはこのような文化の異変を高く評価しつつも、それはやはり《異常》であると考えた。そこには言葉のきらめきはもちろんのこと、精神のきらめきもみられるが、やはりのり越えらるべきものであろうと。ディドロを精読したヘーゲルだったが、彼の多声論は、彼の三段論法に敗れ去ったのである。〈文化〉の世界は〈道徳〉の世界によって越えられその上には〈宗教〉と〈絶対精神〉があるというのだ。そして〈絶対精神〉のみが文化の倒錯した言語が頼りとするただの《お芝居》を思考にかえうるだろう[56]。結局、ヘーゲルの〈文化〉とは、分離と本質的な疎外を伴い、分解、対立を分裂の論理にまとめてゆくものといえるが、しかしこの論理も《すべてを不毛な自我に還元しつつ》判断を下すのみで、思想の本体を把握するには至らないというのであった。

文化はフランスに？

道徳、宗教による同化作用に対立するものとしての文化による異化作用。これをめぐって述べるべきことは多いが、小説や物語、それが姿をかえたものともいうべき今日のマスメディアにおけるこの問題についてふれておきたい。人間存在の対立要素を隠さず、超越もせず、結論を求めもせずにぶつからせるのが異常行動だ。それはまさしく十八世紀フランスの多声的小説世界をなすものだった。それは十九世紀の宗教的な大作にもひそかに引き継がれてゆく。ドストエフスキーにおける対話文がよい例だ。信心家の美徳をこなごなにしてしまう愚者のおしゃべり。

これまで、フランスはとりわけ文化――ヘーゲル的《異常》――の地ではなかっただろうか。フランスは自らを文化と同一視してきたのではないだろうか。文化をヘーゲル的に定義するならばそれはフランス文化のことになるのではないか。事実、フランスほど政治権力が――弱体化した専制主義の延長線上にあってすっかり形骸化しているかの如く――信用されていない国はない。人々は習慣から政治参加をし、政治を支えこれに従いもするが、何かといえば弾劾（impeachments）を叫ぶアングロ－サクソン系諸国の政治権力が有する道徳的権威も、全体主義諸国にあるような絶対的権力もないのがフランスの政治なのだ。加うるにマスコミというものがあって――他国でも事情は同じだろうが、フランスほど不敬な国はあるまい――政治を玩具にし、プラス、マイナスのカードをまぜたり切ったり、パントマイムの上手下手によってあっちを勝たせ、こっちを勝たせという具合、まるでラモーの甥の二番煎じを演じているような。善は悪、悪は善、いっしょくたになっている……。

共存、見せかけの対立。このような状況にあっては、《本来の外人》という重い役も中和されてしまう。事実、文化（前述の意味での）によって人は皆、一つの価値に対して其の反対の価値を考慮せざるをえなくなる。こちら側にはあちら側、自には他を。諸価値の転倒、自らの可逆性を意識してゆれ動く文化の規範。こうなれば人は単一価値としての外人の役を自分のものだといって良い気になってはいられなくなる、肯定的な意味での外人（部族内の者には見えなかったものを見せてくれる存在）にせよ、否定的な意味（合意を乱す侵入者）でにせよ。外れ者としての自分を後生大事にしている大真面目なロマンチストやテロリストなど、このようなちらちらする多型文化の中では分解してしまう、そこでは誰も彼もが、自分を他人とも部外者とも感じているのだから。それならば外人がいなくなるかといえばそうでもない。多型文化の社会では同類と部外者の垣根はとり払われ境界線はなくなるが、同時に自分自身までが溶け流れてゆく。その結果、他人を拒否することで自分《自身》、自分の《アイデンティティ》をたて直そうという連中——経済的、精神的な失望感から——の強引なやり方に文化が抗しきれなくなる場合も起る。誠に残念ではあるが。しかし、他国ではともかくフランスの場合、そのようなやり方は文化への裏切り、精神の喪失と断ぜられるだろう。文化の力が忘れられそうになった時期も度々あったが、人々は文化に賭け、フランスを保護区として存在させたいと願うのだ。受け入れ《ホーム》としてではなく、冒険の地として。外人の中には、外人としてフランス文化の渦中に埋没したいと望む者がある。彼らの狙いはそこで生まれかわって新たなアイデンティティを獲得することではない。生まれかわってこの謎にみちた空間を人間として生きようというのだ。所属を離れず、しかも所属を越えて生きること、それもまた自由の別名。フランス語では文化ともいう。

人間と市民の権利

一七八九年八月二十日―二十六日の国民議会によって「人間と市民の権利宣言」(「人権宣言」)が発布された。二世紀を経た今日でも地球上の全人類にとって自由の試金石としてこれを超えるものはない。簡潔、明快なこの宣言文は高い評価を与えられてきた。わずか数頁の文章で、自由の濫用、脅威を予測し歯止めをかける一方、理にかなった自由の行使を保証しているのである。署名者は、議長ムーニェ、以下事務局員、デムーニェ、ミラボー子爵、ビュロー・ド・ピュシー、フェーデル、ナンシー司教、デマール神父。啓蒙思想、啓蒙思想家たちの人間観(自然的人間、政治的人間)を受けついだ人々の手になる「宣言」条文は、《人間の有する譲渡不可能にして神聖な自然権》を《社会機構》の外にあるものとは考えず、逆に、社会の全成員に《彼らの権利と彼らの義務》を提示していた。「人権宣言」は現存の政治制度を念頭におきながらこれを変革して《単純にして異論の余地なき原則》を尊重する社会を作ることをめざしていた。「人権宣言」は、啓蒙主義が考え尊重するに至った普遍的人間という理念に基づき、普遍的な概念――《人間》――、ついで人間の諸々の権利を守るべき《政治的結合》、さらに《欠くべからざる政治的結合》つまり……国家へと論を移してゆく。では読んでみよう(傍点は筆者)。

第一条——人間は自由にして平等な権利を有するものとして生まれ、生きる。社会的区別は、共同の利益に基づいてのみ設けることができる。

第二条——あらゆる政治的結合の目的は、人間が有する絶対に取り消し不可能な諸々の自然権を保護することにある。これらの権利とは自由、所有、安全、および圧政への抵抗である。

第三条——すべて主権の根源は本質的に国民に存する。いかなる団体、いかなる個人も、国民の明確な意志によらぬ権限を行使しえない。

つまり、人間とは政治的な存在で、国民という資格にこそ人間の主権は端的に表れているというのだ。主権を好き勝手に操りたい者——独裁君主にせよ社会的集団にせよ——にとっては何たる屈辱だろう！国家社会に対する各人の平等が法的に言明されたのである。まことに大胆かつ寛大なことで、見事というほかない。「宣言」は、単なる自然的平等主義を唱えたものではなかった。それは平等というものを《政治》と《自然》からなる人間の制度の枠に組みこむ、すなわち国家の領分に。国家機構はすべての人々のために作動すべきであるとして。(57)

このような進歩的、民主主義的な精神は、「宣言」研究者を感動させる一方、疑問も抱かせるのだ。すべて人は自由で、権利において平等であるといっても、それは既成の国家内でのことではないか。自由、平等な人間とは、事実上国民を指す。「宣言」第一条冒頭では《人間》(homme)という言葉が使われていた。続く各条文で少しずつ慎重に人間とは社会的国家的存在であることが明らかにされてゆく。

そして第六条になると《人間》という言葉は《市民》(citoyen 国民)にとってかわられる。

第六条――法は一般意志の表明である。すべて市民は、個人としてあるいは代表者をとおして法の制定に参加する権利を持つ。法は、保護、処罰、いずれの場合においても万人に対して同一でなければならない。

起草者たちもやるではないか、権利とは義務でもあることが明らかにされる箇所に《市民》の語を登場させるとは。《参加》すること。義務と権利の相互関係によって人は国民として保護を受け、違反した場合は罰せられるだろう。国家、国民の総意、これもルソーにみられた考え方だったが、この条文で定着する。貧民、あらゆる階層の性別年齢もさまざまな労働者をもとりこんでの総意。これまでこれほど明快な民主主義はなかった、何者をも除外しないというのだから――但し外国人でない限り、……《自然的》人間、すなわち、政治的つまり国家的人間たること。その結果、西欧社会の経済的発展に伴い、国民-国家が形成されてゆき、十九、二十世紀には過激な国家主義が燃え上るだろう。「宣言」については、抽象的という非難――エドマンド・バークをはじめとして(58)――も少なくなかったが、ここに国民としての存在と普遍的自然的人間を区別しておこうという慎重さがみられたことは注目に価する。フランス人権宣言の場合、人権とは自然に基づくもので《自由》、《所有権》、《国民主権》を意味した。アメリカの「独立宣言」は神を掲げ、人権は《生命》、《自由》、《幸福》の名で語られている。平等を最大限要求しながら、《人間》／《市民》の二元論がでてくるとは残念なことだった。人間平等の基礎にあるこのような不明確、不決断――《神の》？《自然の》？――を批判することもできよう。しかし、現代史を生きて恐るべき体験を重ねてきた我々としては、ここにみられる倫理的政治的直感に感嘆するのみである。人間を政治的、国家的なものと捉える方向に歴史が流れていた時期に、国家的政治意識及びそれに基づく法に対し、妥協を許さぬ領域、譲れぬ一線を確保していたのだから。さて、《人間》と《市民》の二分化の長所については後述することにして、まずはその欠点を明らかにしておこう。

いかなる政治機構からも独立しているとされる人間（第一条）も、実際はいずれかの国民であった（第二条―第六条他）。人間を国民と一つにすることについては、のちの歴史によって疑問視されることになるだろう。これについてはハンナ・アレントも指摘したとおりである。自分たちを守るべき政府を持たぬ民はどうなるのか？（例えばナポレオンの遠征時のこと）。無国籍者は？（国家崩壊の犠牲となったロシア人やポーランド人、とりわけユダヤ人のこと）。主権国家の国民でない者たちをどう考えるべきか？　国民でない者は人間なのか、《人権》を持つ権利があるのか？

フランス革命の思想は全ヨーロッパに拡がり、人々の間に国民としての権利を求める声が高まったが、人間の普遍性への要求は高まらなかった。国家‐社会主義という怪物。それは《正常》な国家主義が経済発展の圧力をうけてねじまげられ病的に変形したものだろうか、それとも伝統的な国家主義の延長線にあるだけなのか。ハンナ・アレントは、それが思想や政治に生じさせた断絶を強調し、ナチスの犯罪行為は、少なくとも最初のうち国家というものを担保になされたと考えたが、これは当たっている。アレントによれば、人々は、前々から使用されよく知っているつもりの言葉に隠された人類に対する罪を見ぬけなかったのである。

諸国からなる単一世界、国民として組織された者のみが権利所有者となれる世界。極めつけの野蛮世界。《住所喪失》、それは《社会的基盤喪失》であり、基盤を作ろうにも作れないために事態はますます深刻化し、国民‐国家というシステムの内側から新たな野蛮状態を作っていく。現代世界――ナチズム及びナチズム以後の――には、主権国家の国民とは認められず、従っていかなる主権的共同体、結局は共同体そのものから外された人々が存在する。(59) 国家の要請がない限り《彼らを敢て抑圧しようという者もないが》、《彼らが何か考えても一顧だにされない(60)》。《人権を奪われるとは、何よりもまず社会内の場を奪われることだ。場があってこそ、意見も意義を生じ、行動も効力を発するのである(61)》。

悲痛な事実確認ではないか。しかし、続くハンナ・アレントの考察は反動的なものだ。アレントは、居住地を失った人々が自国再建にむけて国家意識を高めてゆくことに共感を示す一方、人権という理念自体に対しては暗に非難するのだ、《祖国なき者たち》を排斥した閉鎖的な国家主義に対して抗しきれなかったではないかと。《人間という素裸の抽象的存在など、世間は少しも有難いとは思ってくれなかった[……]。人間でしかない人間など、他人から仲間扱いしてもらえる諸要素をなくした存在というべきである(62)》。ハンナ・アレントは自分が批判していたバークの思想に内通してしまう。人権の《抽象性》を批判し、そのかわりに過去、そして《相続財産》を持ちだすのだから(バークはフランス革命の《抽象的》権利に対抗して、《イギリス人の権利》《祖先から受け継いだ譲渡不能の財産》をうちだす)、人間の根本を保証する超越的存在、神を。

十八世紀ユマニスムの精神は、その理念と実際に分けて考えられるだろう。人間という抽象概念と《自由》、《所有権》、《主権》を結びつけたのがその実際（「宣言」第一条〔第二、第三条〕）。今日ではすでに失効した内容だ。しかしその理念は依然生きていて、二つの方向を指している。一つはストア哲学及びキリスト教の伝統を受けて普遍性を求めること。この地上世界にあって、言語能力を有する人間に内在する普遍性を。一つは現実の政治にかかわりながらこれに完全には支配されないという現実適応の道。ゆれ動く現実社会に左右されない倫理的価値を確立すること。

人権の思想とは明智（Lumières）への信頼――ヘーゲルによれば恐怖政治の対極をなす――であった。すべての人々に与えられた尊厳の理念を貫くことによって――これを粉砕して新たな国家的、宗教的、私的地方主義に陥ることなく――人ははじめて実態改善を志すことができる。人間の実際を見ながら人間について知りえたことをもとにして。見えてくるのは、生命を重んじ手をつなごうとする姿、しかしそれのみではない。傷つけ痛めつけようとする衝動、死をよろこぶ心、別離、自己愛の快楽、社会構造のみか個々人の心身のアイデンティティまでも分解し押し流してゆくもの。社会は破壊の方向に進む。そして自然も、生物としての人間も、個人のアイデンティティも。個人、集団を問わずそれぞれの存在内部で起こっているこのような異化地獄を知った以上は、十八世紀的楽観論を持てようはずもない。しかし、十八世紀思想の根本はゆるがないだろう。言語能力を有する存在であることを本質的な事実とみなし、これを保持するならば、人間的尊厳の崩壊を正しくとらえ、これに対処し、あわよくばこれを変質させることができるかもしれない。ナチスが人間性を失ったのは、《人間》という観念に伴う《抽象性》故にではない（《人間でしかない存在の素裸の抽象性》）[63]。その反対だ。彼らは、人類という象徴的としか言いようのない崇高な抽象的理念を持たず、逆に地理的、国家的、思想的に特定なものへの帰属を要求したが、これによって彼らは蛮人と化し、帰属しない人々に対して蛮行の限りをつくしたのであった。彼らが人類という理念を捨てたのはそれが《抽象的》で無意味だと考えたからだろうか、それとも逆に、このいわゆる《抽象性》の中に象徴的な価値が存在していて、それが邪魔になったのだろうか。自分たちは他に優る国、人種、思想を持つ、故に他を支配併合するのだと考える者たちにとって、このような抽象性、象徴性は欲望を妨げるものだったのだろうか。ナチスの国家主義に別の国家主義で対抗するならば、知らずして同じ立場に立つことになろう。一方「宣言」は、《人間たること》（それが《自然的》なものか《象徴的》なものかは議論の別れるところであるが）と、《国民たること》を分けたことで、人間の尊厳が歴史を越えて守りぬかれねばならないことを明らかにしたのだった。尊厳の意味する内容については、十八世紀的な素朴な楽観主義にとどまることなく、より複合的なものに変えてゆく必要があろうが。その際、法制面だけに手を加えてこと足れりとするわけにはゆくまい。法のみならず、めざすところと象徴的価値も変らねばならない。倫理と精神分析学がかかわってくる。「宣言」は今後も動かし難いものとして残るであろう、しかし「宣言」の精神に――「宣言」文にではなく――忠実な人権確立をめざすならば、二つのことを忘れてはなるまい。

まず、非-国民に対する国民の権利義務に関して積極的に公正な法を整えてゆき、両者の立場を最良に保つこと。すでに先進諸国を結ぶ国際法があるが、法の整備は、対立や抗争を越えてさらに進められてゆくものと思われる。

次に（これと別にではなく、これと並行して）倫理の確立が求められる。それには教育と精神分析の助けが必要だろう。その結果、人間の尊厳についての新しい理念が登場し、議論され主張されるだろうが、それはこれまでのユマニストたちが幸せな気持で考えたようなものではなく、言葉を持つ存在たる我々の離反や悲劇や難局を背負ったものとなるはずだ。自主独立を好む傾向、個としての価値を求めたがること、他者への攻撃心、集団への同化あるいは集団の拒否、こういったものが人間の尊厳に含まれることになるはずだ、人間の尊厳に内在する異質な存在を認めるならば。異質なものが社会的なひずみを生んでもこれを変えてゆくことはできる——多極的でしなやかな社会、国家や国家宗教の中に閉じこもらず、かといってそれらを否定しつくこともない社会をめざす過程で。諸国混交のためには、それぞれの国における政治制度、社会機構の自由化が必要だ——競争から自主管理へ、《異者》とのかかわりにおいて《固有なもの》を尊重すること。このような調整の試みこそ、国民－国家の内的コスモポリタニズムともいえるもので、民主主義社会がすぐにでも採用しうるものである。国家なき社会というユートピアを云々する前に、このような中間的な道を考えてみてはどうだろうか。

フランス革命期の外人

1　人みな同胞、そして国家主義の誕生

革命初期においては、モンテスキューやルソーの思想の一部を受け継ぐコスモポリタニズムの思潮が盛んで、それは政治面でも実際に政令や法的措置に生かされていった。一七九〇年四月三十日、穏健派の憲法制定議会委員タルジェは、フランスに五年以上居住し一応の財産を所有する外人はすべて帰化させることを提案する。この案は討論なしで採択され、前例をみない自由主義的な政令が発せられた[64]。すなわち、《フランス国外でフランス人以外の両親から生まれた者でも、フランス在住が五年を越え、以下の条件をみたしている場合は、すべてフランス人とみなされ、国民としての宣誓ののち、選挙権を持つ国民として国民の諸権利を行使しうるものとする。不動産の所有、あるいはフランス人女性との結婚、何らかの商業活動に携わっていること、何らかの文化団体の会員。規則違反に対する処罰もフランス人と同様とする》。一七九一年憲法は第二編第二条にこの条文をとりいれている。当時外国人たちは同国人同士別々の社会を作るか[65]、フランス人クラブに入るかしていた。例えばニコラ・ド・ボヌヴィルのクラブは、外国人組織のフリーメーソン支部と関係があった。彼はコスモポリタニズムに基づき、全世界の〈真理の友〉による連盟設立をめざし、国家制度の廃止と民主主義の採択による戦争絶滅をめざした。また、ベルギー人プロリはコスモポリタニズムを掲げて「コスモポリタン、歴史、政治、文芸ジャーナ

ル」紙（のちに「コスモポリタン、世界外交官」と名を変える）を刊行する。一七九　年十二月から一七九二年三月まで。彼は革命戦争を阻止しようとしたが、ついに開戦が宣言されるや国家への叛逆を疑われ姿を消す。

当初平和主義的であった議会は、一七九〇年五月二十日、以後いかなる征服も行わず、いかなる国民に対しても武力行使はしないと宣言していた。このような立場からすれば、国際的なエリートたちが革命の思想に賛同してくれるのは大歓迎だったのである。ヴァレンヌ〔国外逃亡をくわだてたルイ十六世が逮捕された町の名。「ヴァレンヌ事件」一七九一年六月二十日〜二日〕及びピルニッツ〔ドイツザクセン地方、ドレスデン市近郊の村。ここでドイツ皇帝レオポルト、プロシャ王フリードリッヒ・ヴィルヘルムがフランス革命反対の署名を行った。「ピルニッツ宣言」一七九一年八月二十五日〕以後、ジロンド党は革命派に敵対するヨーロッパ君主国側の団結に対抗すべく、政略的な切り札としてコスモポリタニズムをとり、人権思想が近隣諸国の人民に浸透し、各地で暴君に対する叛乱が起ることを望んだ。亡命者、政治的追放を受けた者には支援が与えられ、立法議会は外人部隊の編成を正式に認めるに至る。

このような政策は革命戦争前夜でも変らなかった。フランスが諸外国と戦う準備をしていた当時ほど外人が優遇されたことはなかったのである。(66) 一七九二年八月二十四日、マリー＝ジョゼフ・シェニエに率いられた文人の一団は、立法議会に対し、その作品によって《専制の基盤をつき崩し、自由への道をきり開いた》外国人作家たちを《フランス人民の朋友》として迎え入れるよう要求した。《これら人類の恩人》を議員にせよというわけだ。人類史上はじめて、名誉国民の法が可決され、人類のために力を尽くした者は人類の名においてフランス人と認められることになった。ラスルス、テュリオ、バジルの反対があったが、ガデの報告の後、八月二十六日、シェニエの案に基づき政令として発布された。それは《世界中で、人間理性を成熟に導き自由への道を開いた》外国人文人、学者にフランス国民の称号を授与するというものであった。フランスの《養子》にされた人々は例えば以下の如くである。ジョゼフ・プリーストリー〔イギリスの革命的思想家。一七三三―一八〇四。化学者としては酸素の発見者として知られる。アメリカ独立戦争、フランス革命を支持〕、トーマス・ペイン（後出）、ジェレミー・ベンサム〔イギリスの倫理学者、政治思想家、法律学家。一七四八―一八三二。最大多数の最大幸福を説く〕、ウィリアム・ウィルバーフォース（黒人擁護）〔イギリスの奴隷廃止論者、一七五九―一八三三〕、トーマス・クラークスン（奴隷制度反対）〔イギリスの奴隷廃止論者、一七六〇―一八四六〕、ジャック・マッキントシュ〔イギリスの下院議員、バークの革命観を論破〕、デヴィド・ウィリアムズ〔同じくバークを論破〕、ジュゼッペ・ゴラーニ〔イタリア人伯爵、百科全書派を支持。ミラボーと協力。一七四〇―一八一九〕、アナカルシス・クローツ（後出）、コルネーユ・パウフ〔オランダ人哲学者、政治家。アナカルシス・クローツの友人、一七三七―一七九九〕、ヨアヒム－ハインリッヒ・フォン・カンペ〔ドイツ人自由主義者、教育家、一七四六―一八一八〕、ペスタロッチ〔スイスの教育家、社会批評家、一七四六―一八二七〕、ジョージ・ワシントン〔アメリカの初代大統領、一七三二―一七九九〕、アレクサンダー・ハミルトン〔アメリカの政治家、一七五七―一八〇四〕、ジェームズ・マジソン〔アメリカの政治家、一七五一―一八三六〕、フリードリッヒ・G・クロップシュトック〔ドイツの詩人、一七二四―一八〇三〕、タデゥシ・コシュウシコ〔ポーランドの愛国主義者、一七四六―一八一七〕、シラー〔ドイツの劇作家、一七五九―一八〇五〕。

しかし、情勢は変化し、とくに革命戦争勃発以後は風向きが変る。コスモポリタニズムにあおられてヨーロッパ諸国が革命の旗のもとに馳せさんじていたかといえば明らかにそうではなかったのである。いよいよ戦いの火ぶたが切って落とされると、外人は容疑者、有罪者とまではいかなくとも厄介な者に思われてくる。外人の中には敵が《潜入》しているかもしれないではないか。そのうちに、外人は皆怪しいということになり、死刑台送りにせよ、とエスカレートしていき、多数の外人が刑場の露と消えた(67)。

革命に与した外人たち。以後彼らを擁護したのはエベール派だった。ヨーロッパ同盟に対し命を捨てて戦うと宣言した一派。上品なコスモポリタンだった者たちが、今や皮肉にもデュシェーヌおやじの過激派陣営に加わることになった。コスモポリタンたちの中にはエベール派の失墜と共に命を落した者もある。〔三一〕

悪いニュースが届く度に《外人の手下ども》は責任を問われた。一七九三年三月十八日、バレールは公安委員会の名において、外国人弾圧の法を要求した。以後外国人は共和国から追放すべきだというのである。カンボンは、《すべて外人に共和国の領土から撤退の義務を負わせよ》と主張した。各地区に十二人からなる委員会が設置され、外人申告を行った者に対し、《二十四時間以内に地区を退去、一週間以内に共和国を離れるべき者》を審査した。(68) 最初は外人のみを対象としていたが、まもなく不審者は誰かれとなく出頭を命ぜられるようになった。一七九三年四月五日、ロベスピエールはジャコバン党員に対し、《うかつにも我々が軍の指揮権をゆだねてしまった外国人将軍をすべて追放すべきこと》を命ずる。

五月三十一日の政変によって、権力はジロンド党から山岳党に移るが、以後両者は互いに相手をピットやコーブルクの手下だと非難しあうことになる、外国勢力は何を企てるやらというわけだ。生活はますます苦しくなり、カンボンは、深刻化する共和国経済の危機を外人のせいにする（公安委員会における七月十一日の報告)。直ちに、外国人及び対仏同盟諸国への報復措置がとられた。公安委員会では《我らが領土からイギリス人を追放せよ！》との声があがる。《皆追い出せ！》と叫ぶ議員たち。パリへ通ずる道路は外人には閉鎖せよ、不審な者は拘留すべしとの提案がなされる。国民公会は決定する、

《共和国と交戦中の国の者で、一七八九年七月十四日以前からフランスに居住していなかった者は即刻逮捕、彼らの身分証明書、現金、証券等は封印のこと》。多くの外国人が、接収された建物や公共施設に監禁された。《愛国心テスト》にパスした外人には市町村発行の《客人証明》を与えたらどうか、彼らには生国の名と《客人》の文字を印した腕章をつけさせようなどという提案もなされた。ファーブル・デグランチーヌはフランス国内の外国人全員の拘留と共和国による彼らの財産没収を要求する。自由を求めてやってきた政治的亡命者は除外しようと主張したエベール派党員があったが拒否された。

二派が台頭してくる。〈寛容派〉は、外国人にますます厳しい態度でのぞむ一方で和平を望んでいた。エベール派は、愛国的亡命外国人を擁護する一方でヨーロッパに対して妥協なき戦いをいどむ。ファーブル・デグランチーヌは外国の陰謀摘発にめざましい活躍をした。シャボとバジールが発見した陰謀事件もある。逮捕された有名外国人には次のような人々がいた。ドイツ人作家二名、ユニウスとエマニュエルのフライ兄弟。彼らの秘書ディートリヒセン。ブリュッセルの銀行家二名、シモン及びデュロワ。他にデフィユー、ペレイラ〔ポルトガル系ユダヤ人の金融業者〕、デュビュイソン、デュ・ビュシャー、これらはエロー・ド・セシェルに雇われて密使となった者たちである。

戦時に外国人狩りは珍しくないが、この場合には一つの特徴があった。外人の中には筋金入りの無神論者（クローツ、プロリ等）がおり、彼らは当時の《非キリスト教化運動》に積極的に参加し、荒っぽい行動にでることもあった。その行き過ぎに対する反動といおうか、非キリスト教化運動を反-革命的策略と考える人々もでてきた。一方では、デュシェーヌおやじを信奉するサンキュロット党エベール派による過激な報復行動が起ってくる。その結果共和派内部の分裂、虐殺が重ねられ、政府はとるべき仲介の役も果たせなくなってしまった。《悪を阻む手段は唯一つ、暴君の墓にやつらを情け容赦なく犠牲として捧げることだ、暴政を懐しむ者、暴政に恩を返そうという者、我国に再び暴政を復活させるおそれのある者を一人残らず》、こうがなりたてるのはサン－ジュスト、興奮した彼の言葉は支離滅裂、何でもかんでもいっしょくたにしてしまう。《同類だ！》というスローガンも彼の言葉だとか。(69)物資不足の元凶たる過激派も、牢獄内の反乱扇動者も、その他の連中も皆外国人の手下の《同類だ》というのだ。

外国人クラブは解体する。一七九三年十二月二十五日、ロベスピエールは「革命政府の基本方針に関する報告」をなし、あらゆる危機の原因は外国人にあると非難した。(70)

確かに、共和国側の外人とフランスの敵国に忠実な外人を識別するのは難しかっただろう。ひっくるめて陰謀を企てる者とみなされる場合が多かったのである。ジャコバン党によれば、《国民公会、及びジャコバン党を崩壊させたのは、外国に身売りしたよこしまな連中であった》。

一七九四年三月十二日、過激派の行き過ぎを恐れた公安委員会は、エベール派逮捕にふみきった。恐怖政治は、これを宣言した者自身を処分したのである。《エベール、ヴァンサン、モモロ［……］は、混乱を隠れみのにした外国のスパイだった》――これが三月十四日の臨時議会であげられたエベール派逮捕の理由だった。

反教権主義を掲げるコスモポリタンたちもおかまいなくエベール派の《同類》にされた。それとも両者は実際に手を結んでいたのだろうか？　エベールはクローツ〔後出、次章〕とは全く無関係だったという。[71]　それに、「デュシェーヌおやじ」は《予言者アナカルシス・クローツ》に、戦争という手段によって〈自由〉に改宗しようという《ドン・キホーテ》を見ていた。しかし、エベールはコスモポリタニズムを唱え、戦争終結後は《諸国協会》を設立することまで考えていたのである。[72]　エベールは大衆的でその論調は激しかったが、幻視家クローツに比べれば合理的だったといえようか、しかし両者とも似たようなコスモポリタニズムを抱いていたと思われる。ベルギー人プロリとその友デフィユーもまたエベール派の立役者だった。それに、コスモポリタンとは、過激なことが好きな存在だという極端な定義も成り立つのではないか？「デュシェーヌおやじ」の無政府主義が、これら上品な人士——ただし叛逆者でもある——の気に障るはずはなかった。彼らは何にせよアイデンティティだの価値だのが大嫌いだったから、サン・キュロットたちの前衛的な活躍の中に、ラモーの甥のいかんともし難い血気、フージュレの皮肉を見る思いだったのだろう。

死刑台がコスモポリタンたちの運命にけりをつける。そしてナショナリズムが——おそらく《しぶしぶ》、《心ならずも》[73]——人心と法を支配するようになった。公安委員会は、迷った末、一七九四年四月二十五日、外国人に関する新しい法律を定める。戦争が続いている間、すべての前貴族及び外国人は、パリ、要塞、臨海都市に滞在してはならぬというもの（ただし、武器製造工場の労働者、共和国民と結婚した外国人女性、共和国を利するとみなされる職務についている者は例外とする）。以後、前貴族と外国人は、民間団体、保安委員会、地方や地区の議会からしめだされることになった。居住期間が二十年を越える外国人その他には、何らかの例外が認められるよう修正も重ねられたが。結局、イギリス人は収監、そのほかの外国人は居住制限を受けることとなった。イギリス人、スペイン人の財産は没収され、外人部隊は解体、脱走兵には農業労働が課せられた。外国人はすべて公職から外され、公法の対象外に置かれた。うろちょろする外国人は怪しい人物として革命裁判所に引き出されるだろう。

しかし、このような措置も、一九一四年の戦争時にとられたものほどは厳しくなかったのである……

2 アナカルシス・クローツ――《外国人》なる言葉に異議を唱えた《人類代表の雄弁家》

二人の外国人。二人ながらフランス人になった者。一人はそのコスモポリタニズム精神によって、一人はその文章が国民公会に採択されたことで。二人の運命をふりかえってみるのもよいだろう。

ジャン-バティスト・デュ・ヴァル-ド-グラース、フォン・グナデンタール、クローツ男爵。オランダ系プロシア人、イエズス会の教育を受けた『百科全書』思想の闘士、自ら《イエス-キリストに個人的な敵意を持つ者》と称す。革命には最初から参加し、ジャコバンクラブに属した。一七九〇年六月十九日、彼は憲法制定議会に三十六人の外国人からなる《人類代表団》を紹介し、代表団は「人及び市民の権利宣言」への賛同を表明した。この《人類代表の雄弁家》は、キリスト教拒否を表すためにスキタイ人の首領の名をとってアナカルシスと称し、ジロンド党と組む。

立法議会において、彼は外国人にも人権を与えようというジロンド党の政策に熱烈な賛意を述べる。そうなれば彼らはフランスの庇護の下、祖国の暴君どもに対して立ち上るだろうと。《三色帽章と ça《サ》 ira《イラ》

の歌（二二）が、解放された二十の国民の喜びとなるだろう〔……〕。憲法の冊子をもって胸甲とするフランス国民は無敵である》（一七九一年十二月十三日）。オワーズ県代表として立法議会議員に選出された彼は、コスモポリタニズムを唱道しつづけ、注目すべき著作多数を出版する。(74)

その後、ジロンド党の主張が力を失い、締めつけが強化されてまたたく間に恐怖政治を迎えることになると、クローツは、外国人に不利な政策に反対しないばかりか、以前のジロンド党仲間とはきっぱり手を切り、世間にならって彼らを《プロシア、オランダ、イギリスの暴君ども》と組んでいると非難した。無節操な幻視者の豹変というべきか、それとも自らのコスモポリタニズムをかくまってくれそうな新しい党派を求めての作戦なのか？　クローツは、次々とエベール、ショーメット〔一七九二年設置のパリ市委員会検事長〕、パシュ〔一七九三年パリ市長に就任〕を味方につけて、世界共和国建設の夢を発表しつづけ、ついには《外国人》の観念自体を否定するに至る。《「外国人」とは野蛮な言葉だ。我々はこの言葉を恥と思うようになった。こんな言葉は野蛮人どもに使わせておけばよい。あいつらなど、我々文明人の犂で苦もなく消してやろう……》（一七九三年四月十六日）。なかなかの毒舌だが、《外国人》という概念が批判の対象にされたのは歴史上これがはじめてかもしれない。もっともクローツの言葉は聴衆から苦笑をもって迎えられたが。

クローツが先走りしすぎたために、かえってロベスピエールと公安委員会は陰謀摘発を強化することになった。シャボによる外国人《スパイ》論が展開されたのは、アナカルシス、ペレイラ、ショーメットらが、パリ司教ゴベルを説得して、国民公会で自ら辞任を宣言するという大芝居をやらせた日（霧月十七日）の翌日だったではないか。そのすぐ後で（霧月二十日）、「理性の祭典」が行われる。それは非キリスト教化運動の頂点をなす出来事で、激しいまき返しを恐れたロベスピエールの阻止にもかかわらず実施されたのである。

エベール派の過激さに手を焼いていた政府は、エベール派に入れこんでいたクローツを対エベール派闘争における恰好の標的にした。《クローツはプロシア人だ、あの怪しからぬプロリの本いとこだ》とカミーユ・デムーランは霜月二十日「ヴィユー・コルドリエ」紙第二号に書く。旧友の有罪証明として、外国人であることほど確かなものはないというわけである。アナカルシスは弁明する、《私はプロシア出身である。いずれはフランス共和国の一地方となるべきプロシアの》。だが、これでは不足だった。ジャコバン党を前にしてロベスピエールが最終宣告を下す——彼が論拠としたのもやはりクローツの外国出身の事実であった。《ドイツ人男爵を愛国者とみなしうるだろうか？ 十万リーヴルの収入がある者をサン－キュロットと呼べるだろうか？［……］諸君、否である。フランス人よりも愛国者のように振舞いたがる外国人は警戒せねばならない。クローツよ、君は、我々の敵、外国勢力の配下、スパイどもと行動を共にしてきた。彼ら同様君もまた叛逆者として監視下に置かれるものとする》(75)。ロベスピエールはその後で、クローツがフランス国民と呼ばれるよりは世界市民と呼ばれることを望んだことを重視し、次のように結ぶ。《従って、ジャコバン党内部に外国の手先が居座っているのは明らかである。外国勢は我々の間にスパイや大臣や財務官や警察などを送り込んでいる。［……］クローツはプロシア人だ［……］、彼のこれまでの政治活動は以上の如くである［……］。判決を！》。

アナカルシスは自らの非キリスト教化思想を弁明するが空しかった。エベール派の論評さえ、以後彼にはそっぽを向いてしまう。クローツは孤立してゆくばかりだった[76]。外国出身の国民公会議員の罷免が決定され、クローツとペインは追放の上逮捕された。クローツ入獄は雪月八日、エベール思想の罪で起訴されたのが風月三十日。そして一七九四年三月十四日、エベール派の人々と共にギロチンにかけられたのである。最後の瞬間まで無神論者をつらぬき、仲間たちに司祭を呼ばせず、彼らに唯物論を説きつづけたクローツ。

クローツの血気、情熱、その幻視者、予言者ぶりは多くの共感を呼んだが[77]、次第に疑惑と否定の目でみられるようになった。アナカルシスの激しい性格、話しぶりは、ラモーの甥を思いださせる――常軌を逸したコスモポリタン、騒々しくて、人の言うことなどきかぬ者。そんな者たちは昔からあって、その最も優れた者はといえばゼノンにディオゲネス、最低なのはフージュレ。コスモポリタニズムにおける活気、度外れ、情熱の部分は、フランス革命の白刃に断ち切られてしまった。

3　トーマス・ペイン――《世界市民》が王を救おうとした

トーマス・ペイン。彼もまた血気盛んな男だった。イギリス庶民階級出身のクエーカー教徒。革命信奉者にして第一級の論客。彼はコルセット製造業者の子に生まれ、若い頃は自分でもこの仕事にたずさわっていたが、まずアメリカの革命に参加し、その基礎づくりを行い、フランクリン、ジェファーソン、ワシントンを友とした。一七七五年彼が《Humanus》(人類)なる筆名で書いた論文は、『コモンセンス』と題されて書物になるが、これは「独立宣言」を待たずしてイギリス帝国支配を批判し、イギリスからの独立を要求するものだった。そこでは貴族制、君主制が激しく攻撃され、ジョージ三世は《獣王》、《我子をくらう父親》などとののしられている。イギリス国民は憤慨し、ペインの逮捕は確実と思われた。そこで、アメリカは彼にアメリカ国籍を与え、ペインは《コモンセンス》と呼ばれて国民的英雄にまつりあげられた。この最初の国籍変更は、彼の人生のほんの序の口をなすにすぎず、まだまだ波瀾万丈の生活が待っているだろう、不衛生不摂生で（伝記作者たちの弁）、酒呑みというよりはアルコール中毒、怒りっぽく疑り深く恩知らず、しかしまた気前よく友情に厚い寛大公正なこの男、要するに分類不可能な彼のゆくてには。

フランス革命思想に夢中になったペインは、フランスに渡り、「人権」（一七九一―一七九二）を刊行して、バークとその『フランス革命考』（一七九〇）に激しく対決する。ペインは単純明快な文章で、バークの自由思想と彼の感傷主義をからかってやる。フランスでの見聞をジャーナリスト風に報告しつつ、ペインは政治や教育について社会主義的、民主主義的な理論を展開していった。知性の名において《腐敗選挙区》(78)や狂信や貴族制度に反対し、人間への信頼とフランス革命への希望を表明するのだ。以後ペインはフランス急進思想の《fellow-traveller》（共同作業者）とみなされて、イギリス国内で彼の説を支持するのはもっぱら急進派の人々のみとなる――プライス、スタンホープ、メアリー・ウォルストーンクラフト等。フランス語に翻訳されたものの方が当然評判は良かった。コンドルセやラファイエットの熱狂。ペインは仏訳者ラントナと親交を結び、とくにニコラ・ド・ボヌヴィル――共和クラブの設立者の一人で、その短命だった「共和派」発刊に加わった――とは親密な友となる。ニコラ・ド・ボヌヴィルの支援は、迫害が厳しくなっても変ることがないだろう。ペインが晩年フランスを去ってアメリカへ惨めな帰国をした時、彼に伴って行ったのはボヌヴィルの家族だった。

それはさておき、立憲君主制を信奉するラファイエットだったが、彼はヴァレンヌの逃亡者たちの逮捕を命じ——ペインは弁護に立つのである……王の命を救うために。『コモンセンス』を著した辛竦な君主制反対論者、民主主義のためなら民衆の行きすぎの弁護も喜んでかってでようという騒々しい革命男、そんな彼が、突如、フランスの革命派に向かってテロ行為反対のお説教をするのである。ペインは革命の大義のために憎しみを抑えることができたが、大義とはこの場合すべての人間の人権のことであり、王といえども人間であることに変りはないというのだった。ブリソ・ド・ヴァルヴィル、ジロンド党の仲間たち、コンドルセ、ラントナ、ボーカル・デジサールらがペインの代弁者をつとめた。外国人で議員に登用される者がでてくると、ペインもパ－ド－カレー県代表として王の弁護にまわる。投獄、国外追放はよろしい、ただし断頭台送りは反対だと。

ペインは王に何らかの特権を認めたのではない。逆である。彼は王の人間的弱点を強調したのち、国民が彼に同情のしるしをみせるとすれば、それはひたすら寛容に基づくものであろうと述べる。《不幸に陥っている人間に対する私の同情は、相手が敵であろうと変りなく、心からなるものだ》。ペインはさらに、被告人がアメリカ革命を支援したことをあげる……しかし議会は王の死刑を可決した。《国民公会の死刑宣告で私は深い悲しみにみたされた》、とペインは語ったが、フランス語を話さぬペインのために翻訳の労をとったのはボーカルだった。一七九二年からフランス市民となったフランスびいきのペインだったが、三番目に我がものとなした国の言葉を習得することはついぞなかったのである。さて、ペインの言葉を聞くや立ち上ったマラーは叫ぶ、《このような件についてペインは投票する権利などない。彼はクエーカー教徒、宗教的信条からしても死刑要求の意見には反対に決まっている！》と。

かくしてギロチンの時代が幕を開ける。そして宗教差別、国籍差別の時代が。差別傾向はいや増し、外国人はますます裏切り者扱いされてゆく。ジロンド党の失墜、粛清に次いでペインの逮捕。奇妙なことだが——有力な支援者たちのおかげか？——逮捕されたのは一七九三年十二月二十八日になってからだった。クローツやそのほかの人々も一緒だった。場所はリュクサンブール監獄。しかも——重病にかかったためか、密かに手をまわしてもらえたのか——彼は死刑をまぬがれる。十カ月の拘禁の後、一七九四年十一月四日、病みやつれて釈放された《コモンセンス》は、国民公会に復帰し、憲法作成に参加する。しかし彼は試案に反対する、保守的で「人権宣言」より後退していると。彼は議員仲間から孤立し、国民公会では彼の意見など誰も聞いてくれなくなる。次の選挙ではどの県からも公認を得られず、彼は議員生命を絶たれる…… ペインは誹謗の書簡をワシントン宛に送ろうとし、それはあわやというところで押さえられるが、結局はアメリカ大統領の手に渡された。彼はまたナポレオンの顧問になるがまもなく解任される。それでも、経済、政治、技術に関する著作はやめなかった…… 一八〇二年、ペインはフランスを去る、病気持ち、アルコール中毒の身となって。彼の敵は中傷の書を次々と出版、彼はますますアルコールに溺れ、憂鬱に沈む。誰彼となく仲違いし、落ちこんでは酔いつぶれるペイン、汚れはて、むかつくようなその姿。ペインはアメリカで死んだ、見捨てられて。葬儀に立ちあったのはボヌヴィル家の人々だけだった……

《ヒッピーのはしり》か？　二十世紀のマルクス－レーニン主義者の如き《国籍喪失者》か？[79]　この《世界市民》はキリスト教の敵だった。彼の『理性の時代』、The Age of Reason（一七九四－一七九六）、仏訳 Le Siècle de la raison（『理性の世紀』）は、司祭たちを槍玉にあげ、宗教などは理性に対立する迷信にすぎぬと述べる。しかし、ペインは、あらゆる宗教の違いを超越した精神的絆の存在は信じつづけた。挑発的なペイン、聖なる価値に刃向かうコスモポリタン的自由思想家たちの後を継いだ者。だが、ロベスピエールを満足させるほど決然としてはいなかった。彼の著作は、フランスの革命家にはもの足りず、非常に宗教的な国であるアメリカではごく少数の過激な追従者を持ったにとどまる。

ペインは何処に行っても他所者だった。今日近代史を学ぶ者がペインをとりあげる時、彼はペインがフランスでいっこうに知られていないことに気付いて驚く。フランスこそはペインが自らの情熱と自らの混沌の力の最上の部分をそそいだ国だというのに。パリは通りの一つに彼の名をつけることを考えてもよかっただろうに。まさしく街の男だったトーマス・ペイン、でもどこそこの、と言える相手だったろうか？　どこの者だったのか、むしろ危機、爆発、革命が彼の住む処だったと言おうか？　休むことを許されぬ者、終りと言えぬ者、《コスモポリタン》――星は永遠にめぐりつづけ彼もまた……

普遍的なもの、それは……我々自身の異質性ではなかろうか？

十八世紀啓蒙思想の道徳的世界主義は、フランス革命の試練をへて、ついにカントの理路整然たる世界平和待望論を生んだ。一方では、ロマン主義の逆行、ドイツ国家主義の台頭、とくにヘルダーによるVolksgeist（民族精神）の提唱、さらには特筆すべきヘーゲルの否定の理論――〈自己〉の意識内部において、〈自己〉に対立する〈他者〉の力を認め、この力を意識的に解いたり結んだりしようという方法――などがみられ、それらがあいまって、あの《コペルニクス的転換》ともいうべきフロイトによる無意識の発見を準備したといえるだろう。ここではこのような思潮をいちいちなぞることはしない。フロイトが先行する時代に何を負うているかも問うまい。同様に、〈他者〉論を推進完成させたヘーゲルの広大な世界から、我々は文明に内在する異化作用にかかわる部分、彼がディドロを材料に見事に展開してみせた部分だけしかとりあげなかった。[1] しかし、フロイトの偉業が政治的倫理的にどれほどの影響力を持つかを知っていただくために、カント、ヘルダー、フロイトを点線でつないでみようと思う。というより、ただフロイトの影響力について考えることができそうな空間をスケッチしてみるというところだろうか。考えるのは他の人々、この本の外なる人々だ。この文章は先を行くだけ、断片的、《主観的》文章こそは望むところ、指示したり教えさとしたりするつもりはない。不安を呼ぶ異質なもの、これを理性による平穏さの中に忍び込ませたフロイト。狂気、美、信仰、そして民族や人種にばかりではなく、言語能力を有する存在としての我々自身にかかわるものとして。異質な論理（生物学的なものも含めて）によって異化される我々……。以後、我々は自分が自分にとって外人であることを知るだろう、そしてこの事実を唯一の頼りに、我々は他人と共に生きるべく努力することが可能になるだろう。

世界平和主義者カント

革命の動きにつれてコスモポリタニズムにも浮き沈みがあったが、エマニュエル・カントが登場するに及んで、啓蒙主義の国際精神は、哲学的、法的、政治的な言葉で改めて論じ直されることになった。《人間は本来》、自ら理性によってつくりあげた幸福を追求するものであるから、——とカントは言う——自らの《非社会的な社会性》(2)に直面せざるをえない。《非社会的な社会性》とは誠に簡潔的確な表現であって、集団を作りたがるくせに分裂騒ぎを起しては集団を壊そうとする我々の姿をぴたりと言いあてている。理性では和合を望みながら本能的に不和へ向かう人間。従って《人類最大の課題、人間が解決をせまられている問題は、普遍的な法を行使する一つの市民社会に到達すること》だとカントは言う(3)。際限なき自由によって苦境に陥らぬよう人は制限をもうける。非社会的なものには規律を課す。諸芸術もこんなふうにして誕生したのかもしれない(4)。この普遍的な法の実現は、《諸国が法によって結ばれて》こそ、国政においても達成される(5)。カントもまた、革命期の血気盛んなコスモポリタンたちのように諸国の連合を説く、彼の論理論法は冷静かつ明快なものだったが。《諸国連合。これによって各国は、いかなる小国といえども、安全と〔……〕権利を保障される。各国ごとの武力や法によってではなく、この諸国大連合（Fœdus Amphictyonum）、すなわち、結集した力と、結束した意志が下す法的決定によって(6)》。

このような考えが途方もないものに見えるだろうということはカントにもわかっていた——サン－ピエール師やルソーの思想〔後出、次章〕を思い浮べて自分でも《狂気の沙汰》と言っているのだから。しかし彼は《悲惨から脱出するにはこれしかない》と思う。野蛮状態の人間には、勝手放題を捨てて法をたて、その規制によって安全を確保することがどうしても必要だった、そして我々には諸国連合こそ緊急の課題なのだと。これは当然の方向ではあるが、それにしても《力の統合は必要であり、力が統合されることで法も重みを増し、全世界の諸国民の安全も実現されよう》。問題が全くないというわけではない。例えば世界の沈滞化、だが世界の破壊は確実に防がれるだろう。国の外におけるこのような諸国の融和にも、国の中における国民意識の成熟にも、時間がかかることをカントが知らなかったわけではない。宇宙的な時間、惑星の周期のような、と彼は言う。だが彼は重ね重ね強調するのだ、人間には将来《これまでに例のないような巨大な政体》がどうしても必要であると(7)。《自然は、人類が人類として発展しうる場としての全世界的な場〔……〕を確立することを至高の目的とする(8)》。

モンテスキュー、ルソー、さらにはクローツ——すでに述べたとおり、クローツは幻視者として世界共和国を描いてみせた。《人類》の持つべき《法の基盤》にもふれて——に呼応するように、カントもまた政治道徳、今後の法の確立を望んだのである。外国人が存在せず、しかも違う者同士の人権が尊重される世界でこそ人類は人類たりうるというコスモポリタニズムの人間観をゆだねるべきものとして。自然が計画し、人間が実現すべき実践的コスモポリタニズム。それは結合プラス分離という概念で一層明確になるだろう。フランス革命期における各国の国家主義とコスモポリタニズムの衝突に学んだカントは、この理論を十年後、『永遠平和のために』(一七九五)の中で展開する。どのように? カントによれば、市民法 Jus civitatis (一国民の法)、万民法 jus gentium (国際法) のほかに世界市民法 jus cosmopoliticum (世界法) があるという。《各人各国は、人類国家の成員として互いにかかわりを持つが故に》。互いの自国の利益追求から起る戦争状態を回避すべく、カントは《連合》を提唱する。《それは次第に拡大されてすべての国に及び、永遠の平和がもたらされるだろう》[9]。このような《連合国家》(civitas gentium)、世界共和国は、地球上のすべての民を包含するだろう。すでに革命期のコスモポリタンたちにみられた外国人同化の思想がここでもとりあげられる、言葉遣いまでそっくりに。《「歓待」の意味するところは唯一つ、外国人が行った先で敵扱いされない権利を持つことである》。そのような寛容のよってくるところは? ただ……地球が丸いということ。当然至極にすぎない[10]。

しかし、このような理想からはほど遠く、ヨーロッパ諸国は新たに発見された国々を《所有者なし》とみなし、外国人に対し不正の限りをつくす。このような悲劇的状況に終止符をうち諸国連合を実現させるにはどうするか。カントによれば、実践理性によるほかない。そして実践理性とは自然自身の計画をただ全うするものであった[11]。

ここに至って世界共和国における差異の必要性が問題となる。まず、諸国の共存は各国を活性化し民主主義も守られるだろう。これに対して《上から権力的に統合して一つにする》ならば世界全体が専制主義に陥る危険があり——その結果無政府状態をひきおこさぬとも限らない。次に、実践理性は自然の意図実現を目的とするが、自然は《諸国民の混交をふせぐために二つの手段をとっている。つまり異なる言語と異なる宗教[12]》。分離の栄というわけだ。そしてこのような分離に基づいた統合によって世界統一がなされた時こそ世界平和がもたらされるだろう、国家間関係への配慮、政治道徳の向上によって異者の共存が実現した時に。結局、政治とは道徳の問題であり、政治が《世界政治》となった時はじめて、人間も自然の意志も全うされるのだ。

コスモポリタニズムへの理路整然たる賛歌。啓蒙思想とフランス革命へのカントのお返し。しかしこのような思想は今日に至ってもなお観念的な夢としか受けとめられないだろう。だが、現代世界が抱かざるをえない夢でもある。生産、流通上の諸国統合が進む一方で、物心両面における諸国間の抗争が恒久化しつつある今日の世界なのだから。

またしても、国家政治の目先の問題を超越しうるのは精神的要因だけだということになるのだろうか。あい異なる家族、言語、国家をまとめてきたと自認する宗教。精神的至上命令としてのコスモポリタニズムもまたそのような役割を担えるだろうか？　諸々の宗教を超えたものとして？　人間一人一人が自己実現をみるのは、人類全体が、どこにあっても、全人類に与えられた権利を行使しえた時、ただその時のみだという信仰となって？……

愛国の民、《常識》と《民族精神《フォルクスガイスト》》のはざまで

さて、現代の外国人が置かれている状況を明確に理解するには、国家意識、愛国主義、ナショナリズムについて考えてみる必要がある。国家主義は古代に遡るにしても、近代的ナショナリズムは十八世紀後半以前にはなかったものであり、フランス革命期こそナショナリズムが喧伝されたのであった(13)。国家とはルネサンス以来のユマニストたちが営々として築き上げてきた概念であるが(とくに国語国文学への意識をめざめさせることで)、絶対君主制によって中央集権機構も整えられ、さらにフランス啓蒙思想家たちによってコスモポリタニズム及び合理主義と並んで問題とされるようになった。十七世紀からすでに政治思想は王権絶対の考え方から次第に国民主権、国家主権へと移っていった。当時、《国家意識》はまだ存在していなかったが、イギリスではすでにこの頃から、特有の地理的精神的風土に基づく国民的約定(《Rule Britannia》一七四〇)が出来上っていた。当時《愛国主義》という言葉にはまだ皮肉めいた響きがあったけれども。ボーリングブローク卿は政治理論に《個別法》の概念を導入、これは普遍性とか神を想定しつつさまざまな国家社会個々の幸福をめざすものだった。その著『愛国精神についての書簡』(一七三六)及び『愛国君主論』(一七三八)は、愛国主義に新しい意味づけを行ったもので、またたく間にフランスに伝えられた。ヴォルテールやモンテスキューは諸国民の特性に注目する。テュルゴによる《Etat》と《Nation》の区別、すなわち後者は同一言語による共同体を指すと。翻訳出版によるフランス語の伝播。人情や異国情緒、社会の中の個人などを扱う風俗文学(『マノン・レスコー』から

『新エロイーズ』まで[一三]に《第三身分》が盛んに登場するようになったこと。これらもまた国家意識形成の先駆けをなしていたといえるだろう。このことを最もよく表していたのはルソー（一七一二—一七七九）であった。そしてまさに革命によって一つの文化的、社会的、政治的共同体が姿を現してゆく、王権の首を切る主権者たる国民。

　ルソーの愛国主義、民族主義。そこには啓蒙家ならではの熱気がこもっていた。それらは同じくルソーが抱いた世界主義と時にぶつかりながらも共存してゆく。近代国家主義の根底にはルソーの国家思想がある。そればかりではないが。ルソーの、故郷ジュネーヴへの郷愁にみられる出生地、家族との一体感。一方では最も親しい社会の中でも自分を別にしておこうとする気持。自由意志の尊重、国家社会を成立させるべきものは自由意志のみであると。ルソーの祖国愛とはこのようなものだった。そこでは感傷と合理的精神が一体になっている。屈折した感情と正義及び自由への要求が。漠たるロマンチズムと明快な政治意識、すなわち政治は平等意識を持ち幸福追求の権利に見覚めた市民たちの契約によって成り立つという思想とが。一見心情的なルソーの国家思想だが、その根底には政治的合理主義が流れていた。彼は愛国心の基礎を、《自由意志》及びデカルトの《コギト》に基づく《常識》に置き、この《常識》に立って、社会契約はなされるとした。まず心の声を聴いておこうか。《ジュネーヴを通っても私は誰にも会いにゆかなかった、だが橋にさしかかるともう胸が苦しくなった。このよき都市の城壁をのぞみ、この町に足を踏み入れるたびに、感動のあまり気を失いそうにならないことは一度だってなかった[14]》。しかし、私とは国家社会と融合すべき存在であるにせよ[15]、その成員の幸福を第一としてしてくれない国家社会など耐えられるものではない[16]。

このような契約の考え方は、各人の自由への権利に基づく合理的、政治的なもので、フランスにおける初期の国家意識からはかなり隔たったものだった。王権支配下、国家意識は主に文化継承や領土とかかわっていたのである[17]。例えばリシュリーの功績に対するヴォワチュールの言葉にみられるような非常に《人格主義的な》国家主義とルソーの国家主義を比べてみたらよい、ルソー思想の価値がよくわかるはずである。

国家への誇り。それは、単なる《お国自慢》やファンファン・ラ・チューリップ（酒、女、栄光を愛する旧体制下の陽気な兵隊）的血気とも無縁ではなかった。そして革命期にそれがとったかたちは恐怖政治というものだった。それはルソーの国家主義が無残にもねじまげられた姿だったろうか、それとも本来ルソーに内在していたものが外に出てきただけなのか。いずれにせよ、『エミール』及び『社会契約論』において、愛国主義は人権の普遍性の下に置かれていたのである。『ダランベールへの手紙』（一七五八）序で《ジュネーヴ市民》と署名したルソーではあったが、次もまた彼の言葉である。《正義と真実、これこそは人間第一の義務です。人類、祖国、これこそは人が第一に愛すべきものです。自分の都合でこれを変える者は罪に問われるでありましょう[18]》。こうしてルソーは、アベ・ド・サン＝ピエールの『恒久平和への提案』（一七一三）の後を受けて戦争回避をめざし諸国連邦を構想する（『選集』一七五六—一七六〇。『恒久平和への提案』批判』一七八二）——そしてルソーの構想を継承発展させたのがカントだった[19]。

個人と法を尊重するこのような合理主義的国家主義にもう一つ別の流れが加わって近代国家主義は決

定的なものになる。別の流れ、次なる国家主義とは、その後ドイツに起こった神秘主義運動に端を発する。それは法や政治にたつ立場、つまり国家の法によって自由と正義を保障しようというものではなく、地縁血縁、同一言語を重視する封建的、精神的なものであった。

これにはイギリスの憂鬱な感傷主義も無関係ではなかった――リチャードソン『クラリッサ・ハーロー』（一七四八）、エドワード・ヤング『嘆きの歌、あるいは夜想曲』（一七四二―一七四五）、ケルト伝説の心を歌い直したジェームズ・マクファーソン『古詩断片集』（一七六〇）、いずれも同じ流れをゆくものだった。しかし神秘主義的国家思想が大河となるのはドイツにおいてである。

神聖ローマ帝国崩壊後、中欧、東欧にはこれというほどの強力かつ統制ある専制国家も興らず、そのため政治への意志も発達しなかったのだろう。フランスにあっては社会を動かす常識を生み、イギリスにおいては政治の主権を求める世論をよびさました力、それがドイツの場合はルターのプロテスタンティズムによって個人の完成をめざす実利的神秘主義に変えられてしまったのかもしれない。多くの要因があいまって、クロップシュトック、メーゼル、とりわけヘルダーを経て、国家共同体 **Gemeinschaft** の概念を生んだ。これは政治機構ではなく、変化する形而上学的な生命機関の如きもので、理性では捉え難くつかみどころのない、精神の形体、要するに **Gemeinsinn**（共通感覚）ともいうべきものだった。[20] 至上価値としてのこの民族精神 **Volksgeist** は、ヘルダーの場合、生物学的、《科学的》、政治的でさえなく、本質的に道徳的なものである。一八〇六年を過ぎてようやく、このような文化的《国家》観は政治的なものに変り、国家－政治闘争にかかわってゆく。プロテスタント、ヨハン・ゴットフリート・フォン・ヘルダー（一七四四—一八〇三）に国家意識をかきたてたのはまずフランス啓蒙思想だったかもしれない。この時はまだ国語意識というほどのところで、それは各国の違いを尊重する世界主義的ユマニスムに類するものだった。次の段階になると、革命戦争の余波としてこのような国家への信仰が政策としての国家主義に変ってゆく。反動的なというべきか。それは抽象的な世界主義を斥け、ロマン主義へと後退し、過去への絶対的信仰、民族性、国や個人の霊の中にとじこもってしまう。いずれも取り換えがきかず、他を寄せつけず、思考の外にあって、幾度でも再生するもの。理性を超えた、同族ばかりの孤立地帯。そこには二つのものが同居していた。おずおずした国家意識——敗北と困難の時期、一族に必要な古くからの統一を構築するものとして。堂々たる国家意識——攻勢にでている時期、経済的にも軍事的にも拡大政策をとっている時の槍の切先の如きものとして。

以後、至高善とはルソー的個人のことではなく、国家全体を指すことになる。ヘルダーの場合、国家至上主義まではゆかなかったのはキリスト教の倫理が歯止めをかけたからである。国民としての優越感など彼にとっては笑うべきものだった。しかしすでに非合理主義への道は開かれてしまった。国語の尊重自体、複雑な問題をはらんでいたのである。

内密なるものとしての国家主義——ヘルダーからロマン派まで

一つの翻訳がドイツ文化（Bildung）の近代的概念を作った。すなわち聖書の翻訳。ルター（一四八三—一五四六）が聖書をドイツ語の口語に訳したのは（ルターは自分の訳を弁護して《家庭の主婦や普通の男はこんなふうに話す》と述べている)、ドイツ語を《非ラテン語化》してローマカトリックの権威に刃向かうためだけではなかった。彼はもっと大きなことを考えていたのである。国としての文化を築くこと、手本とすべきものは忠実に学びながら、国語に代表されるような固有の領域を豊かにしてゆくこと。ドイツ文化はこうしてついにロマン主義を生む。民族精神(Volksgeist)に対する一八〇〇年から一八三〇年にかけてのロマン派の熱狂。しかし忘れてならないのは、文化的民族主義といってもこの場合は最初から神聖なあるいは古典的な規範に照らして自己修正を加えつつ固有なるものの領域を拡げてゆかねばならなかったということだ。従って、民族的なものとは、翻訳可能なものが拡大されて形成されてゆくと考えられ、Bildung つまり形成過程としての文化という考えが生まれた。そして、最初に形成すべきは国語だったという次第。(21)

すでに、啓蒙主義の合理的コスモポリタニズムは漠然としすぎると思われていた。これに対し、ヘルダーこそは、言語に文化の基礎を置いた最初の理論家というわけだった。キリスト教の普遍主義には心底忠誠をつくしたヘルダーだが——人類最初の世界史は聖アウグスティヌスの『神の国』ではなかったか?——彼はプロテスタントの牧師でもあり、ロマン派がおはことする民族精神礼賛のまぎれもなき元祖だったのである。

『新しいドイツ文学についての断章』(一七六七)以来、ヘルダーはドイツ語の特殊性を称揚し、これをより良いものとするために古今の諸言語と競わせるべきだ、手本とすべき古典をおとなしく真似るだけではいけないと主張していた。『諸言語の起源について』(一七七二)、『歴史哲学論』(一七七四)以後、愛国的な議論が激しく展開されてゆく、《啓蒙的》、コスモポリタン的専制主義に対し、また啓蒙思想の《抽象的》合理主義に対して。各国は——ヘルダーによれば各国の特徴をなすものはまず言語及び文学、ついで風俗習慣、政治、宗教である——代表的な時代と各時代に共通な文化、他国の文化に比肩しうる文化によって把握される。この考えに立ってヘルダーは『民謡集』を編纂し、中世期ならびにドイツ民謡の名誉回復を行ったのである。

その後ヘルダーはあの有名な『人類史哲学のための考察』(一七八四—一七九一)を著す。これは人類史と生物学を結びつけたもので、彼の立場は一七七四年当時の彼のルター主義よりむしろ啓蒙主義的ユマニスムに近い。ここでは気候風土の違いはあまり問題にされていない。黒人や中国人の欠点(彼に言わせればだが)は、地形による気候不順に起因する、などとまだ書いてはいるが。彼の主な関心はむしろ神の《民たち》(ヘルダーは《人種》なる概念を認めない)にあった。生物としては同じ仲間だが、それぞれの言語、文明によって著しく異なる諸々の民。

ヘルダーが《生粋の国語》信仰の祖だったのは間違いない。翻訳によって《汚され》てはならない国語。それはクロップシュトックにとってと同様ヘルダーにとっても《最も純粋に民族的な概念を宿すもの》だったのである。しかし、国粋的な政治家が行った国語私物化については、ヘルダーに直接の責任はない。今でも彼を地方主義者とみる意見はある。しかし彼はともかくも翻訳をやった人間だった。スペインの《ロマンス》を訳し、英国文学や古代ギリシア、ローマ文明に関心を抱き、《固有のもの》と《外来のもの》のバランスに配慮を怠らなかった。《私が外国の風習を学ぶのは自分が本来なじんだものを祖国の霊に捧げるためである。異国の太陽の下で熟した果実として》。翻訳された作品は、遠心運動で分離され《もとのまま》であると同時に《我々のもの》となっていなければならない[22]。変換と自己超越が常にくり返される過程としての言語。そのような言語に基づく、民族精神（Volksgeist）。それはしかし保守的反動的な概念となろう、Bildung 形成－文化の運動から切り離されて、無垢のままであるとあがめられ、神の如きものとして奉られてしまったならば。しかし、このような言語と文化の、あるいは文化と言語の同一視、国民の言語をアイデンティティのぎりぎりの共通要素として重視すること自体は、キリスト教的、あるいはユマニスト的コスモポリタニズムに元来、あるいはたまたま付随していた精神主義的な曖昧さを除くのに役立ったといえる。《外国》を、言語、文化というなじみやすい筋道で捉えることができるようになったのであるから。

その結果、外国のものを馴らして自国の論理にとりこむ努力がなされ、その成果はとくに文献学、文学を通じて国語、国文学に大きくあらわれるだろう。このような同化の動きは、Weltliteratur（世界文学）を唱えるゲーテの世界主義は言うに及ばず、民族的な題材を重んじこれに執着した自国中心的なロマン派にもみられたのである。

自国の言語、文化の中に認められる外国の存在、しかも生かされた存在として。これはフロイトの無意識の理論にも登場する。このウィーンの大先生によれば、無意識は自国語の論理に支配されるとか。そしてハイデッガーの哲学的言語研究。彼はギリシア思想をギリシア語の響きから説明しようとしたが、そこにはヘルダー的発想をしたこの国民的英雄（フロイト）の言語学に呼応するものがある。

一方、ヘルダー以後の世代は文学の自立——たしかにヘルダーが説いたことだが、ヘルダーは文化全体の中での、とことわっている——を拡大解釈し、《ドイツ文学愛好というコスモポリタニズム》を唱導する。ドイツ文化は、文化という絶対者の到達点を表す上に立つ存在であり、他民族、他言語、他文化の上にある。従ってドイツ文化が主導権をとるのは当然であると。あらかじめ高値をつけておいて《優秀な》国だとは腐りはてた国家主義である。コスモポリタニズムの思想をよくここまでねじまげたものだ。そして、言うまでもなく、このような考え方こそがナチスのイデオロギーの根底をなしていたのである。[23]

人類に共通なもの（言語能力）も多様たりうること（各国語の存在）。特殊性は、言語の多様性に基づく。ロマン派にはこのような考え方と並んで、目に見えるこの世界は目に見えない土台の上に建っているという思想があった。自然及び人間精神のこのような Grund（根底）は、頭で理解できるようなものではなく、むしろ感情や本能によって肌でうけとめるべきもの、Gemüt（心情）によって理解すべきものであるという。ロマン派は、超自然、心霊学、狂気、夢、fatum（運命）の隠れた力、さらには動物心理学にまで探究の手をのばす。異常なものを捉え、これを馴らし、人間の一部にするために。異なったもの、奇異な存在との Einfühlung——融合——こそ立派な文明人の特性だとされるようになった。《まっとうな人間なら、何処でも、どんな人々の間でも同じようにやってゆけなければならない》とノヴァーリスは述べている。[24]

かくしてロマン派の手で異常な人間たちが描かれるようになり、そこから無意識という、雑多な要素からなる観念が育ってゆくだろう――人間と、自然の隠れた本体との深いつながり（カールス及びシューベルト）、表象にひそむ意志（ショーペンハウアー）、表面的世界下で盲目的に行われるヘーゲル的知の運命（ハルトマン）としての無意識。

フロイトによる精神分析学という特殊分野の登場は、ユマニスム及びロマン主義とのつながりぬきでは理解が難しいだろう。フロイトの無意識の概念によって、心理的に内面化した異常は病的なものとはみなされなくなり、統一体と思われていた人間に、他者性が導入される。生物学的な、また同時に象徴的なもので、同一者の一部として内在する他者。以後、外人とは民族とも国家とも関係ないものとなる。外人は、神秘的な民族精神の名でおだてられることも、理にかなった礼節を乱す者として排斥されることもない。不安を呼ぶものとしての異者、我々自身の内に存在するもの。自分こそ自分に対して外人なのだ――分割された自分。異質性のこのような内的復権はロマン主義以来のものだが、外人としての神、あるいは神を明らかにする役目を担った外人、という聖書の考え方を明らかに受け継いでなされたものだった。[25]これにはフロイト個人の歴史もかかわっていた。さまよえるユダヤ人フロイト。ガリシアからウィーン、そしてロンドンへ。その間にも、パリ、ローマ、ニューヨークと移動する（以上は外人として文化的政治的に重要な試練の場となった地名をあげたのみ）。我々の中に永遠的に存在する《別の場》、悪しき存在としての他者に対する不安との戦いが企てられることになったのである。他者――自分の異質性、相手の異質性――と生きる不安。それは欲動や言語や自然や象徴が奇妙に入りまじった無意識、常に他者によって形成済みの無意識を何とか調整しようとする混乱に基づく。感情転移――他性、他者への愛／憎、我々の心理を構成する異常、それらが起す不可避な運動――が解決された時、人は他者によって自分の他性‐異質性と和解し、これを楽しみこれを生きていけるようになる。精神分析は、他者及び自己の異質性への旅となろう。あい容れぬものを尊重するという倫理をめざす旅。自分が自分にとって外人であると知らずにどうして外人を受け入れられようか？　思えば長い時が必要だった、現代の人間がこの真理にめざめるまでには！　このちっぽけな真理、だがそれはすべてを照らす、宗教的な一律主義には背を向けて。この真理のおかげで現代人は互いにやってゆけるだろうか、かけがえのない個として、欲望を持ち、持たれる存在、死を与えられている存在、死を与える存在である我々は？

フロイト・《heimlich／unheimlich》――不気味なもの

フロイトの『不気味なもの』（Das Unheimliche 一九一九）[二四] は、ホフマンの作品を中心に美学的な問題を扱うはずだったが、いつしかこのような限られた枠を越えて《不気味》という心理現象、そして不安全般、さらには無意識の運動までが研究の対象となっていく。論文冒頭からフロイトはドイツ語の形容詞 **heimlich** とその反義語 **unheimlich** の意味を検討し、肯定語 **heimlich** の中にすでにその反義語に近い否定的な意味が含まれていることを示そうとした。**heimlich**《親密な》は、同時に《秘密の》、《隠された》、《不可解な》、《表にでない》意ともなる。従って **heimlich** なる語自身の内部で親密なものは裏返されてその逆なものに変り、**unheimlich** が含む《不気味》と一つになると。親密なものに内在する見知らぬ存在。それは《不気味とは、昔から慣れ親しんできたものに還元される特殊な恐怖である》[26] という精神分析学の仮説を語源的にも証明するというのである。これは、シェリングの言葉《unheimlich とは闇の中にひっそりと隠れているべきものが姿を現した場合をいう》によっても裏づけされる。(27)

従って、現在の不気味と受けとられるものは、親密だった（過去形に注意）もので、ある条件のもとで（どんな？）出てきた何かなのだ。となれば、最初の一歩は踏み出されたようなもの、恐怖心から外に追いやっていた不気味なものを内へ戻してやるために。戻してやるといっても以前の親密さの中へではない。慣れ親しんだものではあるが潜在的に見知らぬものの印を帯び、（想像の彼方にある）自分以外の過去とかかわっているものの中へである。他者、それは私（《自身》）の無意識なのだ。

いかなる《親密さ》か？　いかなる《過去》か？　これらの問に答えるためにフロイトは《不気味》という美学的心理学的概念を操作してゆき、結局は不安、分身、反復、無意識の如き精神分析学的概念でこれを説明することになる。父親やこれに代る人物たち、そして〈目玉の話〉がナタナエルにかきたてる《不気味》感（ホフマン『砂男』）は、ナタナエルの幼年期における去勢不安と関係があるというのだ。この不安は無意識の中にとどまり抑圧されているが、恋するに及んでついに表面に出てきたのであると。

他者、それは私（自身）の無意識

さて、フロイトによれば、まだ外界の制約を受けていない原初の自我、自己愛的自我は、自分の中で危険、不快と感じるものを外に追いやる。それらを異様、不安、恐怖という分身に仕立てるのだ。せっぱつまった自我を守るために作られた不気味。これまでは好意的な分身に保護されてこと足りていた自我だが、今やこれを離れて悪意にみちた分身を作り、自分の中に入れておくわけにはいかない破壊的な部分を追いだしてそこに閉じこめ、自らの安泰をはかろうというのだ。

反復が不気味を呼ぶことも多く、《反復強迫》が生まれる。《反復強迫》は、無意識に固有なもので《欲動によって起るが》――《欲動の中でも最も内なるものにかかわっていて、非常に強力なため快感原則を越える(28)》。

読者にはもうおわかりだろう、不気味とは不安の一例であり《この場合不安をかきたてているのは抑圧されていた何かが回帰したものだ》ということが(29)。しかし、絶対的な抑圧が心理的状況として表出するのは稀であるから、不安、とくに不気味というかたちをとった抑圧の回帰こそは、心理作用そのものの最も激しい現れとみることができよう。心理作用は抑圧とその運動からなる。従って他者つまり異常ないものをなすのも抑圧自身とその浸透性なのである。《[……] heimlich はその反義語 unheimlich の意にも使われるが当然である[……]、unheimlich とは実のところ新しいものや見知らぬもの (étranger)[フロイトがそう書いているのだ!] ではなく、心理的にずっと親しかった何かにほかならず、抑圧の過程によって見知らぬものになっただけなのだから(30)》。

心理装置は、言語能力を持つ主体、生命体の快楽や自己保存や順応力向上に不要となった過程や表象内容を抑圧する。しかし何かのはずみにこの《ずっと隠れているべきだった》抑圧されたものが再び現れて不気味な思いをさせるのである。

さて、フロイトは《不気味の例》を他にもあげると予告しながら、巧妙にもむしろ不気味を生じさせる抑圧の動きを加速させるような状況の方を明らかにしてゆく。まず死及び死を表すものとの対面。我我の無意識は死は不可避であるということを拒否するからだ。《我々の無意識は、昔も今も我々自身の死すべき運命を表すものを締めだそうとする》。死への恐怖から人は両義的な態度をとる。自分は生き残りだと考えてみるのだ（諸宗教は不死を約束している）、しかし死は生き残った者にとっても敵であることに変りなく、その新しい生にもつきまとう。幽霊や幻影はこのような曖昧さの象徴であり、我々が死の姿を前にした時不気味となって現れる。

　生きながら埋葬されるのではないだろうか、そんな妄想も不気味を呼ぶ。これには《ある種の快感、母胎内にいるような錯覚[31]》が伴う。いよいよ不気味の第二の源までたどりついたというべきか。《男性ノイローゼ患者はよく、女性性器が何か不気味なものに見えると言う。だがこの不気味なものは人間にとって生まれ故郷［Heimat］への入口である、誰でも一度は、そして最初に、住んだ場所への[32]》。

　死と女性的なもの。究極と根源。それらは我々を呑みこみ、我々を作る。そして回帰によって我々を不安に陥れる。その上《男もだ［……］、悪意があり、特殊な能力を用いて悪を実行に移す者とこちらが思えば[33]》。そのような不吉な力には象徴的なものと機能的なものがからみあっているのだろう。それは欲動自身かもしれない。霊魂と身体のはざまにあって生体の自律的恒常性《ホメオスタシス》もここではブレーキにならないのだ。それはてんかんや狂気となって現れ、身近にそうした例を見ると、自分の中にも同じようなものが隠れているとうすうす気がついているから余計恐ろしく感じるのである。

不気味の記号学

死、女性的なもの、欲動、それらは常に不気味の誘因となるのだろうか？　フロイトは不気味に無意識活動の現れを見るが、その無意識活動には抑圧がかかわっていると論を進め、さらに抑圧の条件は限定されるとして、不気味が現れる場合の記号的特殊性に注目する。魔法、アニミズム、これらほど特殊ではなくとも《頭では埋解できないこと》、《支離滅裂な》論理（イエンツいうところの）などはすべて不気味の誘因となる。これらは一様ではないがいずれも象徴によって成立しており、共通しているのはそれぞれにおける記号の記号力、及び特有の論理が弱まっていることである。象徴は象徴であることをやめ、《それが表していた内容の効果と意味を帯びる》[34]。言いかえれば、記号は便宜上の存在であることをやめ、現実として重みを持つに至る。その結果、記号が通常表すべき物質的現実は崩れ去って、妄想が生ずるが、妄想とは《現実界に比して心的世界を偏重すること》[35]にほかならない。まさに《思考の絶大な権力》を見る思いだ。おかげで記号の力も現実の自律性も無効になり、幼児的な欲望や恐怖を表す幻影がのさばりだすのだから。

強迫神経症、また同じ具合にというわけではないがその他神経障害の場合にも、記号を《事物化する》という特徴がある。《言葉》の次元から《行為》の次元へ。《事物化》は抑圧の解明にはならないが、抑圧が不気味というかたちで回帰するのはこの事物化と関係がある。抑圧の回帰は、別の意味転換装置を通って身体症状、身体行動として現れる場合もある。しかし、記号的表現が記号性を弱め、事物化が進んで心的現実が形成され現実の外界にとってかわる時には、不気味が体験されることになる。逆に、我々が体験する不気味なもの（一瞬にせよ大なり小なり不安をかきたてる）は、潜在的な神経障害や抑圧の不安定度の——そしてまた最後の心的力域において抑圧を構成する象徴的な障壁としての言語の不安定さの指標となるであろう。

他者との出会いとは確かに奇妙なものである——我々は視覚、聴覚、嗅覚を用いて他者を感知するが、意識によってこれを《枠づけする》(encadrer) ことはない。他者は我々を別々な存在、一貫性を欠いた存在にさせておく。その上、他者のせいで我々は自分自身の感覚と連絡がとれなくなったような感じ、自分自身の感覚を否定したくなるような、あるいは逆にそんな自分の判断を否定したくなるような感じ——《馬鹿になったような》、《化かされているような》気分にさせられるおそれもある。

私をぎくりとさせる他者。そして私。両者を隔てる深淵の体験。これまた奇妙なものだ——こちらがむこうに気付きもしないなら、こちらの否認によって向こうもこちらを否認してしまう。拒否すべき対象であると同時に自分を同化させる対象でもある外人を前にして、私は自分の境界を失い、自分を容れておくものがなくなる。私はさまざまな経験の波にさらわれてその思い出に溺れ、中身を失ってしまう。《迷子になり》、《もうろうとして》、《霧の中にいる》気分。不気味は次々と変種を生む。その一つ一つが他者に対して何処に身を置けばよいのか迷っている私自身の姿であり、一つ一つが自律へ到達しようとする私の底にかくされた一体化 - 投射の跡を再現しているのである。

ここまでくれば、フロイトが美的体験として味わう不気味と現実に体験される不気味を区別して考えようとしたわけが理解できるだろう。フロイトはとくに話法全体が虚構であることによって異常の効果が消滅する作品をとりあげる。例えば妖精物語。そこではすべてが作りものであるため、記号、架空、現実の比較などありえない。従って不気味な感じは薄められ、抑圧の回帰はすべてありそうなもの、受け入れやすいもの、心地よいものになる。究極の妖精物語――絶対的昇華――そしてその対極にある絶対的合理性――絶対的抑圧――のみが、我々にとって不気味への砦になるとでもいうのだろうか……確かにそれらは不気味なものの危険と快楽から我々を守ってくれるだろう、不気味なものを解消してはくれないまでも。

臣下たち、芸術家たち、そして……王は一人

すでにみたとおり、不気味は不安と関係があるが同じものではない。不気味は、まず衝撃、驚愕、動転である。これに不安が加わるとしても、ショックは残り、不安のあとに人格感の喪失をまねく。《違和感と人格感喪失は同じカテゴリーに属す》とフロイトは述べている。また恐怖症、とくに《良すぎるもの》や《悪すぎるもの》の衝撃で自我の枠が越えられてしまった場合をみるとそこには Unheimliche の情動が働いていることが多いと指摘する分析医は少なくない。つまり、不安は対象にかかわるが、不気味感は逆に人格の構造喪失であって、それは神経症として定着する場合もあれば、新しいものへの突破口として奇異なものへの適応への試みに道を開く場合もある。Unheimliche は前々からの抑圧が回帰したものではあるが、外界との予期せぬ出会いにはずみをつけるものでもある。死、機械仕掛けの人形、

分身、女性性器などの表象（もちろんこれだけではない。フロイトのテキストは言いたいことが多いから書かないでおくといった印象を与える）を出現させる不気味。不気味は《想像と現実の境界》が消えた時に生ずる。つまり Unheimliche とは――フロイトの論文によれば――意識が防御力を喪失することというわけだ。自我が他者――《奇異》――を相手とする戦いにおいて。《奇異》と、他者なる《奇異》との《同化を必要としながら同化を恐れる》（ブーヴェ）自我との葛藤。他者からの衝撃。あやふやな自我の境界など踏み越えてくる善または悪なる他者との一体化。そこに不気味の根源があるのかもしれない。文学に描かれた不気味な物語は極端な場合であるが、不気味とは《正常な》心理作用の中にも存在しているのである。

人生で一番素晴らしかった日は誕生した日であると精神分析医に打ちあけた子ども。《だってあの日、僕は僕だったもの――僕は僕がいい、他の人になるのは厭だ》。彼は悪い成績をとったりすると他人になったような気がするのだ――悪い子、つまり両親や先生たちの期待に外れた子に。また《外国語》、母国語でない言葉は、書き方や算数同様子どもには不気味感を与える(36)。

こうなればもう文学に描かれたびっくりするような怪奇とは縁がない。不気味とは心理現象として内在するもので（必然的に、ごく普通に）、他者性による試練にすぎない。イヴォン・ブレスは、フロイトが不気味という概念をたてるに際し文学作品をとりあげたのは、これが精神分析学では手におえないと白状したようなものだと述べているが、おそらく当っているだろう。不気味を感ずる時、人は一種の《存在の先験性》を前にしているのだが、これについてのフロイトの考察はハイデッガーの現象学に近いものである。[37] 両者の関係を詳しく述べることはひかえるが、フロイトは『ある幻想の未来』の中でも不気味という言葉を用いていることに注目したい。文明は、自然に人間に似た存在を加えていって自然を人間化する――このようなアニミズムの過程を経たことで《人は不気味に対しても安心して息がつけ〔前には意味がわからなかった〕不安を心理的に同化できる》[38]。不気味とはもはや物語的怪奇でもなければ精神病の産物でもなくなる。それは心理上の法則なのだ。未知を受けとめ、これを文明化すること(Kulturarbeit)を可能にするもの。不気味には《感じない》と言うフロイト。[39] 彼はしかし不安と結びついている奇異に対し二つの方向を示した。一つは、奇異を感じることは、驚きがもたらす人格喪失をバネとして他者との同化を促進する力になるというもの。もう一つは、精神分析は不気味の解明に役立つにしても、不気味の解消にこだわるべきではなく、後は美学に(哲学にという人もあるかもしれない)まかせるがよい、そうなれば不気味は幻影としての道を全うし、不気味による浄化作用《カタルシス》がくり返されてゆく(例えば怪奇小説の読者の場合)というもの。

不気味には以上のような変換能力があるというのがフロイトの不気味発現についての考察から得られる結論といえようか。異者との出会いが暴力的なかたちをとり、破滅をよぶ場合もあることも付け加えておくべきだろう。異者によってひき起される症候を消滅させることは我々にはできない。我々はただこれを検討し、解明し、我々に必須な非人格化に役立て、これを鎮静化させるだけだ。症候とは我々の驚きの試金石、非人格化の手段といえよう。

それはさておき、不気味を空洞化することも可能だ。《そんなことでびくついたりするものか。私は笑い、行動する——私は立ってゆき、目を閉じ、手を鳴らして人を呼び、指示を与える……》。不気味なものをこんなやり方で一掃したのでは精神的なものまで一掃されかねず精神力が弱まって何をやりだすことやら、偏執狂になるか、殺人をしでかすか。不気味感が存在しない別の場合もある。権勢ならびなき者の場合だ。不気味なんぞ彼にとっては管理の対象、支払命令に変ってしまう。不気味がるのは《臣下》の仕事、君主は知らぬ顔、それを管理させる術を心得ているのだから。このことはリン-シモンが記録しているある事件をみればよくわかる。[40] 太陽王〔ルイ十四世、在位一六四三－一七一五〕は（フランス人の精神分析学者は何故かフランス史上の大政治家や大芸術家には触れたがらない。フランスの歴史をみれば心理学的な言説や謎はたくさんあるのだが）、不気味なものや不気味なものへの恐怖など黙殺し、ヴェルサイユ宮殿の豪華絢爛たる社会の法と快楽の中で自己の存在を誇示していればよかった。まごつくなどというのは廷臣の役目、あれこれと気を患うのは。あの天才的な回想録の作者は、そんな心理の絵姿を我々に書き残しているが、彼の観察は時にフロイトを先どりしてなかなかのものだった。

　最後に、奇異なものをアイロニーに変身させてやれる者たちのこと。唇に薄ら笑いを浮かべ、王から咎められもせず、廷臣たちの大騒ぎからも超然としているサン-シモンの姿。諧謔家サン-シモンは不気味をつっきってゆく——自己に対する確信、同類や他者、幻影や分身との戦いの手の届かない世界に属しているという確信があるから——そして彼が見ればそこいらにあるのはただの……幻、妄想、の産物、記号ばかり。奇異なものに襲われた時、こわがるか、笑ってやるか。それは我々が自分自身のお化けとどれだけ親しんでいるかによる。

我々の内なる奇異

かくして不気味は王道（ただし廷臣のであって王のではない）をなし、フロイトはこの道から他者への愛憎を、自信たっぷりで不透明な《自分－自身》という闇の中へ導き入れてやったのである。フロイト以後、自信たっぷりの《自分－自身》などもはや存在しなくなる。《自分－自身》とは、作ったり壊したりがくり返される境界線と他者性からできている奇妙な国のようなものであることが明らかにされたのだから。さて何故かフロイトの「不気味なもの」には外国人が扱われていない。

確かに、外人が、死や女性性器やどうしようもない《不吉な》欲動などがひき起すような恐ろしい不安をかきたてることはまずない。しかし、外人嫌いという《政治的》感情に、無意識にせよ、あの怖れと喜びのいりまじった不安、フロイトが unheimlich と呼び、イギリス人なら uncanny（薄気味悪い）と呼ぶようなもの、ギリシア人があっさりと……xenos《外国人》で済ませたものが入っていないと断言できるだろうか？　外人に惹かれながらも拒否する気持。そこには不気味感も入り混っている。フロイトが指摘しているように人格感喪失を生むものとして。他者——死という他者、女性という他者、抑え難い欲動という他者——に対する我々の未熟な欲動と恐怖に結びついた人格喪失。外人は我々自身の中にある。我々が外人を避け、外人と戦う時、我々が相手にしているのは我々の無意識——我々の不可能な《個》という《個ならざるもの》にほかならない。当然慎重にもフロイトは外国人をとりあげなかった。むしろ外人とは我々自身の中に探るべきものであることを教えてくれたのである。外なる奇異を追い立てない方法はおそらくこれしかないかもしれない。ストア派はコスモポリタニズムを説き、宗教もまた世界統合をめざした。そしてフロイトは勇気をもって、我々はばらばらな存在であることを明らかにしたのである。外国人を統合したり、いわんや彼らを排斥したりすべきではなく、あの不気味なものとして迎え入れてやればよいというのだ、互いに不気味と縁のある存在として。

フロイトが《外国人問題》を正面きってとりあげなかったことは――ちらりと暗示的にしか言及されていない。ギリシア語 xenoi の引用があるだけ(41)――外国人の事物化、つまり外国人を外国人として、我を我々として固定化することをやめようという勧告(実行不可能な、それとも非常に現代的な?)だったと解釈できるかもしれない。外国人を検討するには自分自身を検討すればよい。自らの厄介な他者性を解明すること。我々がしっかりと自分たちだけの《我々》にしておきたいもののまっ只中に影の如く出現する他者。それは悪魔の如く、脅威、不安を生む。しかしこの時出現したものこそ我々自身の他者性にほかならないのだ。我々の不気味を認識するならば、不気味に悩まされることもなく、外界の不気味をもてあそぶこともあるまい。奇異は自分の中にある。我々は皆外人なのだ。自分が外人なら外人など存在しない。故にフロイトは外人を語らなかった。精神分析学の倫理に含まれるこの政治性。新しいタイプのコスモポリタニズムとでも言おうか。それは政治機構、経済、通商を越えて人類に役立つ。人類の連帯は、自らの無意識――望み、破壊し、怖れ、空しく、始末におえない――を自覚することの上に成り立つだろう。さても遠くまで来てしまったもの、兄弟愛への呼びかけからは。兄弟愛については、父なる神に借りがあると皮肉った者もあった――《兄弟があるためには父親がなくてはね》、これはユマニストたちを諭すヴィヨ〔ルイ・フランソワ。十九世紀フランスのカトリック著述家〕の言葉である。性と死に関する無意識の概念につぐ不気味の概念——死の欲動の投影、一次変換——は、《第二期》のフロイト、『快感原則の彼岸』のフロイトを予告する。そして不気味の概念こそは、我々の内部にこの上なくばらばらにされた差異というものを据えつけたのであった、他人と共にある我々という存在の究極の条件として。

さてどうするか……

国籍は、自動的に取得されるべきものだろうか、それとも逆に各人が責任をもって熟慮の末選びとらねばならぬものだろうか？ jus soli（生地主義）だけで jus sanguinis（血統主義）を無効にできるだろうか（移民の子がフランス領土で生まれた場合）、それとも当人の側からの希望表明が必要だろうか？ 外国人は参政権を獲得できるか？ 組合や職業団体に参加する権利に続いて投票権までが彼らに与えられるべきだろうか、地方公共団体、そして最終的には国政のレヴェルで？

疑問はまだまだ続く。《国籍法》を審議した賢人会議は説得力ある提言をしている。《フランスは、相対的絶対的にこれまで最多の外国人を抱えており》、《どの国の場合でも、領土内で少数派をなす外国人が、特殊な立場を主張して孤立したり、社会生活、国民生活から疎外されたりすることで、かえって集団として強力になるのを放置しておくのは得策ではない》とした上で、マルソー・ロン氏を長とする国籍問題諮問委員会は《恒久的にフランスに居住する外国人にはフランス国籍を与えること》、《国籍獲得の方法を改善し、本人の意志の尊重によって個々人の帰化を容易ならしめること》を提案した。同委員会は《外人統合は避けられない(1)》としている。これらの提案は当然検討をへて少なくとも部分的には採択され、今後も改善が重ねられてゆくだろう。
万華鏡となったフランス——最初は地中海地方の、次いでじわじわと第三世界の——今後、フランスにおけるフランス人と外来民の違いは、以前のように明確なものではなくなるだろう。数世紀にわたってさまざまな影響、さまざまな民族を受け入れ同化したフランス文化の統一性とその統合能力は役割を果たし終ったのである。今日のフランスが迎え入れているのは自らの特殊性を捨てようとはしない人々だ。状況は建国当時のアメリカ合衆国とは全く異なっている。アメリカ合衆国の場合、根なし草となった人々のために新しい宗教上、経済上の信条がうち立てられ、人々は同じ旗のもとに団結したのだった。二十世紀末という今日のフランスでは、各人が自分そして他者でありつづけるほかない。祖国の文化を忘れることなく、しかしこれを相対的なものとみなし、他の人々の文化と並置し、さらにはそれらと取りかえてみること。新たな統合が行われることはありそうもない。またそれは望ましいことではあるまい。我々は、経済、マスメディア、歴史の力によってフランスという一つの国に共存すべくひきよせられてきた者なのだ。そしてフランスもまたヨーロッパの中にとりこまれようとしている。ヨーロッパという新たな多国籍国家（超国籍国家ではない）での共存には、早くも多くの厄介な問題が——そして多くの利益が——生じている。ヨーロッパをなす諸国は、何世紀も前から似たような文化、宗教を持ち、経済的にも相互依存してきたというのに！　となれば困難のほどは予想がつくというものである、フランスという同じ政治共同体（それ自身すでに別の共同体にとりこまれようとしている）内で、受け入れ国フランスの伝統や現代のフランス人気質とは無縁な人々、民族的にも多種多様、宗教も異なれば経済力も千差万別という人々が共存してゆこうというのだから。行く手に待っているのは国家ーパズルという難問だろうか。さまざまな特性の組合せパズル、今のところまだフランスの特性が数の上で優勢のようだが——それもいつまで続くことだろう？

このような複数価値、複数機能を最高に調和させるためには精神構造を変える必要がある。結局、民主主義における自由を保障しているもの、すなわち我々自身の奇異っまり《個》を尊重する権利、これを外国人にまで適用すべきだろうか？　そうなれば外国人の参政権獲得も実現されるだろうし、外国人に対して法的に適切な保護も与えられることになろう。例えば次のような《二重国籍》法などどうだろうか。《二重国籍》を希望する外国人には自国民とある程度同等の参政権を与え同時に同等の義務も負わせる。一方、見返りとして、自国民もその外国人の本国においては同様の権利、義務を持つものとする。このような法は、ヨーロッパ経済共同体内でなら容易に実現できそうだが、他の諸国に対しても適用できるだろう。

各国のさまざまな経済的要求に束縛されながらも法律家や政治家は調整への道を探っているが、何よりもその妨げとなっている根本的問題はむしろ心理的なもの、さらには形而上的なものである。共同体を結ぶべき新しい絆を持てぬため——流れ者や異者たちの群れを新たな何かでまとめてくれるような救済の宗教などとても考えられない。まとめるものがあるとすれば《全員にもっと収入と財産を》だけか——我々は、いまだかつてないことだが、自分自身のモラルだけを頼りに違う人々と生きてゆかねばならなくなった。我々の個を包含する共同体はもはや個々のモラルを超越するものを持たないのだから。

パラドックスを背負った社会が形成されつつある。外人だけからなっていて、各人が互いに自分を、また他人を外人と認めれば認めるほど、自分とも他人とも仲良くやってゆけるという社会。個人主義を限界までおし進めた結果としての多国籍社会。その個人主義にあるものは自分の不安と自分の限界に対する自覚、わかっているのはただ自分の弱さこそ自分を助けるものであるということ。そしてその弱さのまたの名は、我々の **étrangeté radicale**, 我々の根本をなす異質性、徹底的に外人たる我、という。

原註

原註は主として(a)補足的な説明、(b)引用文の出典、(c)参考文献（近年刊行の外国人関係の研究書他）からなる。(b)、(c)については確認しえた限りで訂正した部分もある。引用出典、文献は参照の便を考慮して多くの場合そのまま転記した。

（1）**古代ギリシア人と異国人《バルバロイ》、哀願者、居留外人《メトイコイ》**
作品解釈については次書を参照のこと。A. F. Garvie: Aeschylus' Supplies, Play and Trilogy, Cambridge University Press, 1969.

（2）Cf. G. Dumézil, La Religion romaine archaïque, Payot, 1974. 同書によれば古代ローマのウェスタに仕える巫女は《王が統治している間は〔……〕ある神秘的な方法で王の安全をはかる義務があった》という。似たようなことがウェールズ地方の伝承にもみられる。《それによると、伝説の王マト（Math）は、遠征中は別として、両足を処女の膝の間に入れておかないと死んでしまうのだった》（五七七頁）。類似の記述は同じ著者による次の二書にも。Tarpeia, 1947, p. 100–109, Mithra et Varuna. Essai sur deux représentations indo-européennes de la souveraineté, PUF, 1940.

（3）Cf. Marcel Detienne, Les Danaïdes entre elles ou la Violence fondatrice du Mariage.（近刊）

（4）Cf. Detienne, 同書。

（5）Jamblique による。引用は Detienne, 同書。

(6) Marie-Francoise Baslez, L'Etranger dans la Grèce antique, 1984, p. 82. 史実、史実の分析解釈ともに同書に負うところが多い。
(7) アリストテレス『政治学』1276b.
(8) アリストテレス『アテナイ人の国制』XXVI, 451/0 クレイステネス以来、市民は所属するデモス（行政区）を原籍地としていた。《父姓を名のることをやめさせたためだが、そうなれば新市民がそれとわかることもないからと》（同、XXI 508/7）。《現状はどうか。参政権は市民権を有する両親から生まれた者に与えられる》（同、XLII）。
(9) エウリピデス『イオン』589–591. 引用は M.-F. Baslez. 前掲書、九四頁。
(10) M.-F. Baslez. 同書、一八四頁。
(11) ストラボン『地誌』XIV. 646. M.-F. Baslez, p. 185.
(12) Cf. Helen Bacon, Barbarians in Greek Tragedy, New Heaven, 1961.
(13) この作品でバルバロイとは皮肉にも……トロイア人ではなくギリシア人を指している。バルバロイの語から異民族の意は失われ、倫理的な意味あいが濃くなっている。
(14) イソクラテス『称讃演説集』50. M.-F. Baslez, 前掲書、一九九頁。
(15) M.-F. Baslez. 同書、一四六頁。
(16) M.-F. Baslez. 同書、一一一頁。
(17) プロクセネスとして適任であることを証する奉仕行為。〔Baslez. 同書、一二二頁〕
(18) M.-F. Baslez. 同書、一八一頁。
(19) M.-F. Baslez. 同書、二六一頁。
(20) J・フォン・アルニム編著『古代ストア断片集』四巻、Leipzig, 1921–1924, III, 329.
(21) キケロ『最高善と最大悪について』V, 23, 65, Les Belles Lettres, 1961, t. II, p. 149.
(22) テレンティウス『自虐者』、喜劇集Ⅱ。

（23）キケロ『義務について』I, 9, 30, Les Stoïciens, La Pléiade, p. 505.
（24）セネカ『ルキリウスへの書簡』92, §30.
（25）Cf. E. Bréhier, Histoire de la philosophie, t. I, p. 330-331.
（26）フォン・アルニム、前掲書、II, 351-360.
（27）マルクス・アウレリウス『自省録』IV, 29.
（28）同。
（29）プルタルコス『兄弟愛について』482b.
（30）キケロ『義務について』I, 23, 79 ; 25, 88-89.
（31）A.J. Voelke, Les Rapports avec autrui dans la philosophie grecque d'Aristote à Panétius. Vrin, 1961.
（32）キケロ『最高善と最大悪について』V, 23, 67.
（33）Cf. 後出 一七四頁以下、フージュレ・ド・モンブロンの例。
（34）M.-F. Baslez, 前掲書、三二五頁。

神の選民、外なるものが選ばれて

（1）創世記、十七章・七。
（2）サムエル記、上、十五章・二―三。イスラエル人の出エジプトに際し、アマレクはイスラエルの後衛隊を襲撃した。アマレクの子孫アガグとハーマンもイスラエルに敵意を抱き、命を下してこれを絶滅せんとした。
（3）ネヘミヤ記、十章・三十。
（4）《metis》、mamzer の仏語訳。mamzer はとくに禁じられた関係（姦通）から生まれた（ユダヤ人の）男子をさした。

(5) 申命記、二十三章・三―九。
(6) 民数記註解、十四章・十。
(7) Cf. A. Cohen, Le Talmud, payot, 1970, p. 108.
(8) 創世記註解、四十九章・二、
(9) レヴィ記、十八章・五。
(10) サムエル記、下、七章・十九。
(11) イザヤ書、二十六章・二、及び詩篇一一八―二〇、三三―一、一二五―四他。
(12) 創世記、九章・六。
(13) レヴィ記、十九章・十八。
(14) Aboth. III, 18.『アボート』ミシュナ第四部の一篇「父祖」
(15) Cf. レヴィ記、十九章・三十四。Kedoshim, 19.（Torat Cohanim）『キドウシーン』ミシュナ第三部の一篇「婚約」
(16) 出エジプト記、二十二章・二十一。
(17) Baba Mezia, 58b.『ババ・メツィアー』ミシュナ第四部の一篇「中の門」
(18) レヴィ記、十九章・三十三―三十四。
(19) 申命記、十章・十九。この部分の引用、註解は Emile Munk の訳書 *La Voix de la Thora,*（モーセ五書註解）Fondation S. & D. Lévy, Paris, 1972. によった。
(20) 創世記、十二章・一。
(21) 以上に関しては、その貴重な御教示に対してイエルサレム、ヘブライ大学教授 Betty Rojtman に謝意を表明するものである。
(22) ヨブ記、三十一章・十三―三十二。
(23) nòheri という語もある。異邦人、または《他者》（英語の alien にあたる）の意。背教者をも意味した（Exodus Rabbah［ミドラーシュ。出エジプト記に関するもの］, XIX, 七)。
（24） Yebamoth, 47b.［『イエバモート』ミシュナ第三部の一篇、義理の姉妹」］
（25） A. Cohen, Le Talmud, 前掲書、一一〇—一一一頁。
（26） Sanhedrin, 94a.《アラメーン人》とは非ユダヤ人の総称。［『サンヘドリン』ミシュナ第四部の一篇、「法廷」］
（27） B. Rójtman による。
（28） 士師記、十七章・六、十八章・一、十九章・一、二十一章・二十五。
（29） Baba Batra, 91a.［『ババ・バトラー』ミシュナ第四部の一篇「最後の門」］
（30） 申命記、二十三章・三—九。
（31） The Book of Ruth, A new translation with a commentary anthologized from talmudic, midrashic and rabbic sources, by Rabbi Meir Zlotavitz and Rabbi Nosson Scherman, Mesorah Publications Ltd., New York, 1976, p. XLVI.
（32） ラビ・メイールの説、Ruth Rabbah 1, 4.
（33） Zohar Chadash の説。The book of Ruth. p. XLIX.
（34） 同書、八八頁。
（35） 収穫後落ち穂拾いに戻ってはならないとされていた。落ち穂は貧者のために残しておかれたのである（レヴィ記、十九章・九、二十三章・二十二）。また貧者用として別に分けられた畑の一部は、刈り残しておくものとされた。
（36） The Book of Ruth. 前掲書、九五頁。
（37） 同書、九六頁。
（38） Baba Batra, 91b. Cf. The Book of Ruth, p. 131.
（39） Ruth Rabbah［ミドラーシュ。ルツ記に関するもの］, 8, 1. The Book of Ruth, p. 134.

（1）コリントの信徒への第一の手紙、九章・二十。
（2）Cf. J.-R. Armogathe, Paul ou l'Impossible Unité, Fayard-Mame, 1980, p. 24.
（3）Cf. M.-F. Baslez《Les voyages de saint Paul》, in L'Histoire, Septembre 1980, n°26, p. 38-47.
（4）同書、四二頁。
（5）同書、四七頁。
（6）エペソの信徒への手紙、二章・十一—十九。
（7）コリントの信徒への第二の手紙、五章・十七。ガラテヤの信徒への手紙、六章・十五。エペソの信徒への手紙、四章・二十四。コロサイの信徒への手紙、三章・十。
（8）Christine Mohrmann, Etudes sur le latin des chrétiens, t. IV, Rome, 1977, p. 206sq.
（9）J.-R. Armogathe, 前掲書、一一五頁。
（10）コリントの信徒への第一の手紙、十五章・四十五。
（11）コロサイの信徒への手紙、三章・九—十一。
（12）ヨハネによる福音書、十七章・五。
（13）《世間の人々があなた方を憎むとしても、彼らが第一に憎んだのは私だったことを知るがよい。あなた方がこの世に属する者ならば、世の人々はあなた方を身内として愛するだろう。だがあなた方はこの世に属していない、私があなた方を皆から選り分けたからである。それゆえ世の人々はあなた方を憎むのである》（ヨハネによる福音書、十五章・十八—十九）。ヨハネがイエスを《異邦人》とみていたことについては左記を参照されたい。W. Meeks,《Man from Heaven》JBL, 91, 1972, p. 44-72. M. de Jonge, Jesus Stranger from Heaven, Missoula Sclolars Press, 1977.
（14）ヨハネによる福音書、十四章・二。

(15)『詩篇註解』六十四・一、二。
(16)同、六十四・二、三。
(17)同、百三十六・十二。
(18)同、六十四・二、cf. Peter Brown, La vie de saint Augustin, Seuil, 1971, p. 383—《人間社会は、各人が他人とは違う存在であることを自覚している個人の集合、つまり住民すべてが異邦人ともいうべき異邦人国家に移行すべきである》。(アウグスティヌス『神の国』十八巻一章《(神の国は)この世の中に寄留するものである》)。
(19)De Discip. Christ., III, 3.
(20)書簡二四三・四。
(21)書簡一九二・一—二。
(22)Acta Apostolorum Homeliae XLV, 4.
(23)Cf. Denys Gorce, Les voyages, l'Hospitalité et la part des lettres dans le monde chrétien des IVe et V^{e} siécles, thèse à l'université de Poitiers, Paris, 1925.
(24)Cf. Jean Gaudemet,《L'étranger au Bas-Empire》, L'Etranger, recueil de la sociéte Jean-Bodin, Bruxelles 1958, p. 211.
(25)Cf. 前出一〇五頁、アウグスティヌスの《寄留する国》。
(26)J. Gaudemet, 前掲書、二一五頁。
(27)Cf. Notitia Dignitatum.〔四世紀末に作成された官職要覧〕
(28)《Aubain. 他国者、他国に生まれた者〔……〕。土地の生まれではないが、領主に帰属し、住民として認められた男女を指すこともある》(Jean de Ferrière, Dictionnaire de droit et de pratique, Paris, Brunet, 1740, 2e édition)《その土地で、生まれ正しき人(その土地の人、貴族)がこれを承認しない場合……(他国者ということになる)》(L'Usage d'Orléans selon les établissements

de Saint-Louis, I, 100, P. Villot, Paris, 1881, t. II, p. 169-170)。

(29) 《従って、他所者が他国者とされるかどうかは、単に地理的境界線の問題ではなく、むしろその地を支配している領主の法的、又事実上の権力いかんにかかっていたらしい》(Marguerite Boulet-Soutel, 《L'aubain dans la France coutumière du Moyen Age》, L'Etranger, 前掲書、IIe partie, p. 70)。

(30) 《庶子、外国人、他国者、解放奴隷は、同階級の者以外と結婚してはならない。王の許可があれば罰金六〇スー（パリ鋳造貨で）の納付によって許される》(ヴェルマンドワ地方の会計報告書より)。

(31) M. Boulet-Sautel, 前掲書、八一頁。

(32) 同書、八六頁。

(33) Cf. シャンパーニュ地方の慣例集。

(34) 《庶子、他国者は王以外の領主に服従することはできず、他の領主権に属してはならない。いずれもオルレアネ、ソローニュ両地方の慣習法により確立された王の権力下にあるものとする》。(L'Usage d'Orléans selon les établissements de Saint Louis, II, 31.)

(35) Cf. Henri Regnault, La condition juridique du bâtard au Moyen Age, Pont-Audemer, 1922, p. 131-134.

どんな資格で外人に？

(1) 後出、《啓蒙主義と外人》の章参照、一八七頁以下。

(2) 一九七八年七月十日の法まで、公務員はフランス国籍取得後五年をへた者でなければならぬとされていた（国籍法八十一条）。一九八三年十二月八日の法はこの条項を廃止、フランス国籍取得者に対するすべての能力制限を撤廃した。

(3) Cf. John Glossen, in L'Etranger, 前掲書、Ire partie, p. 56.

（4） D. Lochak, Etranger: de quel droit? PUF, 1985, p. 215.
（5） 同書、二一六頁。
（6） 同書、二〇八頁。
（7） 同書、二一一頁。
（8） 同書、二一六頁。
（9） 同書、二一七頁。
（10） 同書、二一四頁。

ルネサンス、《雑然とまとまりなき》……

（1） ダンテ『神曲』天堂篇十七（五五—一〇九）H. Longnon による仏訳、éd. Garnier, 1966. p. 443-445.
（2） ダンテ『帝政論』éd. La Pléiade, p. 636-638. 《個々の集団に対して人間という総体がある。しかしこれもまた別の全体の一部にすぎない。個々の民は人間というものにふくまれるが［……］、人間というものも宇宙全体の一部でしかない［……］、従って全人類は前述の如き宇宙全体とその帝王、神なる支配者に結ばれている、そしてこの帝王は唯一の原理、一なる支配者として世界を統治する。世界の安寧のために帝制が必要なゆえんである》（同書、六四二頁）。
（3） ダンテ『神曲』天堂篇、十九、前掲書、四〇—九九。
（4） ダンテの政治思想、宗教観については Jacques Goudet, Dante et la politique, Aubier, 1969.
（5） マキアヴェリ『君主論』Le Livre de poche, p. 140.
（6） 《可能な時には善をなせ。必要ならば悪もなせ》（同書、九四頁）。
（7） 《自由を享受してきた都市を占領した者がこれを破壊しないでおいた場合は、いずれ自分がやられることになろう［……］。どのような策をとろうとも、もし住民を追放離散させないでおくならば、彼らはその（自由という）名、その効用を忘れずにいて、隙を狙ってこれを用いようとするだろう》（同書、二五頁）。

（8） ロッテルダムの哲学者（エラスムス）の二著、Epicureus 及び Convivium religiosum 参照。

（9） Cf. V.-L. Saulnier, Rabelais dans son enquête. Etude sur le Quart et le Cinquième Livre, Soc. d'éd. de l'Ens. sup., PARIS, 1982.

（10） Michel Mollat, Les Explorateurs du XIIIe au XVIe siècle. Premiers regards sur des mondes nouveaux, Lattès, 1984.

（11） ミシェル・ド・セルトー (Michel de Certeau) は、レリーを、民族学さらにはレヴィ＝ストロース的人類学の祖とみなす。レリーのトゥピナンバ族に関する記述にふれて、初期の民族学は《伝説集》のようなもので、《伝説は、ある文明が他文明とぶつかった時に起こる変化を象徴するものだ》と述べている。この意味で、初期の民族学は《夢の研究》と関連性がある。一方《彼の仕事は他者解釈の学でもあった。彼は新大陸に対してキリスト教の注解釈義の方法を用いる。この方法はユダヤという他者との関係の必要から生まれ、聖書、古代ギリシア・ローマ、その他外部世界に対して次々と適用された。そして今度もまた、他者との関係から意味づけがなされる。民族学は解釈学の一形態となっていく……》（《Ethnographie, L'oralité ou l'espace de l'Autre : Léry》, in L'Ecriture de l'histoire, Gallimard, 1975. p. 217–231）。

（12） 後出、[旅、天地学、伝道]。

（13） ミシェル・ド・モンテーニュ『エセー』二巻十章 éd. La Pléiade, p. 388. 《私の理解も判断も、手探りで、よろめき、つまずき、まごまごと、やっとのことで進んでおります。行けるところまで進んでみてもとても満足するどころではありません。向こうにはまだ国が見えます、でも私のぼんやりとかすんだ視力でははっきりと見分けることができない有様なのです》（一巻二十六章、éd. La Pléiade p. 145）。

(14)《この万物の中に、私は無知で無頓着なまま、世界の普遍的な法則に導かれてゆく》（三巻十三章、同書、一〇五〇頁）《我々はペリゴール人、アレマン人であると同時にキリスト教徒である》（二巻、十二章、同書、四二二頁b）。

(15)《知恵の最も明らかなしるしは、常に変らぬ喜びです。いわば月の上にあるようなもの、いつも晴れわたっているのです》（一巻、二十六章、同書、一六〇頁c）。

(16) 二巻、十七章、同書、六二五―六二六頁。

(17) 一巻、二十六章、同書、一五〇頁b。《人々との交際という学校で、私はよく次のような間違いに気がつきました。つまり、他人から知識をとりこむかわりに、自分の知識をひけらかそうとし、新しい品物を仕入れるよりも手持ちの品を売りつけたがるということです》（同書、一五三頁）。

(18)《（友人たちの知識に宿るもう一つの私については）これをとりとめのない、空虚な考えを通してしか受けとっていないことが私にはよくわかっている。》（二巻、十六章、同書、六一〇頁）。

(19) 二巻、十六章、同書、六一〇頁。

(20) 二巻、十六章、同書、六〇三頁。

(21) 三巻、九章、同書、九四一頁。

(22) 一巻、四十二章、同書、二五〇頁（プルタークについて）。

(23) 一巻、四十二章、同書、二五〇頁。

(24) 二巻、一章、同書、三二一頁a。

(25) 一巻、二十六章、同書、一六六頁。

(26) 一五五五年ヴィルガニョンによって建設されたフランス植民地については、モンテーニュ以前にも書かれたものがありとくにジャン・ド・レリーは食人種の落ちつき、善良さを高く評価し、彼らを……ローマ共和国のストア哲学者に比べている（Cf. Histoire d'un voyage fait en la terre de Brésil, autrement dite Amérique, La Rochelle, 1578, p. 242）。まだ子どもだったシャルル九世がルアンで食人種たちと会見した時、彼らは武装した大人たちが子どもに服従しているありさまに驚く。モンテーニュとならび称せられるミシェル・ド・ロピタルは、次のように記している。《……神の正義と自然の法は、アメリカの野蛮人にとってもヨーロッパのキリスト教徒にとっても変りはない》（『著作集』九巻、六〇—六一頁）。

(27) 一巻、三十一章、《食人種について》éd. La Pléiade, p. 200.

(28) 一巻、三十一章、同書、二〇四頁。

(29) 一巻、三十一章、同書、二〇八頁。

《食人種について》の章にはモンテーニュの思想がよく表れているが、以後、十八世紀文学においても外人が同じような役割を担って登場するだろう、ヴォルテールにおけるうぶな者（Ingénu）、モンテスキューにおけるペルシア人など。

(30) 《私のフランス語は、出身地が田舎ゆえ、発音その他まともではない》（二巻、十七章、同書、六二二頁）。

(31) 二巻、三十七章、同書、七五七頁。

(32) 一巻、十四章、同書、五三—五四頁。

(33) 三巻、六章、《駅馬車について》同書、八八七頁。

(34) 三巻、六章、同書、八八九—八九四頁。

(35) 《どうか材料に期待せず、それにどんな形を与えるかに期待していただきたい》（二巻、十章、同書、三八七頁）

(36) 《それゆえ、私としては、人生を愛し、神がそれを我々にお与えになったそのままを丹精こめて耕そう［……］。私は、心から、そして感謝しつつ、自然が私のために作ってくれたものを受けとる。そうすることを喜び、満足だ》（三巻、十三章、同書、一〇九三—一〇九四頁）。《私は、行きあたりばったり出会った人に語るように、紙にむかって語る。以下によっておわかりのはず》（三巻、一章、同書、七六七頁)。

(37)『エセー』、《読者に》同書、九頁。

(38) Cf. Geoffroy Atkinson, Les Nouveaux Horizons de la Renaissance, Droz, 1935, p. 9.

(39) コルドリエ会修道士にして天地学者アンドレ・テヴェ (André Thévet) は、地球の裏側の自然や住民について数多くの情報を集めたが、一定の方針もないため、全体は統一を欠く。彼のよせ集めたさまざまな不思議は多種多様、あい矛盾するものであるが(Cf. Les Singularités de la France antarctique. Le Brésil des cannibales au XVIe siècle, choix de textes, introduction et notes de Frank Lestringant, La Découverte, Maspéro, 1983)、それらが描きだす野蛮人、食人種、女人族は、残虐で高潔、道楽者で親切、恐るべき人食いだが食事の作法は文明人なみ。著者は彼らを厳しく非難したかと思えば、数頁先ではやたらにほめちぎるという具合。テヴェのとらえたこまぎれの現実――そこからはまだ《善き野蛮人》というものわかりのよいレッテルはでてこない。それはまたレリーのように普遍主義的な人類学に近づくこともない――は、一様でなく、あちこちへゆれ動く自己の姿に対応するかのようだ。モンテーニュの文章によってヨーロッパ人が知った自らの姿に。

(40) Marc Lescarbot, Histoire de la Nouvelle-France, p. 7, cité par G. Atkinson, 前掲書、四七頁。

(41)《我国における読書の好みは変化した。ラ・カルプルネード La Calprenède〔物語『カッサンドラ』、『クレオパトラ』の作者〕以後物語は人気を失い、旅行記がもてはやされるようになり、宮廷でも町方でもひっぱりだこである》(カレル・ド・サント・ガルド〔Carrel de Sainte-Garde〕宛シャプランの書簡、一六六三年。引用は Atkinson, 前掲書、三〇頁)。

(42) ブーマはポステルを《カトリシズムの外縁》に位置づけている。William J. Bouwsma, Concordia Mundi, The Career and Thought of Guillaume Postel, Harvard University Press, 1957,

p. 28. ポステルについては次書も。Pierre Mesnard, L'Essor de la philosophie politique au XVIe siècle, Paris, Vrin, 1951, p. 431-453.

(43) G・ポステル『新しき世における女性のいとも驚くべき勝利……』G. Postel, Les Très Merveilleuses Victoires des femmes du Nouveau Monde et comme elles doibvent à tout le monde par raison commander, et mesme a ceulx qui auront la monarchie du Monde vieil, Paris, 1553, p. 20。

(44) Cf. Hans Kohn, The Idea of Nationalism, McMillan Company, 1951, p. 194.

啓蒙主義と外人

(1) Cf. L. Althusser, Montesquieu, la politique et l'histoire, PUF, 1959. これはモンテスキューを、社会、及びその力学についての矛盾にみちた思想家とするもの。また R. Aron, Dix-huit Leçons sur la société industrielle (chapitre sur《Marx et Montesquieu》), Gallimard, 1962 によれば、モンテスキューは《ある意味で最後の古典的哲学者、別の意味では最初の社会学者》だった。

G. Benrekassa, Montesquieu, la liberté et l'histoire, Le Livre de poche, 1987. これも示唆にとむ。右二書をふまえてモンテスキューの思想を各面から解明している。十八世紀の歴史、思想とのかかわり、現代人にとっての意義等。

(2) モンテスキュー、Mes pensées in Œuvres complètes, La Pléiade, t. I, p. 1003.

(3) モンテスキュー、Mes pensées. 同書、九七六頁。

(4)《古代人は、我々よりもはるかに固く祖国と結ばれていたはずだ。祖国と一体となっていたからである。国が占領されたら？　奴隷になるか殺される定めだった。我々の場合は君主が入れかわるというだけのことである》(同書、一三五三頁)。

（5）同書、九八一頁。

（6）モンテスキュー、Considérations sur la richesse d'Espagne, La Pléiade, t. II, p. 10.

（7）モンテスキュー、Réflexions sur la monarchie universelle, La Pléiade t. I, p. 34. また次のようにも述べている。《ヨーロッパは現在、世界中で通商、航海を行っている。それらにかかわる度合いによって国力は増大したり減少したりするしくみだ。しかし栄枯盛衰は世の習い、何が起こってどうなることか。各国政府がどれだけ賢明に動けるかが何よりも問題だが、今日海外で栄華を誇っている国が内部から崩壊することもありうるし、めだたなかった国がめきめきと力をつけてくる場合もあり、敗者が復活することもある。繁栄が絶頂に達している時こそ衰退は始まっているのだ。繁栄を手に入れるにもこれを維持するにも思いきった手段を用いるしかないだろう》（同書、二〇頁）。

（8）モンテスキュー、Analyse du Traité des dovoirs 1725, La Pléiade, t. I, p. 110.（付点は筆者）。
Cf. 後出「人権宣言」の項、以下。

（9）《各人が自分の方が劣っていると感じる。なかなか同等とは感じない》（モンテスキュー、L'Esprit des lois, I, 2, La Pléiade, t. II, p. 235）。

（10）ディドロ、Le Neveu de Rameau et autres dialogues philosophiques, Gallimard, Folio, 1972.
《私には自分の言っていることがわかっております。あなた方はあなた方の言うことがおわかりで、私は私の言うことがおわかりなんで》（同書、三九頁）。彼は自分に二人称で話しかけ、自分を観察、批判する。《お前さんは指をくわえて出ていった。いっそその前にお前さんの呪われた舌をかみ切っておけばよかったのさ。そこに気がつかなかったばっかりに、文無し宿無しでうろついてござる》（同書、四六頁）。

（11）《その上自分を軽蔑するなんて。たまったものじゃない》（同書、四八頁）。

（12）《お前さん、ほかの奴みたいにおべっかが使えないのかね？　ほかの奴みたいに嘘をついたり悪口を言ったり偽の誓いをたてたり約束を守るも破るも知らん顔とはゆかないのか！》（同書、四八頁）。

（13）《私なしじゃ済まされないんですよ。必要な人間というわけです》（同書、八八―八九頁）。

（14）同書、九〇頁。

（15）同書、四七頁。

（16）同書、一〇六頁。

（17）同書、五二頁。Cf. Marian Hobson,《Pantomime, spasme et parataxe》, in Revue de Métaphysique et de morale, n°2, avril-juin 1984, p. 197–213.

（18）M. Hobson, 同書。ホブソンは甥の言動を症候（synptôme）、兆候（signe）ととらえている。

（19）ディドロ、前掲書、三五頁、および一二七頁。

（20）同書、四五頁。

（21）Cf. Jean Starobinski《Diogène dans Le Neveu de Rameau》in Stanford French Review, 1984, p. 147–165.

ディドロにとって自分をディオゲネスに投影させることは、ディオゲネスの権威のもとに《素裸になりたがる自分と説教したがる自分を一つに結ぶことだった》（同書、一五五頁）。

（22）Mikhaïl Bakhtine, Problème de la poétique de Dostoïevski, Seuil. 1970.

（23）自然の痙攣は作用／反作用の連鎖あるいは自然の緊張《トーヌス》である。自然に反した痙攣は諸々の病気の原因となる。《あらゆる神経病は麻痺または痙攣、ひきつけに帰せられる。痙攣から自然状態へ、また麻痺へとめまぐるしく変化するのがひきつけである》（Samuel Tissot,《Traité des nerfs et de leurs maladies》in Œuvres, 1885, p. 10）。

（24）François Hemsterhuis, Lettre sur l'homme et ses rapports avec le commentaire inédit de Diderot, Yale, 1964, p. 325, 引用は Hobson, 前掲書、二〇二頁。

（25）ディドロ《Le Rêve de D'Alembert》前掲書 Le Neveu de Rameau……、一八四頁。

（26）同書、三六頁。

（27）同書、一二五頁。

（28）ヴォルテール、Dictionnaire philosophique.

（29）ディドロ、前掲書、一二六頁。

（30）同書、六二頁。

（31）《cosmopolite》なる語は十六世紀にさかのぼる。Darmesteter, Hatzfeld, Thomas の辞典［Dictionnaire général de la Langue française du commencement du XVIIe siècle jusqu' à nos jours, 1890-1900］によれば、ポステルの造語とか。ポステルはフランソワ一世治下の旅行家、学者、コレージュ・ド・フランス教授、東洋語学者（既出、一五四頁以下）。アカデミー辞典が《cosmopolite》を採択するのは一七六二年版から［Dictionnaire de l'Académie française 初版は一六九四年。一七六二年発行の第四版は新語・専門用語を多くとりいれている］。Langlet du Fresnoy, L'Histoire de la philosophie hermétique, 1762 は錬金術師 A. Sethon の造語とし、一六〇四年プラハで出版された Cosmopolite 論に言及している。この言葉が脚光をあびるのは十八世紀に入ってから。トレヴーの辞典［Dictionnaire de Trévoux, 1704-1771］、フージュレ・ド・モンブロン（一七五〇）、次いでアカデミーによって。真の賢者は《cosmopolite》であると『哲学者たち』の中でドルティディウス（ディドロ）は述べる（三幕四場）。Cf. Paul Hazard, 《Cosmopolite》(in Mélanges offertes à Ferdinand Baldensperger, Paris. Champion, 1930, t. I, p. 354-364)。ストア派にならって《Citoyen du monde（世界市民）》という言い方もあった。デュ・ベルレーの場合は悪い意味で（Siège de Calais, 四幕二場）。一方、ラ・フォンテーヌは自ら《この広い世界の良き市民》と称し、サン－シモンはヴォーデモン公をそう呼んだ（『回想録』XV. p. 60）（Cf. F. Brunot, Histoire de la langue française des origines à nos jours, t. VI, 1re partie, p. 118-121）。

（32）ディドロ、Satire I, sur les mots de carctère, in Œuvres complètes, Garnier, 1875, t. VI,

p. 305.

（33） Cf. Fougeret de Monbron, Le Cosmopolite ou le Citoyen du monde, suivi de La Capitale des Gaules ou la Nouvelle Babylone, Bordeaux, coll. Ducros, 1970. Introduction et notes de Raymond Trousson, p. 15.

（34） フージュレ・ド・モンブロン。同書、三五頁。

（35） イギリス船に乗ろうとするフージュレに対しフランス大使から注意があった、《我国はイギリスと交戦中であると。私は答えてやった［……］、私は世界市民である、交戦中の国々には中立をもって臨むと》（同書、一二二頁）。

（36） 同書、四五頁。

（37） 同書、六九頁。

（38） 《こう言えば誠にもっとも至極ゆえ、誰も傷つけられることはあるまい。この地上では、すべて等しく滑稽で、自分が良いと思ったものが良いものだと》（同書、五二頁）。さらに過激なことも述べている。《……旅行や航海から得た最大の収穫は、本能的に憎んでいたものを理性によって憎むことを学んだことである［……］。私は完全な確信を得た、公正だの人間らしさだのは何処に行ったってただのきまり文句に過ぎないと。人は皆自分のためにしか生きておらず、自分しか愛さないものだとよくわかった［……］。私にしても少々悪《わる》だというだけのこと》（同書、五九頁）。《生きとし生けるものの中で私が一番好きな生き物はこの私。だからといって私の値うちが上るなんて思うものか［……］。その逆。誓って申すが私なんぞこれっぽっちも価値のない奴。他の方々と私の違いは唯一つ、私は堂堂と本性を現すがあちらさまにはそれができない》（同書、六〇頁）。《しかし御承知おき願いたいが、私は生きているものたちの間で一人離れて立つ者。私にとって世界は終りなきお芝居、ただで楽しませていただいておりますよ》（同書、六一―六二頁）。

（39） Olivier Goldsmith, Citizen of the World, 1762.

(40) Laurence Stern, Sentimental Journey, 1768.
(41) ジャン-ジャック・ルソー、Émile, liv. I, Œuvres complètes. La Pléiade, 1969, t. IV, p. 248–249.
(42) モンテスキュー、Mes Pensées. 前掲書、t. I, p. 1286.
(43) 同書、t. I, p. 981.
(44) G. W. F. Hegel, La Phénoménologie de l'esprit, trad. fr. J. Hyppolite Aubier-Montaigne, 1977, t. II, p. 54.
(45) 同書、五四—五五頁。
(46) 同書、五六頁。ディドロのテキストは当時フランスでは知られていなかったが、ゲーテのドイツ語訳〔ライプツィッヒ、一八〇五年〕が出版されたところだった『ゲーテのドイツ語訳からの仏訳出版(一八二一)』、オリジナル・テキストの公刊(一八二三)』。
(47) ヘーゲル、同書、七七頁。
(48) 同書、七三頁。
(49) 同書、七八頁。
(50) 同。
(51) 同書、八〇頁。
(52) 同書、八一頁。
(53) 同書、八〇頁。
(54) H.-R. Jauss はヘーゲルのディドロ解釈の正しさを認めつつも、むしろヘーゲルとディドロの違いに注目し、『ラモーの甥』の対話論法は哲学的弁証法とは対立すると述べている。Cf. H.-R. Jauss, 《Le Neveu de Rameau, dialogique et dialectique (ou Diderot lecteur de Socrate et Hegel lecteur de Diderot)》 in Revue de Métaphysique et de morale, n°2, avril-juin 1985,

p. 145-181.

(55) ヘーゲル、前掲書、八一頁。

(56) 同書、八四頁。

(57) Cf. Gabriel Compayré, Préface à la Déclaration des droits de l'homme et du citoyen, Paris, Alcan, 1902.

法的国民主権の考え方はルソーにさかのぼるが、実は古来からの思想を新たにしたものというべきである。アリストテレス、聖トマス、宗教会議を教皇の上に置いた神学者たち、フイリップ・ポ(Philippe Pot, Discours des Etats généreux, 1484)、フランソワ・オルマン(François Holman, Francogallia, 1573)、イギリスの法律家たち、スピノザ。フランス革命後はカントのコスモポリタニズムにおいて頂点に達する（後出、二〇八頁以下参照）。

(58) エドマンド・バーク『フランス革命考』1790.

(59) Hannah Arendt, L'Impérialisme, 1951-1968, trad. fr. Seuil, 《Points》, 1982, p. 280.

(60) 同書、二八一頁。

(61) 同。

(62) 同書、二八七―二八八頁。

(63) 同書、二八八頁。

(64) Albert Matiez, La Révolution et les étrangers, Paris, La Renaissance du Livre, 1928, p. 31.

(65) これら国別クラブの一部は後により大規模な組織、〈外国人愛国者クラブ〉(Club des patriotes étrangers) に併合された。後者は一七九二年八月十日に〈アロブロゲス人（田舎者、無作法者の意）クラブ〉(Club des Allobroges) となる。

(66) Cf. A. Mathiez, 前掲書、七二頁。

(67) 背景には不安定な世相があった。だからといってこれらの行き過ぎが正当化されるわけではないが。Le Cosmopolite 紙の場合がよい例である。ベルギー人プロリにより一七九一年十二月に創刊。平和主義を掲げ、ジロンド党の開戦論に反対、フランス-オーストリア同盟を支持、ロベスピエールの戦争反対論を発表……大部分無料配布されたらしい。オーストリア皇帝の政策に加担していると疑われ、開戦阻止にも失敗、開戦宣言後廃刊(A. Mathiez, 前掲書、三一頁)。プロリはこれまでの関係と手を切りエベール派になる。祖国への忠誠を見せるためだったろうか?

(68) 《公安委員会において、就職、フランス居住、フランスにおける不動産所有の事実を証明できない者、またその地方に一年以上居住している市民六人から市民としての人物証明を受けられない者(Matiez, 前掲書、一二五頁)……》すべてが対象になった。

(69) Cf.Louis Jacob, Hébert, le Père Duchesne, chef des sans-culottes, Gallimard, 1960, p. 333.

(70) ロベスピエールは言う、《外国人どもは我々の委員会や部会において審議に加わり、我々のクラブに入りこみ、国民代表の聖域にも席を占めてきた[……]。彼らは我々のまわりをうろつき、我々の秘密を嗅ぎつけ、我々の関心事にわりこみ、我々の意見に口をだしたがり、我々の出した結論をくつがえそうとする。あなた方が弱虫なら? 彼らは用心深いといってほめる。用心深かったら? 弱虫だといってけなす。あなた方の勇気を蛮勇だといい、あなた方の正義を残酷と呼ぶ。大事にしてやれば大っぴらに陰謀を企てる。おどかせば愛国者面をして陰でけしからぬことをたくらむ。自由の守り手たちを殺害しておきながら、一夜明ければその葬式に加わっている[……]。外国人どもは人々を手玉にとってかきまわした。金銭は彼らの好きなように出まわったり消えてなくなったり。人々がパンにありつけるのもありつけないのも彼らの意のまま[……]。彼らの主な目的は我々を互いに争わせることなのだ》。バレールはロベスピエールの上をゆく。《我々がヨーロッパのどこかと交戦中は、いかなる外国人といえどもフランス国民を代表する栄誉を持つことを望んではならない》(Cf. Mathiez,

前掲書、一七二頁)。

(71) Cf. L. Jacob, 前掲書、三四七頁。

(72) 《私は、地球上のすべての国民が彼らの暴君どもを根絶したのち、只一つの同胞家族となる日が来ることを希望する。いつの日か我々は迎えるだろう、トルコ人、ロシア人、フランス人、イギリス人、そしてドイツ人もが同一議事堂に会し、ヨーロッパのすべての国民からなる一大国民公会が組織される日を。これは夢だが実現の可能性はある……》(同書、三〇四頁)。

(73) Cf. Mathiez, 前掲書、一八二頁。

(74) L'Orateur du genre humain ou Dépêche du Prussien Cloots au Prussien Herzberg, Paris, 1791.――La République universelle, Paris, 1792. 《人民は世界の主権者であり、さらには神であって、フランスは人民 - 神の発生の地にして集結の地、至高の存在を怖れるのは愚者のみである》。――Bases constitutionnelles de la République du genre humain, Paris, 1793.

(75) Cf. A. Mathiez, 前掲書、一六九―一七〇頁。

(76) 《デュシェーヌおやじは言う、私は予言者アナカルシス・クローツがやったようにドン・キホーテみたいなことを我々がすべきだとは思わない。まだ自由を知る資格のない人々を自由に改宗させるためにやみくもに世界戦争をやらかすなどということは。そのような奇蹟は時間をかけ条理をつくして行うべきである》(L. Jacob, 前掲書、三〇四頁)。

(77) とくにジョルジュ・アヴネルの場合。彼は後に最初のクローツ伝を著す。これまた虚々実々、わけのわからぬもので歴史家泣かせの作品。Cf. G. Avenel, Anacharsis Cloots, L'Orateur du genre humain, Paris! France! Univers! 1865, réédité par les éditions Champ Libre, Paris, 1976.

(78) イギリス。(有権者が激減しても) 人数の不正登録によって国会議員の選出権を保持していた。

(79) Cf. Jean Lessay. L'Américain de la Convention, Thomas Paine, professeur de révolutions, Perrin, 1987, p. 236 et 242.

普遍的なもの、それは……我々自身の異質性ではなかろうか?

(1) Cf. 既出、一七九頁以下。

(2) Cf. E・カント、《Idée d'une histoire universelle au point de vue cosmopolitique》(1784), (『コスモポリタニズム的観点による世界史考』) in Œuvres complètes, Gallimard, 1986, t. II, p. 192.

(3) 同書、一九三頁。

(4) 同書、一九四頁。

(5) 同書、一九六頁。

(6) 同書、一九七頁。

(7) 同書、二〇二頁。

(8) 同。

(9) カント、同書、t. III, p. 348.

(10) 《人はすべて、外国人に自分たちの社会に入ってくるよう要求する権利を持つ。これは地球の表面を共有する権利に基づいている。地球は球体をなしている。つまり人々は互いに他人と支えあってゆかねばならない。無制限に拡がっていくわけにはいかず、本来、ある場所に対して他人より多くの権利を持つ者などないのだから》(同書、三五〇頁)。

(11) 《自由な存在に強制なしに法を与えうるものは実践理性しかない。すなわち「自然」のみこれをなしうる、我々が望むと望まざるとにかかわらず》(同書、三五九頁)。

(12) 同書、p. 361, 362, §3.

(13) Hans Kohn, The Idea of Nationalism, The MacMillan Company, New York, 1951.

(14) J.-J. Rousseau, Les Confessions (『告白録』)、liv. IV in Œuvres complètes, La Pléiade, 1959, t. I, p. 144.

（15）《市民とは分母に対する分子の如きもので全体との関係において価値が決まる。すなわち社会機構全体との［……］。社会制度がよくできているほど個人の社会化もうまくゆく。人々は絶対的な存在としてではなく相対的な存在として共同体の中に自己を組み込むことになる。個人は個々の存在ではなく全体の一部、全体あっての自分というわけだ》（ルソー、Emile（『エミール』）, liv. I, in Œuvres complètes, La Pléiade, 1969, t. IV, p. 249)。

（16）《取り締りも結構、だが自由の方がもっとよい》（ルソー、《considérations sur le gougernement de Pologne》（『ポーランド政治考』） in Œuvres complètes, La Pléiade, t. III, p. 983）《人民の自由こそは最も大切なものである。すべての人間は祖国の名において自由を侵犯する者の手からこれを奪い返す権利を持つ。このような重罪に復讐するのは各人の務めである。このことはすべての人々に教えねばならない、最下層の市民にまで》（Correspondance générale（『書簡集』）、Paris, éd. Dufour-Plan, A. Colin, 1934, t. XX, p. 346)。

（17）《二百年後に我々の子孫が我々の歴史をひもとき、それが演じた重要な役割、フランスが占領し戦勝しなかった隣国がなかったことを知った時、多少なりともフランスの血が流れている者、フランスの栄光を愛する者ならば、フランスへの愛に胸がいっぱいにならない筈があろうか？》（Voiture, Œuvres, Paris, Charpentier, 1855, vol. I, p. 272. 引用は Hans Kohn, 前掲書, p. 203)。

（18）Lettres à d'Alembert, Garnier-Flammarion, 1967, p. 43.

（19）Cf. 既出、二〇八頁以下。

（20）Cf. Hans Kohn, 前掲書、四二九頁。

（21）Cf. Antoine Berman, L'Epreuve de l'étranger. Culture et traduction dans l'Allemagne romantique, Gallimard, 1984.（ドイツにおける）外国との接触による自国文化形成。それはシュレーゲルがフランスについて指摘していることとは対照的だ。《ドイツ以外の諸国は、詩において全く伝統的な語法をとっているため、何かを彼らの言葉で詩に訳すことなどできるものではない、例えばフランス語などで［……］。彼らは外国人といえども彼らの国では彼らの風習に従ってふるまい、同じ衣装をまとうべきであると考えているかのようだ。その結果、彼らにとって真の意味での外人は存在しないことになる》（シュレーゲルの引用は A. Berman, 前掲書、六二頁）。

（22） Cf. A. Berman. 同書、p. 70「雅歌」の翻訳に始まり、あの名高い聖書釈義『聖書詩真髄』をへて『民謡集』にいたるまで、ヘルダーは一貫して自己の個性を生かしつつ外国のものを同化し、形成発展の道をたどりつつあったドイツ語に貢献すべく努める。中部ヨーロッパ諸国民は、ヘルダー思想の影響を受けてスラヴ系言語、文化を発展させた。しかし注意すべきはドイツ文化（Bildung）と外部文化の関係——とくにヘブライ文化との——が後期ロマン主義において危機を迎えること。ヘルダー自身、元来はみのりをもたらすはずだったその政治観を硬化させ他者を併合の対象とみるに至る。ドイツの《独自性》を守るために他者を徹底的に拒否するまでには至らなかったが。

（23） 自分自身の矛盾はともかく、ヘルダーも警告を発している。《いつもその謙譲さをたたえられ、あれほど外国人の長所を公正に認めているドイツ人、それなのに一体何故、外国を十把ひとからげに軽蔑するようになってしまったのか、かつて自分たちが模倣し、学んだ国々を？》（Max Rouché, Introduction J.G. Helder, Idées……, Aubier, 1962, p. 33）。次のようにも述べている。《諸外国の風習や言語を学ぼうとする者は、それらが栄えた時期を選ぶべきである。なぜならヨーロッパ全体において各国の特徴が次第に薄れてゆく傾向にあるからだ。しかしその際、歴史家は一国民ばかりをとりあげ、華々しく表面に出ることのなかった諸国の重要性を無視することがあってはならない》（同書、liv. XVI, p. 309）。

（24） Neue fragmente, n°146, in Werke und Briefe, Munich, Winkler Verlag, p. 452-453, 引用は Henri E. Ellenberger, A la découverte de l'inconscient, Simep-Ecitions, 1974, p. 170.

（25） Cf. 既出《神の選民……》八三頁以下。

（26） フロイト、《L'Inquiétante Etrangeté》et autres essais, Gallimard, 1985, p. 215.

(27) 同書、二二二頁。
(28) 同書、二四二頁。
(29) 同書、二四五―二四六頁。
(30) 同書、二四六頁。
(31) 同書、二五〇頁。
(32) 同書、二五二頁。
(33) 同書、二四九頁。
(34) 同書、二五一頁。
(35) 同。
(36) Cf. Paul Denis, 《L'inquiétante étrangeté chez l'enfant》, in Revue de Psychanalyse, n°3, PUF, 1981, p. 503.
(37) Cf. Yvon Brès, 《Modestie des philosophes : modestie des psychanalystes》, in Psychanalyse à l'Université, t. XI, n°14, octobre 1986, p. 584-586. 同書によればドイツ語の Unheimliche のテーマははひんぱんにとりあげられるため、当然といえるかもしれないがフロイトとハイデッガーの間にこの語の用法において一脈あい通ずるものがあるという。ハイデッガーの場合、世界－内－存在における不安は不気味となる［《In der Angst ist einem “unheimlich”》］(Sein und Zeit, §40)。《しかしこの不安、不気味は同時に、自分の－ところに－いないことを意味する》。のちの『形而上学とは何か？』（一九二九）では、実存的不安はいかなる確定も不可能な時に感じられるものであるとし、これを Unheimlichkeit（仏訳、p. 52）として扱っている。
(38) G. Freud, Gesammelte Werke, t. XIV, p. 338 ; Y. Brès. の仏訳。
(39) フロイト『不気味なもの』前掲書、p. 214.
(40) 《それから［大広間に張りめぐらされていたビロードの垂れ幕の房飾りがすっかり切りとられると

いう事件があってから］五日か六日後、私は王の夜食の卓に同席していた［……］。そろそろデザートがでようという時、何か大きくて黒っぽいものが食卓の上をとんでいったような気がしたが、あれよという間もなくそれは食卓の向こう端に落ちた［……］。どすんと音がして皿ががたごとした、一枚もひっくり返らずにすんだが［……］。王は物音にふりむき、少しも驚いた様子もなく、「恐らく余の房飾りであろう」と言われた。それは司祭帽よりも大きい位の包みだった……私のずっと後方から投げられたもので［……］とれた房がひらりと王のかつらの上にとまった。王の左手に座っていたリヴリが気がついてとり除いた。彼は食卓の端までやってきて包みの中に房飾りがぐちゃぐちゃになって入っているのを確認した［……］。リヴリはこれを始末しようとしてそこに手紙が付いているのをみつけた。彼は包みはそのままにして手紙を手にとった［……］。そこにはいかにも偽筆らしい女文字っぽい細長い筆蹟でこう書かれていた。「あなたの房飾りをお返しします。ボンタン。楽あれば苦あり。わが君にかしこ」。手紙は巻いてあったが封は開いていた。王はダカンの手からこれをとろうとされた。ダカンは引っこんでこれを嗅いだりこすったり何度もひっくり返してみたりしてからようやく王のお目にかけたが、御手にはとらせなかった。王は御自身でも読まれながら、彼に大きな声で読み上げるよう命じられた。《さても無礼なことよ！》と王は言われたが、その調子はまことに平然たるものであり、まるでよそごとといったふうであった。それから包みを片づけるようにと言われ［……］。この件についてはそれっきり何も語られず、皆も敢て話題にはしなかった、少なくとも表だっては。そして何事もなかったように食事が続けられた》（サン＝シモン『回想録』Saint-Simon. Mémoires, La Pléiade, t. I, p. 632-633)。

クリスチアン・ダヴィドはこの一節に注目すべき解説をつけている。Cf. Christian David, 《Irréductible étrangeté》, in Revue de psychanalyse n°3, PUF, 1981, p. 463-471.

(41) フロイト『不気味なもの』。前掲書、二一六頁。

さてどうするか……

（1） Cf. Etre français aujourd'hui et demain, t. II, 10/18, 1988, p. 235-236.［一九八八年一月に提出された国籍問題諮問委員会（一九八七年七月発足）の報告書、及び関連資料をまとめたもの］

訳註

いくつかの語彙、及び人名の一部（おもに〈外人〉たち）については本文中に補足してある。訳註部には説明がやや長くなるものをまとめた。但しあくまでも略註にとどまる。数は少ない。ひろいだせば言葉の背景、あるいは行間という一冊（以上）の書物が出現するのを恐れたからだ。読者の御賢察と御寛容を、そして読書に必要な知識は自分で得るという楽しい努力を同じ読者としてお願いする次第である。

（一）　**étranger.**　外国人、外人（フランス人＝フランス国籍所有者は、フランス国外では外人だ）を意味するが、ひろく部外者、よそ者をも指す。近代国家成立以前にもさまざまな〈外人〉があったことは本書で詳説されるだろう。本訳書では〈外人〉が非ユダヤ教徒、非キリスト教徒を指す場合は慣例にならって「異邦人」の訳語を用いているが、そのほかの場合は、一定しない。後に言及されるカミュの小説 **L'Etranger** に関しては、邦訳題名『異邦人』に従い「異邦人」でとおした。

（二）　**étrangeté.**（名詞）　**étranger**（形容詞、名詞）であること。本訳では異質（性）、異常（性）、奇妙さ、風変り、外人であること等々、さまざまな訳語をあてている。**étrangeté** は原テキストをとじる言葉となるだろう。（……**notre étrangeté radicale.**）

（三）　バロックとは形のいびつな真珠を指したが、十七世紀から十八世紀にかけての諸芸術（建築から文学まで）の様式をあらわす述語として用いられる。凝りすぎ、不統一、奇異、規範からの逸脱。ジョイスの『ユリシーズ』（一九二二）における破格異常な手法、文体。『フィネガンズ・ウェイク』における独自の言語創造。

(四) ベテルハイム『うつろな砦』(一九六七)。Bruno Bettelheim(一九〇三―)はウィーンのユダヤ人家庭に生まれた。強制収容所から生還、一九三九年アメリカに亡命。フロイト派精神分析学者として幅広い活動を行っている。

(五) カミュの原文

《Aujourd'hui, maman est morte, ou peut-être hier, je ne sais pas. J'ai reçu un télégramme de l'asile: "Mère décédée. Enterrement demain. Sentiments distingués." Cela ne veut rien dire. C'était Peut-être hier. [...] *Mais au bout de quelques temps j'avais la bouche brûlée par l'amertume du sel. Marie m'a rejoint alors et s'est collée à moi dans l'eau. Elle a mis sa bouche contre la mienne. Sa langue rafraîchissait mes lèvres et nous nous sommes roulés dans les vagues pendant un moment.* [...] *Elle a voulu savoir alors si je l'aimais. J'ai répondu comme je l'avais déjà fait une fois, que cela ne signifiait rien mais que sans doute je ne l'aimais pas. "Pourquoi m'épouser alors?" a-t-elle dit. Je lui ai expliqué que cela n'avait aucune importance et que si elle désirait, nous pouvions nous marier* [...]. *Mais la chaleur était telle qu'il m'était pénible aussi de rester immobile sous la pluie aveuglante qui tombait du ciel. Rester ici ou partir, cela revenait au même. Au bout d'un moment, je suis retourné vers la plage et je me suis mis à marcher.* [...] *L'Arabe a tiré son couteau qu'il m'a présenté dans le soleil. La lumière a giclé sur l'acier et brûc'était comme une longue lame étincelante qui m'atteignait de front.* [...] *Cette épée brûlante rongeait mes cils et fouillait mes yeux douloureux. C'est alors que tout a vacillé. La mer a charrié un souffle épais et ardent.* [...] *La gâchette a cédé.》*

(六) 第五共和制発足以来、社会管理の体制が強化されていったが、これに反対する動きが爆発したのが一九六八年の「五月革命」、「五月危機」である。学制改革をめぐるパリ大学ナンテール分校の学生の闘争（三月）をきっかけに、権威や秩序を拒否する学生たちはソルボンヌを占拠（五月十日）、学生を支援する労働者たちによる経済的要求をかかげての空前のゼネスト（五月十三日〜六月六日）。六月の総選挙におけるド・ゴール派の圧勝によって既存秩序は維持されるが、激動の五月がその後に与えた影響は大きい。クリステヴァはまさに「異邦の女」（Roland Barthes, L'étrangère, 1979.「現代思想」一九八三年五月号〈特集＝クリステヴァ〉に邦訳されている）としてこの時期における知的革命に参加したのである。クリステヴァの最新作、小説Les Samourais(『サムライたち』) Fayard, 1990は当時の知識人たちを物語るもの。

（七） The Real Life of Sebastian Knight は、ナボコフ Vladimir Nabokov（一八九九—一九七七）がはじめて英語で書いた作品。ナボコフ自身放浪の騎士だった。ペテルブルグに生まれ一九一九年革命のため亡命、ケンブリッジ大学卒業後ベルリン、パリ、と転々とし、一九四〇年アメリカに渡り市民権を獲得、一九六〇年以後は主にスイスに居住した。一九七七年同国モントルーに死す。

（八） 一九五〇年頃から小説概念の更新をもたらすような作品を発表し続けてきたフランスの作家たち。ロブ・グリエ Alain Robbe-Grillet（一九二二— ）、サロート Nathalie Sarraute（一九〇一— ）、ビュトール Michel Butor（一九二六— ）、シモン Claude Simmon（一九一三— ）、デュラス Marguerite Duras（一九一四— ）、ケロール Jean Cayrol（一九一一— ）、パンゴー Bernard Pingaud（一九二三— ）ら。

（九） ジョイス James Joyce（一八八二—一九四一）の流転。ダブリンに生まれ、パリ、ダブリン、再び大陸各地に。一九二〇年から十九年間パリに居住、一九四〇年スイス、チューリッヒに移り同地で死す。

（一〇） イヨネスコ Eugène Ionesco（一九一二— ）はルーマニア生まれ、母方の祖先がフランス人。一九三九年からフランスに定住、フランス語で劇作品を発表。シオラン E.M. Cioran（一九一一— ）ルーマニア生まれ。一九三七年パリに留学しそのまま定住。フランス語の著作多数。ベケット

Samuel Beckett（一九〇六—一九八九）アイルランド生まれ。一九三八年以後フランスに定住。一九四五年からフランス語で劇作品を発表。

（一一）アガペー agapē のラテン語訳。キリスト教においては神の愛、神への愛、キリストの愛、キリストへの愛、キリスト教徒間の愛のこと。信仰、希望、愛の対神三徳のうちの最高の徳。後出、「カリタス」一〇六頁以下。

（一二）Ecclesia ギリシア語で「外へ」＋「呼ぶ、集める」の合成語。古代アテネの民会を指した。『七十人訳聖書』（七十人のユダヤ人学者による旧約聖書のギリシア語訳）ではイスラエルの宗教的会衆を指すこともあるが、キリストの教会を表わす語となる。後出、一〇一頁。

（一三）「教え、指導」を意味するヘブライ語。モーセ五書（創世記—申命記）のこと。ユダヤ民族を根底から支える成文律法となっていた。トーラーと、同じくモーセに啓示されたとされる口伝律法に関する法伝承集がミシュナ（「教文、教材」の意。六部からなる）であり、ミシュナに関する注解、議論、補足、所見の集成がタルムード。タナハ（旧約聖書）、ミシュナ、及びタルムードの章句に関する釈義がミドラーシュである。

（一四）《……順風を希って前祝いをした》渡辺一夫の訳（『第四之書パンタグリュエル物語』、岩波書店）。船乗りたちは風がない時には風を望んで酒を汲む習慣があったという。なお本章訳は、渡辺一夫の訳業なしには不可能であった。島名など同訳をそのまま使わせていただいたことを感謝をこめて明記しておく。

（一五）ラブレー『第一之書ガルガンチュワ物語』作者の序詞中の言葉。《ラブレーの真意・主張・思想の義》（渡辺一夫の註）。なお『第一之書』（一五三四）以前に『第二之書』が刊行されていた（一五三二）。思想弾圧の実態、推移については岩波版に詳しい。

（一六）新大陸における土着民（野蛮人、非キリスト教徒）に対するスペイン人（文明人、キリスト教徒）の蛮行についてのスペイン神父ラス・カサス（第二回コロンブスのアメリカ渡航に同行）の報告、批判などを背景に、モンテーニュ他によって形成された概念。後出、「食人種と駅馬車」。《善き野蛮人》《悪しき文明人》については、渡辺一夫「善い野蛮人の話」(著作集第四巻、筑摩書房)を参照されたい。

(一七) オーウェル George Orwell (一九〇三—五〇)。イギリスの小説家、評論家。『動物農場』Animal Farm (一九四五) における独裁政治への諷刺、とくに『一九八四年』Nineteen Eighty-Four (一九四九) における人間性を破壊する全体主義への恐怖。

(一八) イギリスの作家 Aldous Huxley (一八九四—一九六三) の Brave New World は、文明の極度の発達によってあらゆる人間的価値が失われるに至った未来社会を描いた反ユートピア小説。引用の言葉は扉に。Berdyaev (一八七四—一九四八) はロシアの哲学者、神学者。一九二二年ベルリンに亡命、のちパリに。西ヨーロッパ文明のもつ精神的危機を鋭く分析した。

(一九) Etienne de La Boétie (一五三〇—一五六三) はモンテーニュより三歳年長。文学、哲学の教養が深かった。ラ・ボエシとモンテーニュはボルドーの高等法院の同僚(参議)としてあい知ることになる(モンテーニュ二十五歳の時)。モンテーニュは彼を「きわめて美しい魂」(『エセー』三巻十二章)、「実在の人物で私が知った最も偉大な人」(二巻十七章)と呼びその夭折を嘆いた。彼を念頭におきながらモンテーニュは友情についての最も美しい言葉の一つを残している。「ただ彼であり、私であったから」と(一巻二十八章)。

(二〇) ジョワシャン・デュ・ベルレー Joachim Du Bellay の宣言書、詩論。十五世紀末から十六世紀中葉にかけてのイタリア戦争は、フランス人にルネサンス期イタリアの文化、さらにはギリシア・ローマの古典文化へ目をひらかせた。自国語の充実、自国語による文学の振興を説くこの宣言書は、ロンサールをはじめとする詩人たちがめざした新しい文学運動の志を表明していたが、そこにはこの時代におけるフランスの文化的劣等意識と台頭しはじめた文化的ナショナリズムが反映されていた。

(二一) デュシェーヌおやじ (Père Duchesne) とは大革命前から笑劇などで民衆に親しまれていた人

物。エベールが一七九〇年に《デュシェーヌおやじ》紙を発刊するにおよんで、エベールの別名ともなった。同紙は過激な語調で下層階級に人気があった。発行部数も多く、当時としては例外的に長命だったがエベールの処刑（一七九四）によって廃刊。なお一八四八年と一八七一年にも同名の新聞が出ている。

（二二）フランス革命期の流行歌。一説によれば一七九〇年七月十四日、シャン・ド・マルスの練兵場で全国連盟祭 **Fête de la Fédération** が行われた際、元兵士で歌手のラドレが、ベクール作曲のコントラダンス曲「国民のカリヨン」に合わせて即興的に作ったという。《Ah! ça ira, ça ira, ça ira》（ça《サ》 ira《イラ》 は「うまくいくだろう」の意）で始まる歌詞は続く句がさまざまに変えて歌われた。革命初期の希望と楽観的気分を表す歌だったが、恐怖時代には民衆集会の叫びとなる。後にナポレオンによって禁止された。なお歌詞（の一例）については河野健二編『資料フランス革命』（岩波書店、一九八九）に収録されている（二二六—二三二頁）。

（二三）『マノン・レスコー』はアベ・プレヴォー **Abbé Prévost** 作の恋愛小説（一七三一）。『新エロイーズ』はジャン-ジャック・ルソーの書簡体恋愛小説（一七六一）。十八世紀フランスにはこのほかにもル・サージュ、マリヴォー他による《第三身分》（平民）を扱った風俗的な作品がある。

（二四）Heim=home,《chez soi》=自分のうち。un（欠如、否定）。フランス語訳 L'inquiétante étrangeté は従ってぴったりした訳ではないが、とフロイトのフランス語新訳シリーズの訳者はわざわざことわっている（L'inquiétante étrangeté et autres essais, éd. Gallimard, 1985）。そして《Le non-familier》,《L'étrange familier》,《Le (familier) pas, comme chez soi》なども可能であろうとしている。ただし L'inquiétante étrangeté は訳語として定着しているからと。日本語の訳語〈不気味なもの〉（「フロイト著作集」人文書院、「改訂版フロイト選集」日本教文社）にも問題は残るかもしれない。

訳者あとがき

……ou plutôt esquisser un espace où cet impact pourrait être pensé par d' autres, par des étrangers à ce livre……

J. Kristeva

本書は Julia Kristeva : Etrangers à nous-mêmes, éd. Fayard, 1988 の全訳である。

著者クリステヴァ（以下Kと記す）は、一九六〇年代後半からフランス語による著作をあいついで発表してきたが、その殆んどは我国でも翻訳出版され、多くの熱心な読者を得ている。主として、記号論や文学、精神分析学、フェミニズムなどに関心を持つ専門家や研究者、大学人、学生などである。Kは一九八一年に来日、各地で講演を行ったが、その時聴衆をなしていたのもそのような人々だった。

一冊の書物、あるいは一人の人間の言葉とは、多かれ少なかれ限られた読者、受けとめ手しか持ちえぬものであろうし、そのことで書物や言葉の存在意義が減ずることもなかろう。しかし、本書はこれまでよりはいくらかゆるやかな読者層に迎えられるかもしれない。それは訳者の願いでもある。なぜなら、今回Kが試みているのは、今日の世界が（フランスは言うに及ばずこの日本さえもが）緊急の課題、少なくともその一つに数えている外国人問題の解決、ひいては地球における今後の人類共存への糸口を探ることとであるからだ。

どうやって？

書名がすでに読者との共同作業への入口を、さらには出口をも暗示していないだろうか？

Etrangers à nous-mêmes.

外国人たち（étrangers）。我々自身（nous-mêmes）。ともに複数だ。つなぎのàは？　分離、対立、そして所属、受容。我々から遠い外国人たち、それはまた我々に属し、我々と共にある存在。我々のもとへ来た外国人、外国人を我らに——自由を我らにと言うが如く。Etranger. フランスの現行法はこれを〈フランス国籍を所有せぬ者〉と規定している。だが外国人とは単に国籍の問題だろうか？　外国とは何処なのだろう。

ヨーロッパ世界で外国人がどのように扱われてきたか、さまざまな排斥、差別、受容、同化……の歴史をたどるK。描きながら対象に存在を与えてゆく画家のように。

とりあえず音楽を、とKは言う。バッハの「トッカータとフーガ」。組んではほぐれつつ流れてゆく外国人の諸相。もはや国籍は分散された音でしかない。対する旋律を聴けばわかることだ。国民、公民ばかりか、当地だの、本来だの、おなじみ、内輪、親密、仲間……などが響いている。

この「音楽の捧げ物」は誇り高きフランスに。やせ我慢といわれようとも、外国人、外人を人間扱いしようとふんばっているフランス。

ふりかえられるヨーロッパの歴史。外人内人の織りなすドラマ。登場するのは神話時代の女たちから、「まぶしかった」と言った青年まで数知れず。明るく暗く舞台をよぎる光と闇、ユダヤ教からナチズムまで。浮遊するコスモポリタニズム、何度衣装をかえたやら、世界平和論ともどもに……

太古から現在に至る旅の果て、ふと気がつけばまわりにいるのは外人ばかり。私も外人、私の中にも外人。では、とKが言う、お互い異者として立ち、歩みましょう。

Kを立たせてやったのはフロイト。しかしストア哲学、キリスト教、十六世紀ユマニスム、十八世紀啓蒙主義、フランス革命、ドイツロマン主義……への接近も欠かせぬものだった、人権という言葉位は知っていても、そこまでの道のあまりにも遠いことになかなか気付こうともしないぼんやり者の我々だから。

それでもKには聞えてくる、「何と悠長な、外国人労働者の問題一つとってもすぐ何とかしなければいけない今この時に、抽象論にすぎる！」と。だが必要なのは政策ばかりではない。言葉を発する人間のなまぬるい務めのこと。

『セメイオティケ』以来一貫して、固定された記号、秩序、安定した意味や制度の限界を問い、これを踏み越える道を探りつづけてきたK。そして今Kは境界を越えてゆく者、〈外人〉を語った、まぎれもなくＫの用語で。〈他者〉、〈父の名〉、〈多形〉〈多声〉の〈フーガ〉、〈裂け目〉、〈否定性〉、〈おぞましさ〉、〈めまい〉、〈散乱する破片〉……等々。休むことなき知性が一九六〇年代後半から今日までの探索の過程で我がものとした言葉。しかしそれは〈Ｋの読者〉だけのものではなく、すべての人々に開かれている普通の（と敢て言おう）言葉でもあった。

これらの言葉を放射しながら、硬直しがちな世界をひびいらせてゆく外人たち。

若き日に祖国ブルガリアを捨て、五月革命前夜のフランスにとびこんできた旧外人Ｋ（そして同じ五月、同じパリを外国人留学生として生きた訳者）。人は彼女を東方の女、〈異邦の女〉と呼ぶだろう。その後文化革命終末期の中国を訪れたＫは、中国の女から「ウァイクオ・レン」（外国人）、西洋女と指さされるだろう。当初から永遠の他所者、外人を自認していたＫだった。そして今、本書において彼女は改めて外人になろうというのか。自分と他人を道連れにして。

これはあくまでも試行の書、そして呼びかけの書である。

呼びかけが放たれた時、たまたまそこにいた私は、その運び手たるにはあまりにも力弱く、遠く近くから学識も豊かな人々が引いたり押したりしてくださらなかったならばここまですらもたどりつけなかったであろう。Ｋによって参照引用された文献の邦訳者、各種辞典の編者その他多くの先達たち、そして共に訳稿を読んで下さった方々にも深い感謝を捧げたい。

本訳が進められていた一九八九年は、東西ベルリンの壁がつき崩された年として人々に記憶されるだろう。あいつぐ東欧民主化の動き。フランス大革命から二百年をへたこの年の十二月三十一日、フランス大統領は宣言する、「もう一つのバスチーユ監獄が崩壊した」と（国民への年頭所感）。〈欧州国家連合〉の提唱――。だが一九八九年はまた天安門事件の年でもあった――そして天安門の学生たちの幾人かはフランスをめざして新たな外人となった……

激動する世界、そこにはまた一部世界（フランスも含め）から今や排斥すべき第一の外人と名指されつつも微動だにしないが如き者たち、地縁血縁にからめとられたまま、自己の内なる外人にめざめるどころか、その自己すらも外からたたき起してやらねばならぬほどの一群の内人たちがあった。彼らにとって（我々日本人にとってと言わねばならぬのだろうか）、Kの言葉はあまりにも遠いものかもしれない。それならば一層、本書は貴重な贈り物となるであろう。

さそいかけてくる青、音楽のように。

原書 Fayard 版の表紙を飾っていたマチスの絵。エルミタージュ美術館所蔵の一枚であるが、これを本書に移し得たのは幸いである。(*)

窓辺による二人。男は立ち女は座して向きあい、何を語っているのだろうか。二人を結ぶ明るい緑は庭の木立、緑に新たな希望を語らせるのはヨーロッパ中世の詩人ばかりでもあるまい。作品の題名は

La Conversation「団欒図」、対話 conversation によって支えられた世界。

では皆さまもよき対話の時を！

（一九九〇年夏）

＊本新装版では、カバーに当該の絵を使用しておりません（編集部注）。

《叢書・ウニベルシタス 313》
外国人　我らの内なるもの
1990年10月1日　初版第1刷発行
2014年11月11日　新装版第1刷発行

ジュリア・クリステヴァ
池田和子 訳

発行所　一般財団法人　法政大学出版局
〒102-0071 東京都千代田区富士見 2-17-1
電話03(5214)5540　振替00160-6-95814
製版，印刷：三和印刷／製本：誠製本

Printed in Japan

ISBN978-4-588-09994-6

著　者

ジュリア・クリステヴァ
(Julia Kristeva)

1941年ブルガリアのユダヤ系の家庭に生まれる．66年パリに出て，文学の記号論的・精神分析的研究に従事する傍ら，後に彼女の夫君となる作家フィリップ・ソレルスの主宰する前衛的雑誌『テル・ケル』に参加，バフチン，ソシュール，フロイト，ラカンらの読解を軸に，デカルト的主体の解体，意味の産出性，詩的言語の侵犯性，母体的原理の措定を中核とする独自のテクスト理論を提出し，ポスト構造主義の一翼を担う．パリ第七大学名誉教授．『セメイオチケ』(69)，『ことば，この未知なるもの』(69)，『テクストとしての小説』(70)，『中国の女たち』(74)，『詩的言語の革命』(74)，『記号の横断』(75)，『ポリローグ』(77)，『女の時間』(79)，『恐怖の権力』(80)，『初めに愛があった』(85)，『黒い太陽』(87)，『外国人』(88，本書)，『彼方をめざして』(90)，『サムライたち』(90)，『プルースト』(94)，『〈母〉の根源を求めて』(98)，『斬首の光景』(98)，『ハンナ・アーレント』(99)，『メラニー・クライン』(2001）などの著作（邦訳書）がある．

訳　者

池田和子（いけだ　かずこ）

元茨城大学非常勤講師．